"十四五"职业教育国家规划教材

"十三五"职业教育国家规划教材

Shangwu Goutong

商务沟通

第四版

程庆珊 江友农 主编

陈海龙 何衡 副主编

东北财经大学出版社 大连
Dongbei University of Finance & Economics Press

图书在版编目（CIP）数据

商务沟通 / 程庆珊，江友农主编．—4版．—大连：东北财经大学出版社，2022.2（2023.11重印）
（职业教育教学改革融合创新型教材 · 市场营销）
ISBN 978-7-5654-4457-9

Ⅰ．商…　Ⅱ．①程… ②江…　Ⅲ．商业管理-公共关系学-高等职业教育-教材　Ⅳ．F715

中国版本图书馆CIP数据核字（2022）第022119号

东北财经大学出版社出版
（大连市黑石礁尖山街217号　邮政编码　116025）
网　　址：http：//www.dufep.cn
读者信箱：dufep@dufe.edu.cn
大连天骄彩色印刷有限公司印刷　　　东北财经大学出版社发行

幅面尺寸：185mm×260mm　　字数：389千字　　印张：18　　插页：1
2022年2月第4版　　　　2023年11月第5次印刷

责任编辑：张旭凤　张晓鹏　　　　责任校对：曲以欢　赵宏洋
封面设计：冀贵收　　　　　　　　版式设计：原　皓

定价：48.00元

教学支持　售后服务　联系电话：（0411）84710309

如有印装质量问题，请联系营销部：（0411）84710711

富媒体智能型教材出版说明

“财经高等职业教育富媒体智能型教材开发系统工程”入选国家新闻出版广电总局新闻出版改革发展项目库，并获得文化产业专项资金支持，是“国家文化产业资金支持媒体融合重大项目”。项目以“融通”“融合”“共建”“共享”为特色，是东北财经大学出版社积极落实国家推动传统媒体与新媒体融合发展的重要举措之一。

“财济书院”智能教学互动平台是该工程项目建设成果之一。该平台通过系统、合理的架构设计，将教学资源与教学应用集成于一体，具有教学内容多元呈现、课堂教学实时交互、测试考评个性设置、用户学情高效分析等核心功能，是高校开展信息化教学的有力支撑和应用保障。

富媒体智能型教材是该工程项目建设成果之二。该类教材是我社供给侧结构性改革探索性策划的创新型产品，是一种新形态立体化教材。富媒体智能型教材秉持严谨的教学设计思想和先进的教材设计理念，为财经职业教育教与学、课程与教材的融通奠定了基础，较好地避免了传统教学模式和单一纸质教材容易出现的“两层皮”现象，有助于教学质量的提高和教学效果的提升。

从教材资源的呈现形式来说，富媒体智能型教材实现了传统纸质教材与数字技术的融合，通过二维码建立链接，将VR、微课、视频、动画、音频、图文和试题库等富媒体资源丰富呈现给用户；从教材内容的选取整合来说，其实现了职业教育与产业发展的融合，不仅注重专业教学内容与职业能力培养的有效对接，而且很好地解决了部分专业课程学与训、训与评的难题；从教材的教学使用过程来说，其实现了线下自主与线上互动的融合，学生可以在有网络支持的任何地方自主完成预习、巩固、复习等，教师可以在教学中灵活使用随堂点名、作业布置及批改、自测及组卷考试、成绩统计分析等平台辅助教学工具。

富媒体智能型教材设计新颖，一书一码，使用便捷。使用富媒体智能型教材的师生首先下载“财济书院”App或者进入“财济书院”（www.idufep.com）平台完成注册，然后登录“财济书院”输入教材封四学习卡中的激活码找到对应教材，就可以开启个性化教与学之旅。

“重塑教学空间，回归教学本源！”“财济书院”平台不仅仅是出版社提供教学资源和服务的平台，更是出版社为作者和广大院校创设的一个自主选择和自主探究的教与学的空间，作者和广大院校师生既是这个空间的使用者和消费者，也是这个空间的创造者和建设者，在这里，出版社、作者、院校共建资源，共享回报，共创未来。

最后，感谢各位作者为支持项目建设所付出的辛劳和智慧，也欢迎广大院校在教学中积极使用富媒体智能型教材和“财济书院”平台，东北财经大学出版社愿意也必将陪伴广大职业教育工作者走向更加光明而美好的职教发展新阶段。

东北财经大学出版社

第四版前言

《商务沟通》教材自第一版出版发行到现在修订至第四版，正好经历十个年头。十年磨一剑，教材最初作为安徽省教育厅教学研究项目的结项成果于2012年出版发行，2013年申报安徽省教育厅“十二五”规划教材获批，2017年通过安徽财贸职业学院“内涵提升全员行动计划”课程建设项目，2019年获批安徽省教育厅大规模在线开放课程示范项目（《商务沟通》），2020年经全国职业教育教材审定委员会审定，入选“十三五”职业教育国家规划教材，2020年，通过安徽财贸职业学院示范课程立项。十年来，《商务沟通》教材稳扎稳打，一步一个台阶，更趋成熟和实用。2023年6月，幸运入选“十四五”职业教育国家规划教材。

本教材依托教育部骨干专业、安徽省教育厅省级特色专业等进行建设，由最初的市场营销、酒店管理等专业使用，拓展到当下被连锁经营与管理、人力资源管理、茶艺与茶文化、汽车技术服务与营销、电子商务、环境艺术设计、城市轨道交通运营管理等新领域、新业态、新模式的专业师生广泛用于教学，给了我们编写团队成员更多的信心和鼓励。

教材编写团队成员认真学习党的二十大报告，深入贯彻落实党的二十大精神，将落实“立德树人，培养德技兼修的高素质人才”的人才强国战略作为本教材改革的重要任务。通过教材中的案例分析、教材内容学习和实践活动的开展，加快推进党的二十大精神进课堂、进教材、进头脑，引导学生爱党报国、敬业奉献、服务人民。本次修订在第三版的基础上，主要突出了以下4点：

1.践行社会主义核心价值观，课程思政与沟通技能有机融合。编写团队成员“坚持为党育人，为国育才”，落实“三教”改革精神，坚持立德树人、德技并修、育训结合的培养方向，将劳动光荣、爱岗敬业、遵守规范、勤奋努力、诚实守信和敢于创新、尊重他人的职业道德、职业精神、工匠精神、规范意识、创新精神和素养要求，融入到教材每章的学习目标和内容中，将课程思政教育内容有机融入教材中，使学生在“学思践悟”中坚定理想信念，达到思想政治教育与技术技能培养融合统一。

2.增补经典案例，弘扬积极文化，坚定文化自信。本次修订，增补了一些经典案例。这些案例既有国家领导人在沟通中表率垂范的生动具体言行，也有基层工作人员爱岗敬业、乐于奉献、善于沟通的先进模范事迹；既有中国传统典籍中记载的脍炙人口的沟通小故事，也有现代社会民族企业的责任担当；既有逐梦太空的天地对话，也有知识汇聚的星空下对话。通过这些精选的沟通案例，不仅会增强广大师生对中华优秀传统文化和社会主义先进文化的热爱之情和文化自豪感，更能激发出学生努力学习、追逐梦想的热血豪情。

3.增补实训日志记录表，让实训有过程、有内容、有记录。本次修订在最后的测评表中增加了实训日志表格，该表可复印后由学生记录每次实训活动。学生在每次实训中可以记录从准备到过程再到最后的感受的实训全过程，这样既可以提高学生对实训的关注度和参与度，还可以加深学生对所学知识的思考和感悟，让实训真正落在实处。

4.打造新形态教材，为线上线下混合式教学的实施提供支撑。党的二十大报告明确提出“推进教育数字化”。编写团队积极贯彻这一精神，编写修订了与教材相配套的教学资源，包括课程标准、实训大纲、教学计划、课外学习案例、习题参考答案等数字化资源包。教材学习者和使用者可以通过东北财经大学出版社“财济书院”下载使用数字化教辅资源，感受新形态教材为线上线下混合式教学的实施所带来的全新体验。

本教材由安徽财贸职业学院程庆珊、江友农担任主编，承担修订大纲的编写和全书的统稿工作，陈海龙、何衡老师担任副主编。程庆珊负责第1章、第4章的编写和修订；江友农负责第6章、综合实训的编写和修订，以及实训日志表格的增补；安徽财贸职业学院陈海龙负责编写和修订第2章、第5章；安徽财贸职业学院何衡负责编写和修订第8章；安徽财贸职业学院张少兵负责编写和修订第7章、第10章；徽商职业学院艾敏负责编写和修订第3章；安徽交通职业技术学院孙晓玲负责编写和修订第9章。

本教材在编写和修订的过程中，得到了很多领导、企业家和同仁的帮助。感谢安徽财贸职业学院院长、二级教授刘银国对本教材编写和修订的关心与支持，对本教材思政内容的融入提出要求，并进行具体指导；感谢东北财经大学出版社的领导和编辑团队对本教材的大力支持和审阅把关。

在本教材修订出版的过程中，全国人大代表、安徽品冠投资集团董事局主席、合肥荣事达电子电器集团董事长潘保春，祥源茶业股份有限公司运营总监罗小妹经理对教材的技能操作提出了合理化建议，安徽财贸职业学院文创学院院长郭湘如教授对教材内容的增补提出了建议，在此一并表示衷心的感谢！

由于编者的时间和水平所限，书中难免存在不足和疏漏之处，诚请各位专家、同仁和广大读者指正。

编　者

2023年7月

目　录

二维码资源目录

第1章

商务沟通概论

学习目标

知识目标

◇了解商务沟通的含义、类型及层次

◇掌握商务沟通的意义、标准及原则

◇理解合格商务沟通人员应具备的素质

能力目标

◇培养尊重他人的优良品德，强化沟通意识，正确进行沟通

素养目标

◇通过导读、拓展阅读等案例的学习，引导学生学习领袖风范，培养积极昂扬的进取精神，树立责任担当意识，增强民族自信心和自豪感

◇学习沟通意义、沟通障碍化解方法、沟通者的素质等内容，培养学生坚定的理想信念

案例导读

天地之间的对话

2021年6月17日，聂海胜、刘伯明、汤洪波3位航天员乘坐神州十二号宇宙飞船飞往我国空间站。7月4日，刘伯明、汤洪波出舱进行活动。这是自2008年9月5日翟志刚第一次出仓活动后，时隔13年，中国宇航员再次出舱进行空间活动。

整个出舱活动过程中，空间站宇航员与北京航天指挥控制中心保持着热线联系。当舱门打开之时，出舱宇航员刘伯明报告："神州十二号，我是曙光，出舱舱门打开正常。可以打开水升华器。"北京回答："北京明白！"刘伯明出舱后一声"外面太漂亮了！"的赞叹，传遍了祖国的大江南北。在宇航员进行机械臂抬升的工作中，舱外、舱内、北京对话密切，字字清楚。从对工作的指挥到对宇航员的小心嘱咐，天地之间展开了一次遥远而又亲近的对话。

2022年9月2日，神州十四号航天员陈冬、刘洋、蔡旭哲第三次出舱。持续6个小时的出舱活动，通过天地之间的周密协同，舱内舱外的密切配合，航天员们完成

了活动期间全部既定任务。航天员陈冬说："第一次从气闸舱出舱，第一次启用小机械臂，更是我和刘洋第一次出舱活动，这么多第一次当中，我们感受到舱外的美景，感受到了出舱的不易，感受到了中国空间站的不断壮大，最重要的是感受到了地面人员的鼓励、支持和帮助。"刘洋则说："天地一心，向前一步，虽然充满艰辛和挑战，但每前进的一小步，都是梦想的一大步，中国空间站永远值得期待!"刘洋提前说出"中秋快乐"的祝福时，地面团队也马上回复"你们也要吃月饼"，这些天地之间的对话和交流细节让太空舱的活动变得温馨起来。

资料来源：余建斌，朱笑熺. 天地协同配合，神舟十四号航天员——太空出舱六小时 创造多个"第一次"[EB/OL]. [2022-09-03]. http://finance.people.com.cn/n1/2022/0903/c1004-32518467.html.有删减.

【简析】中国航天员先后三次出舱活动，天地之间展开了热线联系。这样的天地对话是一代代科技工作者发奋图强、披肝沥胆、为祖国科技事业克难攻坚的结果，是依赖祖国科学技术日益强大才实现的。从宇航员与地面的沟通中我们可以深切地感受到，只要祖国强盛，再远的距离都是咫尺。

1.1 商务沟通的概念和类型

随着社会的发展，国家之间、政府组织之间、个人之间的联系变得越来越紧密，也越来越重要。各组织及个人之间，只有通过彼此间有效联系和合作，才能得到发展和壮大。而要想实现这一目标，只有加强相互间的交流沟通。企业在遇到危机事件时，需要在最短的时间内以最快的速度面对社会各界做出反应。其反馈的最直接手段就是正确运用一定的沟通方式。因此，沟通成为现代社会中关系到企业的管理和发展，关系到人际关系和谐，关系到项目团队建设的一个重要方面。

1.1.1 商务沟通的概念

关于沟通的理解，我国历史文献上最早的记载是"秋，吴城邗，沟通江淮"（《左传·哀公·哀公九年》），其中"沟通"意为"两水通过挖沟开渠而相互畅通"。英文中的"沟通"（Communication）源自拉丁语，其本意有共有、共同之意，后引申为传达、交流、交往、交际、通信、沟通等多种意思。随着社会的发展和相关学科的交融，沟通的理解更为广泛，出现了共享说、交流说、信息（符号）说、影响（劝服）说等多达百余种的观点。

有的学者认为：沟通是指思想传递以及不同个体之间或组织与个体之间建立共识的过程。有的学者认为：沟通是人们分享信息、思想和情感的任何过程。还有的学者认为：沟通是人类借助于共同的符号系统（语言和非语言）获得信息，彼此传递和交流信息的个人行为和社会活动行为，是人类有意识的活动及能力。在上述的观点中，我们可以看到，有的将沟通理解为一种具体的行动，有的将沟通理解为一个共享信息的过程。其共同之处在于沟通离不开信息、思想和感情的传递，在交流沟通的过程中，双方对所传递的信息进行理解、接受，并且达成一致，即达成共识。

商务，顾名思义就是商业上的事务，这种事务应是广泛意义上的与经济工作有关的一切事务，既指部门内部的常规工作，也包括推销、讨论、接待、谈判等专业性强的工作。

综合两方面的理解，我们认为：商务沟通就是在商业经济活动中，不同个体、不同组织之间，相互传递信息、交流思想、传达情感并最终达成共识的过程。

商务沟通的主体可以是任何组织或个人，其沟通的内容非常广泛，信息、思想、情感无所不包，并且沟通的双方最终在沟通的内容上取得了一致的意见。当沟通的双方通过这样一个具体行为达成了共识，就实现了沟通的目标，体现了沟通的价值。

沟通课堂1-1

请思考：成语“对牛弹琴”“心有灵犀”说明的是沟通中的什么问题？

【提示】这两个成语说明的是沟通的不同境界。“对牛弹琴”说明沟通中如果不了解沟通对象，沟通双方不能从对方的角度考虑问题，必然出现无效沟通的局面。而“心有灵犀”是指沟通双方能理解并接受对方传递的信息，换角度思考问题，甚至不需要更多的言语，一个动作、一个眼神就能实现有效沟通。沟通是一种双向交流活动，需要沟通双方根据目的、对象、环境等因素正确地传递、接收、理解信息，并做到积极反馈；否则只会形成沟通障碍，无法实现沟通目的。

1.1.2　商务沟通的类型

沟通的形式丰富，沟通的手段多样，因此沟通的类型根据不同的形式、不同的手段、不同的标准也有不同。按照不同的分类标准，商务沟通的类型主要有：

1）按沟通的效果分

按沟通的效果分，商务沟通可以分为有效沟通和无效沟通。

有效沟通是沟通者追求的目标。有效沟通中，沟通双方完全理解对方意图，实现了沟通的目的，建立起友好的合作关系。

无效沟通则是没有达到预定的目的，并且沟通双方对彼此传递的信息没有形成正确的理解。之所以形成无效沟通，原因多种多样，有源于信息传递者自身的，也有来自于接收者方面的，有时受沟通的环境因素影响也会形成无效沟通。

2）按沟通的组织关系分

按沟通的组织关系分，商务沟通可以分为内部沟通和外部沟通。

内部沟通主要是企业内部各部门之间以及组织内部上下级、平级之间的沟通。沟通的主要目的是加强各部门之间的联系和协调，强化组织的内部管理，形成有效的工作机制，保证日常工作的有序开展。

外部沟通主要是指企业之间以及企业与个体之间的相互交流。市场经济条件下，企业间的竞争和合作日益重要，无论是竞争还是合作，都离不开企业间的信息互通、人员交流、彼此协作。企业新产品的问世、产品的促销宣传、产品的价格调整、危机事件的处理等，都需要企业及时做好外部沟通工作，树立良好形象。

3）按沟通双方的管理层级分

按沟通双方的管理层级分，商务沟通可以分为上行沟通、下行沟通和平行沟通。

上行沟通是指下级向上级反映情况和提出建议的一种沟通形式，一般在组织机构内部进行。上行沟通可以将最基层的声音通过组织内部的系统程序反映上去，让管理层的领导了解情况，形成上下互通的沟通渠道，有利于增强企业的管理效能。但如果企业的组织系统不完善，则会影响沟通的效果。很多大型企业及跨国公司多采用建议箱、举报箱、座谈会、领导接待日和电子邮件等制度使下级信息及时传达到上级。

下行沟通是指组织系统内部的管理人员向下级人员传达命令、发出指示、下发通知等沟通形式。上级就需要做的具体工作发出命令、通知，可以极大地节约工作时间，提高工作效率，员工则能及时根据上级的指示精神，提高行动的自觉性，为实现管理者的决策和企业目标而努力工作。

平行沟通是指同一层级的工作人员之间就工作中的各种事项相互探讨、交流。平行沟通是一种横向联系，它可以发生在组织系统内部，也可以发生在组织系统外部。

4）按沟通的手段分

按沟通的手段分，商务沟通可以分为书面沟通和口头沟通。

书面沟通主要是借助纸、笔、文字传达信息的一种沟通形式，主要有各种信函和报告等。在实际工作中，书面沟通运用非常广泛，工作中重要事务的处理离不开书面沟通，并且书面沟通严肃而庄重、正式而礼貌。

口头沟通是指借助声音、语调、语气等手段进行的沟通，具体有开会、交谈、推销、谈判、演讲等。口头沟通在实际工作中使用的频率最高，它传达信息的方式最直接、最迅速，能得到及时反馈，是一种运用较为普遍的沟通方式。

5）按沟通的方式分

按沟通的方式分，商务沟通可以分为语言沟通和非语言沟通，如图1-1所示。

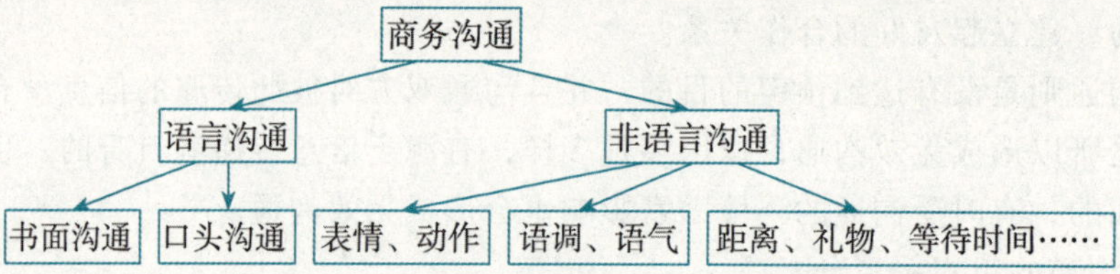

图1-1　商务沟通按沟通方式进行的分类

语言沟通主要是指借助语言符号进行的沟通，有口头有声语言和书面文字语言两种方式。两种方式在沟通过程中既可以根据实际情况有选择性地运用，也可以互补完成一次沟通任务。

非语言沟通是指通过面部表情、身体姿势、沟通者的距离等因素进行的沟通。非语言在沟通中所传达的信息有时甚至比语言传达的信息更多、更真实、更可靠。研究者发现，人们在进行口头沟通活动的过程中，非语言传达的信息达到了65%。而且，非语言沟通是一种自然而然、不加修饰和掩盖的行为，即使信息传递者想掩饰自己内心的真实意思，他的非语言行为也会暴露他的真实想法。所以说，非语言沟通是沟通中需要特别注意的一种方式。

商务沟通的类别因分法不同而多种多样，学习者可以根据需要去认识其特性。

1.2　商务沟通的目标和层次

1.2.1　商务沟通的目标

任何商务沟通都是为了一定的目标而进行的，从沟通的本质来说，商务沟通的目标包括以下4点：

1）信息被对方接收

沟通就是传递信息、思想、情感并达成共识的过程，如果信息、思想、情感无法被传递给沟通对象，则意味着沟通没有发生。沟通没有发生，就不可能实现传递者的目的，问题的解决或者一致意见的形成也就无从谈起。信息被对方接收是商务沟通目标中最基本的目标。

2）信息被对方理解

信息被传递到沟通对象，只是实现沟通目标的第一步，紧接着信息应该被对方理解。一旦信息无法被对方理解或对方理解有误，将会对沟通的效果产生负面的影响。当然，这些信息能否被对方理解，一方面取决于传递者的文字描述是否清楚，话语是否明了，表情运用是否得当；另一方面取决于接收者自身的理解水平。所以说，信息不仅要被接收，还要被理解，否则同样无法形成有效沟通。

3）信息被对方接受

“接收”和“接受”是两个完全不同的概念，接收只是表明信息被传达到，并不代表沟通对象理解和赞同传递者的意见；而接受往往表明沟通双方在具体问题上，经过协商交流，达成了较为一致的看法。当然，接受与否与理解与否没有直接关系，比如在谈判中，一方对另一方的观点即使清楚和明白，由于双方的根本利益存在差距或冲突，理解了也不可能接受。信息能被对方接受无疑是商务沟通的更高层次的目标。

4）引起对方反响

这指的是对方在接收、理解、接受信息的基础上，按照信息发送者的要求改变自己的行为和原有的态度，并采取积极的行动。能实现这一目标，表明沟通产生了预期的效果，沟通的整体目标得到最完美的实现。比如，一名销售人员，在向顾客介绍和推销产品的过程中，如果顾客有犹豫，销售人员能细致地向顾客介绍产品的方方面面，消除顾客的疑虑，那么该顾客就可能从犹豫不决变成购买产品的实施者。

以上4个目标是商务沟通的基本目标，在实际沟通活动中要想全部实现，不仅取决于沟通技能，还与沟通过程中的其他主客观因素相关。能实现4个目标是最完美的，在实际沟通中，往往可能实现的只是其中一两个目标。

1.2.2 商务沟通的层次

不是所有的沟通双方都能达成一致意见，在实际商务沟通过程中，会出现商务沟通的4个层次：

1）无效沟通——阻断与抗拒

这种现象实际就是沟通失败。沟通双方只从自己的角度理解问题，根本不顾及对方的意图和感受，甚至从心理上直接排斥对方的任何意见，形成双方交流的阻断与抗拒，最终导致沟通无效。形成无效沟通的原因既有主观的，更有客观的。

2）单向沟通——“鸿沟”现象

沟通本身应该是双向的，但在这种情况下，往往变成了单向行为，沟通的一方成为信息的传递者，而另一方则变成单纯的接收者，双方处于不对等的地位。由于双方地位的不对等，处在单纯接收一方的沟通者最后能否接受及其接受程度如何等均影响到沟通效果，形成沟通者之间的“鸿沟”。这种单向沟通容易发生在上下级之间、促销人员与顾客之间。

3）双向交流——桥梁效应

这个层次的沟通是一种较为理想的沟通。双方对彼此传递出的信息不仅接收，而且能够正确理解，形成一致意见。即使交流过程中遇到矛盾、争执，双方也可以寻找办法，化解矛盾，消除误会，达成共识。沟通双方彼此之间仿佛有着桥梁，可以相互往来交流。

4）心有灵犀——理想境界

这也是一种双向交流，并且是沟通的最高层次。交流双方心有灵犀，往往不需要借助语言，有时凭借一个眼神、一个表情、一个动作就可以让对方心领神会或者一点通，达到此时无声胜有声的境界。

当然，在实际的商务沟通过程中，最高的层次是理想化的，一般难以达到，真正能够实现并较为理想的是双方能够借助“桥梁”实现良好沟通。

沟通课堂1-2

请看下面一组对话。

张：看来工作进展顺利。

王：根据你提供的数据是这样。

张：如果我们按计划进行，工作将顺利完成。（这里容易产生歧义）

王：除非出现我们力量不足的问题。（王按照自己的理解反馈）

张：我们肯定能够完成任务。

王：但愿如此。（沟通开始产生矛盾）

张：你这是什么意思？

王：看来你不愿意正视自己在这个项目上的问题。

张：请说下去！

王：你就是这样！

张：我并非如此！

王：我看这是你一贯的作风。

张：我不同意你这样说，我知道自己没错。

王：但事实是我们缺乏足够的力量。

张：我同意。

王：那你为什么说不是！

张：什么？我那样说了吗？我只是说，尽管如此，只要我们努力也能完成任务。

王：如果你早这样说，我就会赞成你了。

请分析：1.张、王两人之间的沟通过程经历了怎样的变化？

2.为什么有这样的变化？

【提示】张、王两人之间的对话经历了由误解、争辩到达成理解和一致的变化过程。开始他俩在沟通中只是按照自己的思路进行对话，于是出现了各执一词、相互辩解的情况，当一方主动放弃争辩，另一方也主动换角度看问题，双方达成了共识。这段对话充分说明沟通中依靠争辩是解决不了问题的，只有双方相互理解，换位思考，才能实现有效沟通。

1.3 商务沟通的作用

良好的沟通能力既是个人必备能力之一，也是现代企业管理的一个重要手段。良好的商务沟通对个人、企业、社会都有积极的意义。具体表现在：

1）良好的商务沟通能力对职业成功是非常重要的

调查显示，很多雇主非常看重应聘者的沟通能力。很多招聘广告将应聘者应具备沟通能力作为必要条件之一；口头和书面的沟通能力是大多数招聘企业首先要求的能力。

一项对1 000名人事经理的调查中，有效的428份答卷显示，“当今社会的求职市场中，最有价值的技能是沟通技巧（包括口头沟通、书面沟通和倾听）”。“在有助于大学毕业生获得工作方面，被认为重要的因素而且也是被经常提到的是基本的口头和书面沟通技巧”。

美国明尼阿波利斯市联储委员会负责人理查德说，他总是雇佣读写能力都比较强的人。“好的写作能力是我雇佣人时所看重的两项能力之一，另一项是阅读能力。我可以训练别人做其他任何事，但没有时间教他们读和写。”

案例1-1 遗憾的优秀毕业生

某医药企业从某商科院校招聘2名会计人员。经学校推荐、个人投递简历，最后企业从众多应聘者中选取了5名同学参加面试。其中获得国家励志奖学金、学院奖学金、院三好学生等多项荣誉的王娟是学校重点推荐的人选。面试过程中，王娟非常紧张，面部表情僵硬，回答问题声音很小。招聘主管遗憾地表示，虽然王娟的成绩优秀，获奖很多，而且是学校重点推荐的，但现场表现不佳。企业认为无论哪个岗位都需要沟通能力，经慎重考虑，最后只能遗憾地放弃。

资料来源：作者根据相关资料整理.

【简析】企业录用人员看重的是综合素质，其中包括优秀的个人品质、扎实的专业知识和善于与人沟通与解决问题的能力。王娟的落选是其面试时的沟通能力欠佳直接导致的，因此大学生应注重个人综合能力的提升，适应现代社会和企业的需要。

美国普林斯顿大学对10 000份人事档案进行分析发现，“智慧”、“专业技术”和“经验”只占成功因素的25%，其余75%取决于良好的人际沟通。

一项对财富500强公司副总裁的研究指出，97.7%的人认为良好的沟通技能让他们一步步接近了企业高级主管的位置。

《财富》杂志的一篇文章指出，写作能力排名位于前20%的人的平均收入是写作能力排名位于后20%的人3倍还多。一个人如果不懂得沟通，既影响自己的形象，也会使自己的事业受影响。

2）良好的商务沟通能力是企业组织管理中的基础性工作

一个企业工作的顺利、成功开展，与充分发挥该企业各层次的沟通作用密不可分。这表现在：

（1）企业内外部重大危机的应急处理需要良好的沟通能力。

现代企业间的竞争日益激烈，企业常常会遇到各种危机的挑战，如产品质量的问题、雇员的健康安全问题、经济发展带来的各种困境等。这些危机的化解，最直接、最有效的手段就是运用各种沟通方式，与新闻媒体、政府机构、业务伙伴、消费者代表以及员工代表等密切接触，相互协商、交流，安抚人心，化解危机，取得社会各方面的理解，从而帮助企业走出困境。

（2）企业内部上下级之间、各部门之间的有序运转离不开良好的沟通活动。

一个企业管理绩效如何，在一定程度上取决于企业各层级之间沟通是否通畅。企业内部有了畅通的沟通渠道，下级会通过一定的渠道积极向上级反映问题，提出建议；上级能认真、耐心听取下级意见，及时发现问题、解决问题，并且鼓励员工的创造性思维和批判精神；各部门之间能相互协调，有了问题找原因，共同为企业发展努力。各层级高效交流沟通，就会形成一个企业的凝聚力和特有的企业文化，从而促进企业的良性发展。

日本丰田汽车在企业内部的沟通方面有很多值得借鉴的经验。曾任其欧洲分部的一位首席执行官曾说：“丰田成功的秘密之一就是公司鼓励每一位员工，不论他离生产线多远，都要把自己当成一名知识型的员工并且要创造性思考，在整个组织中发挥更大的作用。”

（3）良好的团队精神有赖于良好的沟通技巧。

一个企业内部，上下级之间、平级之间如果缺少沟通，有了意见、异议保持沉默，那么企业的工作就不能正常进行，企业的发展必然会受到影响，更谈不上企业团队精神的形成。一个团队的凝聚力与团队成员之间在工作上的相互交流、彼此协作、互相信任是密不可分的。

日本是一个非常注重上下尊卑、长幼有序的国度，等级森严是日本文化的特点之一。但在日本的知名企业中，管理层从不就公司事务独断专行，而是往往将问题提出，由公司各层级的人提出自己的看法和建议，最后高层管理人员在集思广益的基础上形成决策。这实际上就是上下级之间形成良性沟通，员工看到自己的价值所在，感受到公司对自己意见的重视，会有一种自豪感、满足感，而来自员工的意见执行起来阻力也小得多。日本企业就是以这种沟通方式形成了闻名于世的独特管理模式和优秀的团队精神。

3）销售产品，树立产品和企业形象，形成品牌效应，离不开良好的商务沟通技能

在20世纪90年代，“营销就是沟通，沟通就是营销，二者密不可分”的观念就已经被企业普遍认可。企业的产品销售如何，企业的形象和产品的形象如何，其决定因素之一就是沟通。

顾客购买产品多数是通过营销人员的介绍和解说对产品有所了解和认识，但顾客真正的购买行为并不是靠营销人员的介绍和解说就能实现的。营销人员必须具备良好的沟通能力，既能通过倾听了解顾客真正的需求，又能将自己对产品的了解，仔细地向顾客介绍和推荐，让顾客产生信任感，在企业与顾客之间架起一座信任的桥梁，从而真正销售产品。

良好的沟通能力不仅有助于产品销售，形成良好的品牌形象，而且也是营销人员树立自身良好形象的一块基石。

美国汽车销售大王乔·吉拉德就是充分利用其良好的沟通能力，创造了销售界的神话，连续13年保持汽车销售的吉尼斯世界记录。

案例1-2　沟通很重要

一个在校大学生问他的师兄：“你在你们公司获得成功的经验是什么？你每天的主要工作是什么？”师兄回答道：“懂得与人沟通很重要。我每天的主要工作就是与人沟通。现在与你在这儿聊天也是工作。”当这位大学生有机会与某电子科技公司的销售经理对话时，他问道：“你们招聘业务员的基本条件是什么？”销售经理脱口而出：“具备较强的沟通能力。”大学生没有想到经理的回答如此简洁。

资料来源：作者根据相关资料整理.

【简析】企业销售人员每天都在与不同的客户进行交流，只有成功的沟通，才能赢得客户的好感和信任，从而达到销售产品的目的。因此，要想成功销售产品，成为成功的销售人员，必须提高自身的沟通能力。

4）良好的商务沟通可以激发个人创造能力

人是生活在社会群体中的，每个人都有无限的潜能和创造力，但潜能和创造力的展

现需要一定的契机，这个契机就是人与人相互之间的沟通。通过沟通交流，人与人之间可以相互学习，启发思维，激发出每个人的灵感火花，形成富有创意的“金点子”。

5）良好的商务沟通能创造出有形和无形的社会价值

商务沟通作为一种多形式、多手段的交流活动，不仅能为个人职业生涯的持续发展带来益处，为企业的良性运转提供帮助，还能使沟通的主体通过一系列的沟通活动，形成一定的影响力，创造出超越沟通活动本身的有形和无形的社会价值。

案例1-3　　鸿星尔克捐赠5 000万物资

2021年7月中旬，河南郑州等地突降千年一遇的特大暴雨，给当地百姓带来巨大的损失，社会各界纷纷驰援。鸿星尔克于7月21日在其官方微博上发文：“守望相助，风‘豫’同‘州’，我们在一起。鸿星尔克心系灾区，通过郑州慈善总会、壹基金紧急捐赠5 000万物资，驰援河南灾区，河南加油！”鸿星尔克近几年经营状况并不好，但在灾难面前慷慨解囊，倾力相助，网友纷纷称“鸿星尔克大方得令人心疼”。一时间，鸿星尔克的抖音直播间被网友挤爆，网友们纷纷充值会员，“野性”消费。仅几天时间，鸿星尔克的微博会员已被开通到了2140年。仅京东7月24日发布的报告显示，鸿星尔克23日当日销售额同比增长超52倍。鸿星尔克这次捐助事件彰显出，经过疫情和洪水双重考验的国人，国家认同感和文化自信被提升到了全新的高度，民族企业，正在熠熠发光！

资料来源：作者根据相关资料整理.

【简析】沟通的形式多种多样。鸿星尔克在自身经营面临困境的情况下，不忘企业的社会责任，通过向灾区捐赠“巨额”物资向世人传达了鸿星尔克人的爱心和责任意识，以及作为民族企业的担当。企业老总在此之后现身社交媒体表示：“呼吁大家理性消费，不要对别的同行造成压力”“不要神化鸿星尔克，希望大家把眼光放到灾情现场和一线救灾人员”，堪称企业与公众沟通的典范之一。

1.4　有效商务沟通的标准——PAIBOC

一个人的沟通能力是与企业和自身的形象密切联系的。一个沟通意识好、沟通能力强的人，会在实际工作中灵活运用恰当的沟通方式，取得良好的沟通效果。在具体的商务活动中，怎样衡量个人的沟通能力呢？

1）商务沟通的目的

沟通要想有效，首先沟通者要清楚沟通的目的（Purpose）是什么，具体要解决什么问题，实现什么目标；只有明确了目标，在目标的引导下运用正确的沟通方式，针对需要解决的问题进行交流，才会实现有效沟通。

当销售人员拜访客户时，其与客户沟通的目的可能是认识客户，建立友好关系；也可能是推销产品，希望客户购买；还可能是搜集客户意见，改进服务方式。不同的目的，决定了沟通内容的差异性。

2）商务沟通的对象

沟通的对象（Audience）有性格、需求、类型等方面的差异，而且沟通对象对信息反应程度的不同直接影响着沟通效果。从企业管理的角度看，沟通对象是会对企业的目标实现产生影响的任何个人和群体，我们统称之为利益相关者。这些利益相关者如图1-2所示。

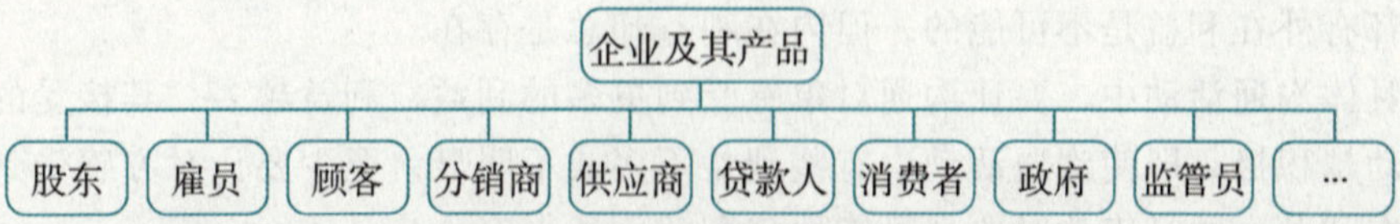

图1-2　企业利益相关者

沟通时要充分考虑这些相关者的利益，做到有针对性。

3）商务沟通的信息

信息（Information）是沟通中很重要的一项。信息是沟通双方相互传递的思想、情感和具体要求，一般由语言符号和非语言符号组成。沟通中包含有大量的信息，有些信息是显性的，有些信息是隐性的，商务工作中要善于筛选信息，尤其是潜在的、隐性的、有价值的信息，这样才能保证沟通的畅通和有效。

案例1-4　打工女孩的蜕变

河南一打工女孩在上海打工多年。一次与朋友小聚，朋友在聊天中说自己的一位亲戚想在上海做一下小生意，但因为对上海的地理环境不熟悉，害怕投资失败。当聚会结束后，该打工妹想到自己在上海工作多年，比较熟悉老城区的里弄小巷。于是她开始观察和调查，最终发现了适合投资的项目和投资的地点。当她将自己的想法告诉朋友的亲戚后，对方将信将疑。女孩耐心说服对方，并将自己调查分析的结果写成文字材料给对方看。经过女孩的努力和帮助，最后这位投资人找到了理想的投资项目。女孩受此鼓舞，辞去了原来的工作，自己成立了一家中介咨询公司，成功地由一名打工妹蜕变成一名职业经纪人。

请思考：打工女孩因何成功？

资料来源：佚名．打工妹的蜕变［J］．经纪人，2013（2）．

【简析】打工女孩的成功不仅在于善于捕捉信息，将非正规沟通渠道即无意闲聊得到的信息筛选出来，紧紧抓住；而且她还积极与投资人进行沟通，提供详细的书面沟通材料，耐心与投资人进行口头沟通，最终取得成功。

4）商务沟通中的利益

成功的沟通都会充分考虑沟通对象的利益（Benefit），在文字表达、语言选择、动作表情等方面仔细斟酌，认真思考，沟通中不仅不伤害到对方，相反还让对方从自己的语言和文字中感受到利益所在。只有让沟通对象感受到自身在沟通中能获得的益处，对方才会更努力，心情更愉快，配合起来更积极，工作绩效才会显著提高。

比如，公司发出倡导节约活动的通知，那么就应该让员工认识到自己从这项活动中能得到的益处，只有这样员工才会积极参与节约活动。又如，推销人员劝说顾客购买某个产品，就应该让顾客意识到购买该产品能产生的积极效果，只有这样顾客才会付诸行动。

沟通中的利益有外在利益和内在利益之分，外在利益是当权者给予的，是附加的；而内在利益是某人做事时自然而然产生的。内在利益比外在利益重要，因为任何人做任何事时都有外在利益是不可能的，但内在利益却总是存在。

在具体沟通活动中，要让沟通对象感受到更多的利益，利益越多，其接受的程度越高，行动越积极。即使沟通活动中有些利益不多或不明显，至少要让对方感受到一项益处或内在利益，并且表达时要尽可能地将利益阐述得充分、具体。

5）商务沟通者的抵触心理

无效沟通产生的原因之一就是沟通对象有抵触心理（Objection）。在沟通活动中，由于信息发出者的不慎，如没有采用恰当的沟通方式、渠道选择错误、居高临下、语言上没有体现出换位思考等，就可能致使信息的接收者内心产生抵触心理。接收者一旦产生抵触心理，就会抗拒或无视沟通者发出的信息，也影响沟通目标的实现。

在实际商务沟通过程中，要将消极的东西淡化，即使有些信息对接收对象来说是消极的，也要尽量从积极的方面传达给对方，注意词语的选用或者用铺垫的形式给对方心理以缓冲，这样就会减轻或消除沟通对象的抵触心理，达到有效沟通。

沟通课堂1-3

你听到这样的话会不舒服吗？

工作迟到的人被认为是不可信赖的。

未经部长允许，不能雇用分包商。

我们向所有全职员工提供健康保险和人身意外伤害保险。

我已经为你订购了一台新的计算机，我希望它能在15号之前运到。如果时间允许，我会把它装好以便你使用。

上面四句话会不会让沟通对象产生抵触心理？为什么？

【提示】这四句话容易引发信息接收者心理上的抵触情绪。第一、第二句在信息传递时采用的是消极阻止的方法；第三、第四句显示出居高临下，有施舍恩惠的意思。前两句可以采用正面表达的方式："遵守时间的人是值得信赖的（或者：人们都相信遵守时间的人）。""雇用分包商需要经过部长允许（或者：经过部长允许可以雇用分包商）。"第三、第四句采用下面的表述更好："公司所有的全职员工都可以享受到健康保险和人身意外伤害保险。""您订购的一台新计算机已经安装好，于12日发货，15日能运到贵处。"

6）商务沟通的内容

沟通的内容（Context）作为一个整体会对沟通对象产生影响。我们在选择书面沟通方式和口头沟通方式进行沟通时，要充分考虑到这一点。在具体表述时，要考虑自身与对方的关系、组织所处的不同时段（如组织处在稳定发展期还是艰难时期）、经济状况（如经济繁荣时期还是经济萧条时期）以及一些特殊情况，有针对性地传递信息，清楚得体地表述内容，以实现自己的目的并满足对方和组织的需要。

1.5　商务沟通的过程、模式及要素

1.5.1　商务沟通过程的含义

作为一种双向交流活动，信息从一方传递到另一方需要经过一些环节，所经历的每一个环节连接起来就形成沟通的过程。所谓商务沟通过程，是指具备商务沟通活动得以成立的基本要素的过程，是发送者将信息通过选定的渠道传递给接收者的过程。

商务沟通过程中的每一环节及其中的要素都会影响商务沟通的最后效果。

1.5.2　商务沟通过程的模式

在商务活动中，沟通双方信息经历的过程如图 1-3 所示：

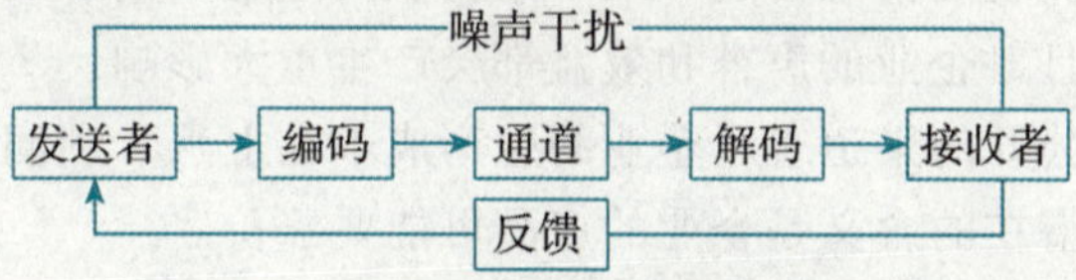

图 1-3　商务沟通中信息经历的过程

在上述商务沟通过程模式中，发送者首先将需要发送的信息进行编码，即按照需要表达的意思进行组织、编排信息，然后选择正确的渠道，发送给接收者。接收者在接到信息时，不是被动、机械地接受，他们会按照自己的理解，对发送者的信息进行译码，还原为加上自己理解的信息，有选择性地接受。

1.5.3　商务沟通的要素

无论环节多复杂、过程多漫长，商务沟通活动都必须具备以下 7 个要素：

微课 1：商务沟通的要素

1）发送者

信息发送者是沟通过程的主要要素之一，是沟通信息的最初发出者和沟通活动的最早实施者。发送者可以是个体，也可以是组织。当产生沟通意图时，发送者在明确的目的驱使下，对信息进行加工、处理，再选择合适的发送方式和渠道，将信息向特定的沟通对象发送，沟通过程就此开始。

信息发出者发出信息时会受到周围多种复杂因素的影响，包括发送者的情绪、个人判断标准、文化、对知识的掌握程度、周围环境等因素，这些因素会影响沟通的结果。

2）接收者

接收者是信息发送者的信息传递的对象，简而言之是信息的接收对象。人们通过沟通分享信息、思想和情感，这种分享不是单向的，而是双向互动的。作为沟通活动的接收者，在沟通过程中，会按照自己的理解对接收到的信息进行解码，将信息由它的符号形式转换成某种确定的含义，然后向发送者反馈自己对信息的理解。只有对发送者的信息进行正确解码反馈，真正意义上的沟通才会发生。而实现这一点又比较困难，因为接收者在解码接收到信息的时候，也会受各种因素的影响，这些因素可能干扰沟通过程。

当接收者对信息进行反馈时，就变成新信息的发送者。因此，发送者和接收者的身份和角色在沟通过程中不停地发生着转换。

3）信息

信息是商务沟通过程中最重要的要素。它是发送者和接收者之间互相传递的思想、情感等，一般由语言符号和非语言符号组成。信息本身的内涵非常丰富，有表面的和潜在的；有直接的和间接的；有公开的和秘密的；有正式途径得到的，也有非正规渠道传递的。沟通的过程其实就是信息传递、理解并反馈的过程。信息的价值如何，与筛选和理解有很大关系，而且对企业的声誉和效益都会产生重大影响。

比如，企业通过公开的渠道表示企业的生产成本在上涨，利润在下降，可能出现亏损，那么这样的信息潜在的含义是企业的产品可能要涨价。

又比如，某人提出辞职，辞职信中说道“因为我个人的原因”，这里的原因有很多种，不满意自己目前的工作状态、单位与公司距离较远、与同事关系紧张、对公司和自己的发展前景不乐观、不满意公司的薪水等，都可能是个人的原因。所以，商务沟通中对信息的解读非常重要。正确地传递和解读信息是商务沟通成功的基础。

4）渠道

渠道是信息到达接收者的媒介物。渠道在信息传递的过程中与信息本身密切相连。信息的重要性、迫切性以及实现效果决定了选择何种渠道来传递。渠道选择不当，会造成信息传递失误，沟通出现障碍。

现代沟通活动有语言沟通和非语言沟通两种方式。在语言沟通中，口头、书面和图像沟通比较常见，具体渠道见表1-1，非语言（肢体语言）沟通的具体渠道见表1-2。

除了表1-2中所列，非语言沟通还有副语言、物理环境等多种渠道。

5）反馈

反馈是发送者、接收者相互之间的反应，沟通活动一定有反馈，否则就变成了单向沟通。反馈有消极和积极之分。积极反馈表现为理解发送信息并积极响应，采取行动。比如，沟通中的一方对说话的对象采用点头、微笑、目光关注等方式给予回应，就是积极反馈的一种表示。消极反馈表现为误解原信息，虽理解但不赞成、不予理睬。比如，书面交流的双方，接收信息的一方对于对方的信息不予回复或回复时的内容不是重点；

表1-1　语言沟通的渠道

沟通方式	口头	书面	图像
沟通渠道	一对一（面对面） 小组会 讲话 电话 远程会议 微信语音 QQ语音	信函 电报 出版物 传真 广告 计算机文件 报表 电子邮件 微信 短消息 QQ	幻灯片 电影 摄影资料 电视 录像 照片 图表 与书面模式相关的媒介定量数据

表1-2　非语言（肢体语言）沟通的渠道

肢体语言	行为含义
手势	柔和的手势表示友好、商量，强硬的手势则意味着“我是对的，你必须听我的”
脸部表情	微笑表示友善礼貌，皱眉表示怀疑和不满意
眼神	盯着看意味着不礼貌，但也可能表示兴趣，寻求支持
姿态	双臂环抱表示防御，开会时独坐一隅意味着傲慢或不感兴趣
声音	演说时抑扬顿挫表明热情，突然停顿是为了造成悬念，吸引注意力

又如，口头交流中，倾听者的心不在焉、无精打采、交头接耳等行为都是消极反馈的一种典型表现。只有积极的反馈才会达到沟通的目的，实现有效沟通。

6）环境

环境是沟通发生的场所。环境是对沟通产生重要影响的因素之一，不同的环境会产生不同的沟通效果。例如，某领导找员工交流，可以选择的沟通环境有员工的办公室、领导的办公室、公司的会议室等，员工能否与领导倾心交谈，能否理解领导交流的目的，以上3个不同的地点，效果不同，因为处在3个不同的交流环境中，员工的心理压力是不同的。

7）噪声

噪声是指任何对沟通产生影响的干扰因素。噪声既指自然环境中的噪声，也指沟通环境中的一些给双方造成压力的因素，如昏暗的光线、狭小逼仄的空间、心理障碍等。

1.6 商务沟通的障碍及化解

在实际的沟通活动中，各种各样的原因会导致沟通活动难以达到理想的效果，甚至出现事与愿违的结果，究其原因主要是来自沟通活动中的障碍因素。

1.6.1 商务沟通中的障碍因素

1）信息发送者知识有限

由于信息发出者自身知识水平有限，对所要传递的信息了解得不透彻，在传送信息时不能准确地将自己所要表达的意思表达清楚，必然造成对方的不理解，从而形成沟通障碍。

2）没有说明重要性

一种是没有向沟通对象交代信息处理对公司工作的影响；另一种是信息量较多时，只注重信息的传达，并没有说明信息的重要性程度，从而造成对方对工作的拖延和认识上的不足，难以实现沟通目的。

3）只注重表达，不注意倾听

沟通中的这种障碍因素，无论是信息发送者还是信息接收者都容易出现。信息发送者一味地只注意说，忽视了倾听对方的意见；信息接收者在接收信息时心不在焉，不注意倾听，造成信息理解错误或接受残缺，都必然达不到真正的沟通。

4）个体的不良情绪

人是有感情的动物。在沟通中，双方主体难免会受到当时情绪的影响。正向情绪有利于消除误解，顺利沟通；负向情绪可能会迁延到沟通的整个过程，造成沟通失败。比如，处在激动情绪状态中，表达时可能会出现语无伦次或恶语伤人，这必然引起对方的反感而造成沟通阻滞。

5）个人成见

成见作为一种心理现象，是在双方还没有正式交流之前，一方已经先入为主地对对方抱有偏见。在这种心理暗示下，沟通活动很难正常进行。个人成见的形成原因是多方面的，如看到对方的衣着、相貌，对方的举止行为，曾经听到别人的议论等。

6）职位和文化的差距

商务活动中，沟通双方存在着地位和文化的差异。比如，上下级之间，上级沟通者的居高临下会给下级带来很大的心理压力，紧张的情绪会影响下级对上级指示的理解。文化水平的不同、中外文化的差异也会带来沟通障碍。当沟通双方存在着文化程度上的差异，就会对同一个问题的理解有差异，进而会出现沟通障碍。再者，文化背景的不同也会在商务沟通活动中导致双方沟通的不畅。比如，在与欧美文化背景的人进行贸易洽谈时，如果我们习惯性地按照中国传统的方式说“按照这个价给你，我这笔生意不赚钱了，就权当与你交个朋友吧”这样的客气话，对方就会产生心理疑问：没有做生意不赚钱的，说这话是否意味着偷工减料？反而可能影响生意的促成。

案例1-5　　转文的书生

古时候有个书生，成天读书，自以为满腹经纶，与人交流时不分对象，喜欢转(zhuǎi)文。一天，家中烧饭的柴火没了，家人令其到市场上去买。书生来到集市，恰巧看到一老农挑着一担柴，书生边对老农招手边说："荷薪者过来。"老农并没有听懂书生说的是啥，但看到书生招手就走到书生面前。书生接着问道："薪价几何？"老农没有完全听懂，但听到"价"字，估计是问价格的，就说了一个价格。书生闻听价格后，立即摇头晃脑地说道："外实而中空，烟多而焰少，请损之！"老农听后一脸茫然，什么话也没说，挑起担子就走了，留下了发愣的书生。

资料来源：朔风．荷薪者过来！[EB/OL]．[2009-04-02]．http://blog.sina.com.cn/s/blog_490e35c90100cr4j.html.

【简析】这个小笑话中的书生没有根据沟通对象采用通俗化的语言与之沟通，而只是一味地"掉书袋"，这样的沟通必然无效。

7）信息泛滥

沟通中的信息非常重要，但如果信息过多，发送者不能清楚地将诸多的信息分清主次轻重程度进行传递，就会造成接收者不知重点所在而失去耐心。这种情况在上下级沟通中尤其要注意。在公司中，居于领导地位的人，没有时间也没有必要对所有的信息都要掌握。无论何种情形，上级都希望下级将重要的信息放在前面，并且用关键词来表达，否则易形成沟通障碍。

一项调查显示，《财富》排名前1 000位的公司的员工平均每日接发信息178条。《华尔街日报》对此项调查的报告使用了"信息狂潮"和"沟通堵塞"等字眼。显然，这个数字中的信息并非都有价值，有很多无效的信息被传递，但却给工作人员带来了发送和筛选信息的负担，浪费了大家的时间，也使人们在长期的"信息轰炸"中变得心情烦躁而不愿认真地接收和理解有价值的信息。

8）信息过滤出现问题

在商务沟通活动中，信息有时需要经过层层人员进行传递，每经过一层人员时，都会有信息过滤的情况存在。这种信息过滤有两种：一种是自上而下的过滤；一种是自下而上的过滤。经过过滤后的信息到达最后的接收者时，往往与最初的信息表达不一致而形成了沟通的困难。这种现象被称为"信息过滤漏斗"。

比如，某企业决定将员工医疗保险交付比例提高10%，由企业和员工各负担5%，提交各部门进行讨论。最后一般员工接收到的信息是：企业要提高员工医疗保险交付比例10%，对此各部门要进行讨论。10%是员工缴纳还是企业缴纳？各自负担5%的比例的信息在传递的过程中被过滤掉了，理解偏激的员工对此可能极力反对，一部分员工可能感到没有必要，诸如此类的信息漏斗将本来是一件有益于员工的事情变成了招致员工误解或极力反对的事情，形成上下沟通障碍，原因就在于信息的过滤。图1-4形象地呈现了“信息过滤”的“漏斗”情况。

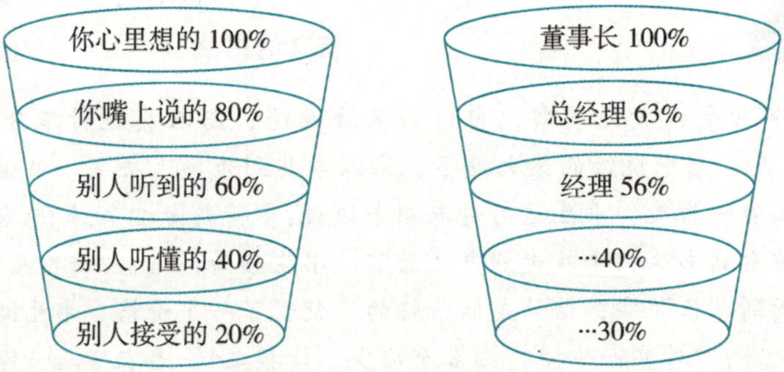

图 1-4　信息过滤漏斗

9）不注重反馈

在商务沟通活动中存在一种现象，接收信息的一方，由于不理解或理解了但不接受对方的意见，既没有语言上的回应，也没有非语言的反馈，导致沟通活动成了单方面的信息传递而没有效果。

10）沟通环境的影响

我们沟通的环境无处不存在着干扰因素，如周围的噪声、拥挤逼仄的空间、昏暗的光线、沟通者的表情或肢体动作等，都会影响沟通者的心理，使双方无法平静地、有效地沟通，从而形成沟通障碍。

1.6.2　商务沟通障碍化解的策略

1）明确沟通的目的

目的是双方进行有效沟通的前提，发送者在信息正式发送前一定要明确自己的目的是什么，希望对方有什么样的反应。接收者要弄清发送者的目的是什么，怎样才能表达清楚自己的目的，使双方实现有效沟通。只有明确了沟通的目的，采取合适的沟通方式，选择恰当的沟通语言，才能实现有效沟通。

例如，某顾客下榻于某酒店，发现自己入住的房间光线较暗，影响阅读材料，于是向客房部经理反映了此事。经理在了解了顾客反映的问题后，通过给客房增加台灯解决了问题。这里顾客最主要的目的是反映房间光线黯淡，希望房间明亮；在弄清了顾客的目的后，经理很妥善地解决了问题。

2）考虑沟通对象的差异

人的理解力、个性心理因素、文化水平和文化背景等都是有差异的，沟通中只有充分考虑沟通对象的这些差异，做到“到什么山头唱什么歌，见什么人说什么话”，有的放矢地进行沟通，才会避免沟通障碍的出现。比如，与性急易躁的人沟通，就要有耐心，说话要注意对方的承受力，避免引起对方激动和愤怒。专家学者与普通大众进行沟通，表达就要浅显生动，通俗易懂，力避咬文嚼字，抽象晦涩。

3）充分利用反馈机制

沟通是一种双向交流活动，没有反馈的沟通如同对牛弹琴，激发不出双方的意愿。在沟通的过程中，双方应该用语言或非语言的形式给对方以反馈。比如，面对面交流时，既可以采用关注的目光、前倾的身体、微笑、点头等非语言给对方以鼓励或表示自己对所说的话题感兴趣，也可以用语言直接反馈自己的理解、观点，及时消除沟通中的误会和疑问。

4）避免一味说教，学会认真倾听

沟通中最忌一个人滔滔不绝，这是一种无礼的表现，单方面的说教易形成沟通障碍。良好的沟通者在沟通中会充分地尊重对方，既注重自己的表达，也注重认真倾听。不仅倾听对方所说的内容，还将自己对内容的理解积极反馈给对方，在整个沟通活动中，坚持客观、公正、平和的倾听态度，更有利于实现有效沟通。

5）保持积极健康的心态

"心态好才是真的好！"沟通中一定要保持积极健康的心态，积极健康的心态能让我们在沟通中站在对方的角度思考问题。一旦出现分歧、误解，也要积极寻找解决问题的办法，而不是一味地责怪或迁怒于对方。健康积极的心态，不仅有利于问题的解决，也有利于实现沟通的目的。

6）选择信息传递的最佳时间和地点

什么时间传递信息、什么环境下传递信息都非常值得注意。每个人的生物钟不同，情绪状态不同，作息安排不同，这些都是沟通中应该考虑的要素。在单位中，下级尽量不要在一上班的时候立即汇报工作；推销员向客户传达产品信息一般不宜选在周一和周五。即使在一次沟通活动中，也不可能保证对方始终精神饱满，因此重要的信息应该选在对方状态正佳时传达。

7）选择恰当的语言

沟通中要使沟通目标实现，应该注意语言的表达。语言选择恰当，不仅能消除对方的抵触心理，易于被对方理解、接受和记忆，还能树立自身的良好形象。马克·吐温（Mark Twain）说过这样一句名言："一个差不多准确的词与一个非常准确的词的区别就像一只萤火虫发出的光与一道闪电之间的差异。"比如，企业在产品不得不涨价时，为了避免消费者的反感情绪，可采用委婉的"价格调整"一词。最经典的使用恰当语言的例子就是"祈祷和抽烟"。

信徒问：我祈祷时可以抽烟吗？

神父：不可以！

信徒问：我抽烟时可以祈祷吗？

神父：可以！

为什么换了一种问话方式得到的答案却不相同呢？你还能想起来哪些类似的经典小故事？

8）尊重别人的意见和观点

沟通中最忌“先入为主”和“心不在焉”。“先入为主”会抗拒别人的意见，固守己见；“心不在焉”会影响对对方所传递信息的理解。沟通中即使对方的意见与自己的观点不合，也不要急于反驳和辩白，要学会认真倾听，理性地分析观点不一致的所在。

沟通课堂1-4

资料1：“邮件门”事件

2006年，网络上盛传的“邮件门”事件，曾一度引起轩然大波，被称为2006年人力资源界的三大丑闻之一。细看事件根源，都是“沟通不当惹的祸”。

事件回顾：2006年4月7日晚，EMC大中华区总裁陆纯初（Loke, Soon Choo）回办公室取东西，到门口才发现自己没带钥匙。此时，他的私人秘书瑞贝卡已经下班。陆纯初没有联系到瑞贝卡。数小时后，陆纯初还是难抑怒火，于是在4月8日凌晨1点通过内部电子邮件系统用英文给瑞贝卡发了一封措辞严厉且语气生硬的谴责信。原文如下：

Rebecca,

I just told you not to assume or take things for granted on Tuesday and you locked me out of my office this evening when all my things are all still in the office because you assume I have my office key on my person.

With immediate effect, you do not leave the office untill you have checked with all the managers you support.This is for the lunch hour as well as at end of day, OK?

这封信翻译成中文的意思是：

瑞贝卡：

我星期二曾告诉过你，想东西、做事情不要想当然！结果今天晚上你就把我锁在门外。我要取的东西都还在办公室。问题在于你自以为是地认为我随身带了钥匙。

从现在起，无论是午餐还是晚上下班后，你要跟你服务的每一名经理都确认无事后才能离开办公室，明白了吗？

英文原信的口气比上述译文要激烈得多。当发送这封邮件时，陆纯初同时传给了公司几位高管。

面对大中华区总裁的责备，两天后，秘书回了更加咄咄逼人的邮件。她在邮件中用“中文”回复。原文如下：

第一，我做这件事是完全正确的。我锁门是从安全角度考虑的，如果一旦丢了东西，我无法承担这个责任。

第二，你有钥匙，你自己忘了带，还要说别人不对。造成这件事的主要原因都是你自己，不要把自己的错误转移到别人的身上。

第三，你无权干涉和控制我的私人时间。我一天工作时间就八个小时，请你记住中午休息和晚上下班后的时间都是我的私人时间。

第四，从进入EMC的第一天到现在为止，我工作尽职尽责，也加过很多次班，我也没有任何怨言，但是如果你们要求我加班是为了工作以外的事情，我无法做到。

第五，虽然咱们是上下级的关系，也请你注意一下你说话的语气，这是做人最基本的礼貌问题。

第六，我要在这强调一下，我没有猜想或者假定什么，因为我没有这个时间也没有这个必要。

本来，这封咄咄逼人的回信已经够令人吃惊了，但是瑞贝卡选择了更加过火的做法。她回信的对象选择了“EMC（北京）、EMC（成都）、EMC（广州）、EMC（上海）”。这样一来，EMC中国公司的所有人都收到了这封邮件。

在瑞贝卡回邮件后不久，这封“女秘书PK老板”的火爆邮件被数千名外企白领接收和转发，几乎每个人都不止一次收到过邮件，很多人还在邮件上留下诸如“真牛”“解气”“骂得好”之类的点评。其中，流传最广的版本居然署名达1 000多个，而这只是无数转发邮件中的一个而已。

作为“邮件门”事件的直接后果，瑞贝卡很快辞职；据传，陆纯初也由于此事件很快被EMC调离原任。

陆纯初的任职资料：EMC大中华区总裁，毕业于新加坡大学工商管理专业，统管EMC设在中国的运营业务。陆纯初在IT领域拥有20年以上的经验，曾任职于IBM、西门子、甲骨文公司，具有丰富的高层管理经验。

资料来源：佚名. EMC的“邮件门”事件传遍全国 女秘书被迫离职［EB/OL］.［2006-04-26］. http://www.dzwww.com/shandong/sdnews/200604/t20060426_1428136.htm.

思考：陆纯初和瑞贝卡为什么会产生“火拼”？试对这一情况进行分析。

1.7　商务沟通的原则

无论是书面的还是口头的，好的商务沟通应产生积极的效果，实现有效沟通。要做到这一点，必须符合下列6条原则：

1）清楚的

中心意思要明确、直接，使读者清楚明了，使听者易听易记易懂。试比较表1-3中甲、乙两种表述的区别。

表1-3　甲、乙两种表述的清楚程度对比

序号	甲	乙
1	因为她存储了她的文件，故障发生了也能恢复	因为林菲存储了文件，所以故障发生后她能够重新恢复已存的文件
2	我找李经理	我找贵公司销售部的李明经理

在表1-3中，乙种表述将谁、做了什么及前因后果交代得很清楚，而甲种表述因为太简略而出现了句意不清及逻辑联系不紧密等问题。

2）完整的

信息的内容应尽可能做到全面、完整，让读者所有的问题都能得到答案。试比较表1-4中甲、乙两种表述的区别。

表1-4　甲、乙两种表述的完整性对比

序号	甲	乙
1	这种品牌的矿泉水富含人体所需的营养	这种品牌的矿泉水含有人体所需要的硒、铁等矿物质和微量元素
2	展览会本周三举行	华东地区家用电器展览会于本周三（×月×日）在我市会展中心举行

在表1-4中，甲1的表述虽然意思读者能明白，但究竟富含哪些营养成分，表述得并不完整，而乙1中则将富含的营养成分写得非常清楚、完整；甲2中缺少区域、名称和地点等内容，读者读到此信息后，不知道展览会的具体性质，也不知道展览会的具体举办地点，而乙2中将信息传递得就非常完整。

当然信息传达得完整和清楚有时是统一的，不完整的信息很难传达清楚，不清楚的信息肯定是不完整的，因此沟通中传递的信息首先应做到完整而清楚。

3）正确的

沟通过程所传递的信息不能引起对方的误解，不能有歧义，更不能是错误的。如“上周电脑价格下降了5%”所表示的意思就可能让人产生歧义：所有电脑价格吗？5%的参照指标是前一周，还是去年同期？

4）高效的

沟通过程中，无论是读写还是听说，都应简明（不是简短）。文章的组织、口头沟通中的语言和视觉效果都应做到能让对方在不产生歧义的前提下，在短时间内理解并接受。

书面沟通相对于口头沟通要费时费力一些，但也可以寻找到节省时间的好方法。在书面沟通中，可以通过视图将繁复的数据简化为形象、直观、生动的表格或图示，从而节省时间。

表1-5和图1-5显然比文字叙述在信息的传达上简洁明了得多。

表1-5　2018年11月份TOSOT空气净化器（KJ200F-A01）零售价一览表

销售终端	零售价（元/台）
合家福	5 168
苏宁电器	4 988
TOSOT官方旗舰店	3 168
京东商城	2 599

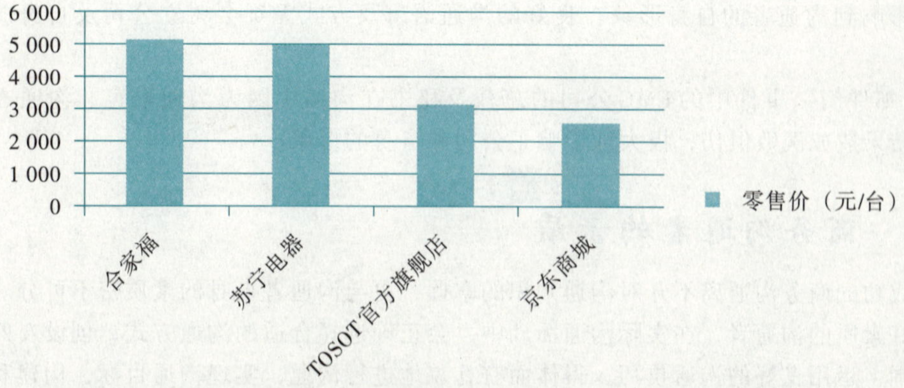

图1-5 2018年11月份TOSOT空气净化器（KJ200F-A01）零售价图

5）有礼貌的

沟通是人与人之间的交流，每个人都有自尊心，在交流中都希望得到他人的尊重，对沟通对象的尊重实际上也是对自己的尊重。只有在语言上、行动上、方式上尊重了对方，才能称得上有礼貌。

沟通中应该注意的礼节礼貌体现在很多细节方面，如词语的选择、微笑的表情、举手投足得体大方，乃至尊重别国的习俗文化等。

案例1-6　礼貌地谢绝工作

某雇主准备雇用某人，但该雇员谢绝了公司的雇用。为此，该雇员给公司写了一封拒绝工作的信函。

尊敬的欧波曼先生：

非常感谢您为我提供××制药公司销售代表一职，虽然我很难抉择，但是毕竟我已经接受了另一家公司的一个职位。

非常感激您抽出时间为我面试，希望××公司今后能取得更大的成功。

真诚的

彼得

资料来源：作者根据相关资料整理.

【简析】该信函虽是一封拒绝信函，但写信人注意到了用词的礼貌，用感谢的方式开头，又用祝愿的方式结尾，给人以彬彬有礼之感。整封信函的内容不长，一是表达感谢，二是表示写信的目的——拒绝工作，意思清楚明了。由于写信人在措辞用语及意思表达的清楚简明上都注意到了，所以这是一封有礼貌而不啰唆、清晰而简洁的沟通信函。

6）有利于自身形象的

沟通中的语言、行为、方式等，都直接关系到沟通的效果，从而影响沟通者及所在公司的形象。沟通语言使用是否得当、沟通方式选择是否合适、沟通者的非语言表现等都会影响到沟通者的自身形象。良好的沟通语言及方式无疑会树立公司及自身的良好形象。

"邮件门"事件中的EMC公司的总裁及秘书在沟通中因为沟通语言、沟通方式不当，结果造成两败俱伤，极大地影响了公司和自身的形象。

1.8 商务沟通者的素质

成功的商务沟通离不开对沟通知识的掌握，更与沟通者自身的素质密不可分。具备了良好素质的沟通者，在实际沟通活动中，会正确选择合适的沟通方式，创设友好的沟通氛围，运用良好的沟通技巧，得体而有礼貌地进行沟通，实现沟通目标，构建和谐的人际关系。那么，一名优秀的商务沟通者应具备怎样的素质呢？

1）优秀的个人品质

作为沟通活动中的主体，沟通者首先应该具备优秀的个人品质，这主要表现在沟通者的自尊自爱，自强自立，自重自律，有高度的责任感和宽容心。这些品质是每个人都应具备的，对沟通者则更为重要。拥有了这些优秀品质，才会全身心地投入到工作中，认真负责，对沟通对象礼貌相待，在工作中与同事彼此协作；在企业处于危机时，能积极沟通，及时灵活地化解工作危机，创造优良的工作业绩。

2）处理信息的能力

沟通中的信息非常重要。在组织内部和外部有大量的信息汇聚，有良好素质的沟通者应能在众多的信息中筛选出有价值、有意义的信息，厘清显性信息和挖掘出潜在信息，并且能够运用正确的方式，将这些信息传递给应该传递的对象。

3）使用资源的能力

工作中的资源包括时间、金钱、物质、空间和人力等。沟通者在沟通活动中应该明智地利用时间，对团队中的成员合理使用和管理，将财力、物力资源的价值最大限度地发挥，使利益最大化。这些需要沟通者具备较强的资源使用能力，也只有拥有了这样的能力，才会节约资金，给工作带来显著效益。

4）良好的读写能力

在组织内部和外部沟通活动中，经常需要使用书面文字材料。书面沟通在工作中有时是必需的方式，它比口头沟通正式、严肃、庄重又有礼貌。一个具备良好读写能力的沟通者，不仅能清晰地、有逻辑性地传递信息，而且节约劳动成本。在接收对方传递的信息后，良好的阅读能力能帮助沟通者快速地获取对方信息的主要内涵，理解对方信息的要点所在，做到及时反馈。良好的读写能力不仅能节约沟通的时间成本，取得沟通效果，而且能树立企业和自身的良好形象。

5）较强的口头表达能力

现代社会人与人接触日益频繁，在人们面对面接触的过程中，口头交流成为最直接、最简单、最迅速的沟通方式。因此各企业对员工的口头表达能力非常重视。具备良好的口头表达能力，在择业时也具有一定的优势。拥有较强的口头表达能力，在企业内部能与上下级和平级有效交流，团结团队成员，化解团队矛盾；在企业外部，能说服客户购买产品，尤其是遇到文化背景不同的沟通对象时，良好的口头表达能力有助于理解和尊重对方的文化习俗，和谐相处和共事。

沟通窗 1-1

中国有句古话叫“一言之辩重于九鼎之宝，三寸之舌强过百万之师”。

谈谈你对这句话的理解。

6）创新思维能力

创新思维能力是现代商务人才的必备能力之一，而且也是一项重要的能力。创新思维能力不仅能支持个人职业生涯的持续发展，还能给企业带来活力。一个人的创新思维能力表现在不拘泥于俗套，能突破传统的窠臼，言别人之所未言，发别人之所未发。而创新思维能力与一个人的发散性思维又是密不可分的，只有我们的思维超越束缚和限制，充分地运用头脑风暴，创新才会被激活，从而在商务沟通活动中不断地创造出奇迹。

中国台湾的一则化妆品商业广告，摆脱了一般化妆品广告机械、呆板地宣传化妆品能滋润肌肤、使肌肤娇嫩的模式，而通过一位男性与女性的对话来呈现。男性说：“我看你好面熟，你是哪一届的?”女性回答道：“我是你的老师!”独具特色的思维创造出了非同一般的广告宣传效果，这则广告也被受众广泛认可。

7）解决问题的能力

商务活动中有很多问题需要沟通者在沟通过程中，通过彼此协商，寻求共同解决问题的方法。素质良好的沟通者，在与对方沟通的过程中，能够通过有效的沟通方式，与对方在根本问题上达成共识，找到解决问题的具体途径，加快问题的解决。只有解决了实际问题，工作的效率才能提高，沟通的真正目的才能实现。

课外拓展阅读　　跟习近平学与群众沟通的技巧

群众利益无小事，一枝一叶总关情。习近平总书记指出：“在我们前进的道路上有许多困难和问题，究竟从哪里入手去解决问题，依靠什么去战胜困难?从不同的角度可以谈出不同的思路和方法来。但根本的一条，就是要发动群众，依靠群众。”党员干部如何发动群众，依靠群众?看习近平总书记怎样说与做。

主动上门，拉家常了解民情民意

地处四川西南部的凉山彝族自治州，由于自然条件差和发展相对不足，该州是全国集中连片深度贫困地区之一。习近平十分惦记这里的群众。2018年2月11日上午，习近平乘车沿着坡急沟深的盘山公路，深入大凉山腹地的昭觉县三岔河乡三河村和解放乡火普村看望贫困群众。

三河村平均海拔2 500多米，是一个彝族贫困村。习近平沿着石板小路步行进村，察看村容村貌和周边自然环境。他先后走进村民吉好也求、节列俄阿木2户贫困家庭看望，详细观看门前的扶贫联系卡，同主人亲切拉家常，询问生活过得怎么样，发展什么产业，收入有多少，孩子有没有学上。

在村民节列俄阿木家，习近平同村民代表、驻村扶贫工作队员围坐在火塘边，一起分析当地贫困发生的原因，谋划精准脱贫之策。

习近平饱含深情地说，我一直牵挂着彝族群众，很高兴来到这里，看到大家日子一天天好起来，心里十分欣慰。他强调，发展特色产业、长期稳定致富，都需要人才。要培养本地人才，引导广大村民学文化、学技能，提高本领，还要移风易俗，通过辛勤劳动脱贫致富。

去掉官气，将上访改下访

1988年12月20日，福建省霞浦县委党校里人来人往，宁德地区领导第一个下访接待日在这里举行。时任地委书记习近平及地直有关部门负责同志，同霞浦县领导一起接待来访群众。

习近平的第一个接待对象是县公交公司职工舒穗英。由于县对台部在其房屋旁边的河边建房，导致河道淤积，9月间的一场洪水冲进舒穗英家中，冲走了粮食和部分财产。为此，她写信给地区领导反映情况，要求县对台部负责清理河道，并赔偿经济损失。

“没有想到，习书记会这么快主动找到我。”现年已68岁的舒穗英提起当时的情景，依然记忆犹新。在接访现场，习近平详细了解情况后，便同地县有关领导到舒穗英家察看，并提出处理意见。

当天的总结会上，习近平说，我们工作的目的是为人民服务，不仅要对上面负责，而且要对群众负责，为人民做主。他要求：“在新形势下，各级领导必须放下架子，打掉官气，主动上门，把信访工作做到基层，把党的关怀和政府的济助送进普通群众的家庭。”他改上访为下访，畅通了群众表达合理诉求的渠道。

说朴实、亲切的大白话

从梁家河知青开始，历经村支书、县委书记、地委书记……丰富的基层工作经历，使习近平对基层情况十分了解，在与老百姓面对面交流时，他善用聊天式、谈心式的语气打开群众心扉，让群众说出心里话。

2013年7月11日，习近平看望河北省正定县塔元庄村村民时的开场白是：“这里我很熟悉，当年下乡就骑自行车来。今天就是来听大家的，看看乡亲们，接接地气，充充电。”

2014年12月13日，习近平在与江苏省镇江市永茂圩自然村村民交流时说：“厕改是改善农村卫生条件、提高群众生活质量的一项重要工作，在新农村建设中具有标志性，可以说小厕所、大民生。”

2015年7月16日，习近平在与吉林延边朝鲜族自治州和龙市东城镇光东村村民交流时说：“中国有13亿人口，要靠我们自己稳住粮食生产。粮食也要打出品牌，这样价格好、效益好。祝乡亲们大丰收。”

2016年2月2日，习近平在江西调研时指出：“是人民当家作主，我们是人民的勤务员，帮你们跑事的。”

2016年8月22日，习近平在与青海格尔木唐古拉山镇长江源村村民交流时说：“你们的幸福生活还长着呢，希望你们健康长寿。”

资料来源：佚名. 跟习近平学与群众沟通的技巧［EB/OL］.［2018-06-03］. http: //news.youth.cn/sz/201806/t20180603_11635274.htm.

【简析】中国青年网的这篇报道，充分体现了习近平总书记关心百姓疾苦和生活，善于用接地气、大白话的语言与群众沟通，很好地拉近了与群众的距离；为了解百姓生活和脱贫具体情况，习近平总书记换位思考，深入实地走访乡民，体现了一位大国领导人对群众的关心和挂念，为全体领导干部做好与群众交流沟通工作树立了典范。

本章小结

1. 沟通无处不在，沟通能提升管理水平，创造效率；沟通能加强团队合作；沟通能支持个人持续发展，沟通能促进产品销售，形成良好的企业和个人形象；沟通还能创造价值。

2. 沟通是双向的交流活动，单向的交流会造成沟通无效或影响沟通效果。

3. 沟通是有标准的，好的沟通标准是在沟通前考虑好PAIBOC。

4. 沟通时必须明确目的，只有针对不同的对象、根据不同的场合，运用不同的沟通手段和方式，才能进行有效沟通。

5. 商务沟通是一个双向交流的活动，在这个活动中，有沟通者、信息、渠道、环境、反馈、噪声等各种要素渗透于整个沟通过程中。

6. 商务沟通中因为各种因素，不可避免地存在诸多影响沟通效果的障碍，我们要分清这些障碍因素，采用相应的有效方法克服这些障碍，实现有效沟通。

7. 在商务沟通过程中遵循一定的原则是实现有效沟通的保证条件之一。

8. 明确沟通者应具有的沟通素质和能力，清楚自己的长短处，积极发挥自己的优势，改正自己的不足，强化自己的沟通意识，才能增强自己的沟通能力。

练习与实训

扫码同步测1

（一）选择题

□单项选择题

1. 商务沟通标准中的P是指（　　）。

A. Plan　　B. Purpose　　C. Plant　　D. Play

2. 对沟通的作用，下面理解中不正确的是（　　）。

A. 良好的沟通可以支持个人职业生涯的持续发展

B. 良好的沟通可以促进产品的销售

C.良好的沟通可以形成有效的团队精神

D.良好的沟通可以化解一切矛盾，保证企业产品的质量，形成品牌产品

3.下列各项中，属于理想层次的是（　　）。

A.沟通中一方以听为主，一方以说为主

B.师生沟通是所有关系中最理想的沟通层次

C.双方有交流，有倾听，并且信息被双方传递和接受

D.沟通双方有心理定势，沟通中拒绝接收对方的信息

4.沟通中应考虑沟通者的利益，下面的话语中充分体现了这一点的是（　　）。

A.我们经过艰苦的谈判，终于又为员工们增加了一项新的利益

B.没有身份证不能办理银行卡

C.你订购的办公桌已经装车，预计12月10日能运抵贵公司

D.不准随地吐痰，违者罚款20元

5.“根据你的要求，我们准备给你寄去替换的货品，但邮寄费30元需要你先行支付。”这句话不符合沟通的（　　）原则。

A.完整的　　B.节省时间的　　C.礼貌的　　D.正确的

6.SWOT分析中的O是指（　　）。

A.机会　　B.抵触心理　　C.主题　　D.反对意见

□多项选择题

1.沟通方式多样，书面沟通常常通过（　　）的手段实现。

A.商务信函　　B.报告　　C.电子邮件

D.PPT　　E.小组讨论会

2.下列各项中，属于商务沟通活动环境的有（　　）。

A.办公室　　B.会议室　　C.办公走廊

D.卧室　　E.公司食堂

3.下列各项中，属于沟通渠道的有（　　）。

A.信函　　B.电话　　C.图表

D.多媒体　　E.小组会

4.沟通的要素包括（　　）。

A.信息　　B.反馈　　C.环境

D.信息接收者　　E.噪声

5.下列各项中，属于沟通噪声的有（　　）。

A.汽车的轰鸣声　　B.会议室昏暗的灯光　　C.专注的目光

D.偏见　　E.谦逊的态度

（二）判断题

1.沟通有有效和无效之分，如能预知沟通无效，开始时就不应该进行。（　　）

2.只要沟通双方不在一个层次内，就会产生无效沟通。（　　）

3.沟通方式中，书面沟通能力比口头沟通能力更高级、更重要。（　）

4.沟通的评判标准主要是看沟通对象是否理解了接收到的信息。（　）

5.沟通者的素质中，软能力有时比硬能力更重要。（　）

6.商务沟通活动中，沟通双方的角色往往是互换的。（　）

7.商务沟通活动中的噪声是指自然界中的超过人们承受力的巨大声响。（　）

8.书面沟通中，对于发出者的信息不予回复，就表明没有反馈。（　）

9.环境对沟通效果产生的影响非常大。（　）

10.商务沟通过程中，为了保证信息传递的清楚，可以不断地重复所说的内容或用冗长的语言进行陈述。（　）

11.商务沟通中，只要事先做好准备，沟通目标一定能够顺利实现。（　）

12.无论最后的结果如何，沟通都应该以积极的态度和语言结束。（　）

（三）简答题

1.什么是商务沟通？商务沟通有什么作用？

2.商务沟通的层次是什么？如何保证沟通的有效性？

3.商务沟通过程中有哪些要素？

4.商务沟通过程中存在哪些障碍？如何消除？

5.要实现有效沟通，我们应该遵循什么原则？请通过某一具体案例加以说明。

6.结合自身情况，谈谈作为一名商务沟通人员应该具备的素质。

（四）实务题

1.试分析在下列沟通活动中沟通对象能得到的利益。

（1）某公司号召员工开展节约用纸、用电和用水活动。

（2）建议某私企的经理聘请一名专职的私人教练。

（3）向喜欢观光和了解当地文化的旅游者建议在豪华的宾馆内度假。

（4）向经常出差的销售人员建议购买手提电脑。

（5）建议在10年内要退休的人员购买健康保险。

（6）建议某风险投资商为一家上市企业进行投资。

2.××省××企业的“××”品牌获得国家市场监督管理总局颁发的“驰名商标”荣誉称号。省人民政府向该企业发去了贺信。请分析这其中所包含的商务沟通方面的因素。

3.某高校招生就业办公室邀请某企业家于202×年3月12日到学校为即将毕业的学生举行一场“大学生如何创业”的专题报告会。请问该高校可以采用的邀请方式有哪些？请选出最合适的邀请方式。

4.海尔作为世界500强企业之一，是通过哪些具体的沟通方式进行产品推销和企业形象树立的？

（五）实训题

1.首先，将班级同学分成若干小组，每组10~15人。然后，将写有数字或字母的字条让每人抽取一张，该字条上的内容只有本人能看到。小组同学相互之间不能讲话，不能做手势，可以相互对望。接着，让小组同学按照字条上的顺序排成一列。最后，让每位同学说出自己的数字或字母，看排列是否正确。训练结束后可以组织相关的讨论。

2.某企业的售后服务中心接到一位顾客电话，顾客称三天前购买的该企业空调到现在还未安装。接电话的小吴耐心地对顾客说："由于最近天气炎热，购买空调的顾客较多，而公司的安装工人有限，实在抱歉。请您再耐心地等两天，我们一定会帮您安装好的。"请问小吴这样的说法好吗？为什么？如果是你，会怎样做？

3.某物流公司在承运一批货物时，原本应该在约定的时间内将货物运到指定的地点，但由于持续性暴雨以及路面损毁等原因，该批货物一时难以运达。请为该物流公司提出解决的办法，并阐述解决办法的具体内容。

4.游戏活动：选取10名同学折纸飞机和转呼啦圈，整个活动不超过10分钟。在活动过程中，观察同学们的交流情况及解决问题的能力和方法。活动完成后，请2名同学表杨善于沟通、任务完成得好的同学。

5.要求学生课后自主阅读近三年的麦可思大学生就业调查报告，关注企业对大学生能力要求的内容，并根据自己的阅读理解筛选出重要的信息，制作成PPT在班级分享。

第2章

口头沟通

学习目标

知识目标

◇了解口头沟通的含义、特点和具体类型

◇掌握陈述、演讲、电话交流、面谈等具体口头沟通技巧

◇掌握客户投诉沟通处理的流程和具体技巧

能力目标

◇能做到口头表达的条理性、清晰性、准确性、礼貌性

◇能根据不同情境、不同对象实现有效口头沟通

素养目标

◇结合演讲、面谈、电话沟通、投诉处理沟通等内容的学习，弘扬爱国主义精神，坚定文化自信、民族自信心

◇结合口头沟通具体案例的学习，树立正确的是非观，感悟服务他人、敬业乐业的工匠精神

◇结合学生口头沟通实践活动，自觉形成自信、文明、友善的行为意识

案例导读

周恩来总理的口才艺术

周恩来，是我国首任外交部长，亿万人民心中的好总理，他杰出的外交才能征服了世界。

在1954年的日内瓦会议期间，一个美国记者主动和周恩来握手，周总理出于礼节没有拒绝，但没有想到这个记者刚握完手，忽然大声说："我怎么跟中国的好战者握手呢？真不该！真不该！"说着拿出手帕不停地擦自己刚和周恩来握过的那只手，然后把手帕塞进裤兜。这时众人都很紧张，看周总理如何处理。周恩来略略皱了一下眉头，从自己的口袋里也拿出手帕，随意地在手上扫了几下，然后——走到拐角处，把这个手帕扔进了痰盂。他说："这个手帕再也洗不干净了！"周总理以这样的言行捍卫了一个东方大国的尊严。

在一次外交事务中，有一个外国记者不怀好意地问周恩来总理：“在你们中国，明明是人走的路为什么却要叫‘马路’呢?”周总理不假思索地答道：“我们走的是马克思主义道路，简称马路。”

一位美国记者在采访周总理的过程中，无意中看到总理桌子上有一支美国产的帕克钢笔，便以带有几分讥讽的口吻问道：“请问总理阁下，你们堂堂的中国人，为什么还要用我们美国产的钢笔呢?”周总理听后，风趣地回答道：“谈起这支钢笔，说来话长，这是一位朝鲜朋友的抗美战利品，他作为礼物赠送给我。我无功受禄，就拒收。朝鲜朋友说，留下做个纪念吧。我觉得有意义，就留下了这支贵国的钢笔。”美国记者一听，顿时哑口无言。

关于周总理在外交和谈判场所发生的故事还有很多，他敏捷机智而又不失大国总理风度。从周总理身上，我们发现，好的口才不单是口齿伶俐，更必然是出自一个有“心”的人。周总理的“心”就是亿万人民，就是我们的国家。他的每一句话都是为了国家的荣誉和利益。只有拥有这样一颗热情的“心”，才能够以不变应万变。

资料来源：刘增来．周恩来总理的说话艺术［EB/OL］．［2008-09-11］．https：//www.chinanews.com.cn/tw/kong/news/2008/09-11/1379567.shtml.

【简析】口头交流中表达和反馈具有即时性，也更能展现一个人非凡的口头表达能力。周恩来总理作为大国总理，以国家和人民的利益为重，在国际交往中，以过人的智慧和非凡的气度、优秀的口才捍卫了国家的荣誉和利益。

2.1 口头沟通概述

口头沟通是我们日常工作和生活中最常用的沟通方式。上级给下级交代一个简单的任务，打电话预约某人或询问某个问题，见面问候打个招呼等都是口头进行的。有些口头沟通是正式的，在会议或者面试时进行，但绝大部分口头沟通是非正式的。这些口头沟通可能是在办公室里，也可能是在过道中，甚至发生在饮水机旁、餐厅等地方。商务活动中，商务人员大部分时间也是花在口头沟通上，只有经过充分的口头沟通，双方的意思得到了一致性确认，才可能形成书面的形式。因此，口头沟通构成了商务活动中不可缺少的一个环节。

因为职场中口头沟通是常态，而且张口说话是正常人的基本机能，所以一般人都认为口头沟通远比书面沟通来得简单。其实，口头沟通并非我们想象得那么简单。因为我们在说话时，由于态度、语气、神情等的不同，再加上沟通对象性格、心理、情绪、文化背景等方面的差异，同样的一句话在说给不同的对象听时，产生的效果可能完全不同。

常言道：一句话让人笑，一句话让人跳。优秀的商务人士，总是能通过自己的口头表达能力，不仅实现沟通目标，给对方留有深刻的印象，还能展现自己的人格魅力。一个人的口头沟通能力强弱，决定了他在工作、社交和个人生活中的品质和效益。因此，学习口头沟通方法，使口头沟通产生令人满意的效果是每个职场人士必须掌握的。

2.1.1 口头沟通的概念

口头沟通是指在商务沟通过程中，以声音、空气为传递信息的渠道而进行交流的一种有声语言沟通形式。主要包括：口头汇报、面谈、讨论、演讲、电话交流等。口头沟通可以让我们获得的信息更便捷、更及时、更准确，也为讨论、澄清问题、理解和即刻反馈提供了方便。

2.1.2 口头沟通的特征

1）表达的口语化

一般我们日常生活中脱口而出的语言，不拘泥于句子的结构，不会用像写文章那么正式的语言。在口头沟通中，由于是面对面的交流，双方对口语的理解更容易些。

2）沟通的直接性

由于口头沟通双方是面对面地进行，因此沟通者在沟通中不仅能够察言观色，了解和把握沟通对象的心理，同时也可以全面、深入地了解沟通对象的性格、兴趣、爱好、谈判风格等情况。

3）沟通的灵活性

口头沟通中，双方可以广泛地选择沟通内容，有时对沟通时间的要求也不十分严格，可以延长，也可以缩短。沟通双方可以察言观色，听话听音，随时改变说话的语气、态度；有时沟通中出现紧张局面，还可以转换话题走出僵局。口头沟通的场所可以是正式的办公室、会议室，也可以是走廊、餐厅、运动场所等地方。以上这些都充分体现了口头沟通的灵活性。

案例 2-1　商鞅初见秦孝公

《史记·商君列传》记载，商鞅得知秦孝公颁布求贤令，广招天下人才，便自魏国来到秦国，通过秦孝公的宠臣景监见到了孝公。第一次见孝公时，商鞅不清楚孝公的真实想法，就给孝公讲“帝道治国”，从三皇五帝开始讲起，还没讲完，孝公已经打起了瞌睡。隔了几天，商鞅第二次见孝公，又讲起了“王道治国”，虽然比第一次稍好，但孝公仍然不满意。第三次见面时，商鞅用“霸道治国”直接问孝公是否希望“开疆拓土，成就霸业?”孝公立刻精神焕发，“不自知膝之前於席也。语数日不厌”。君臣相谈甚欢，并掀开了中国历史上著名的商鞅变法大幕。

资料来源：作者根据相关资料整理.

【简析】商鞅在与秦孝公交谈时，首先采用试探方式，了解孝公内心的真实想法，整个交流过程逐步推进而且有针对性，显示了商鞅的聪明才智和灵活的口头交流能力。

4）沟通的非正式化

口头沟通采用声音传递信息，声音是稍纵即逝的，在很多情况下，不能用作有效证据，除非对口头沟通的过程及内容做记录，否则沟通的效果仅取决于双方的信誉和对沟通的重视程度。在公司的业务往来和具体工作中，往往口头交流、谈判之后，会以书面形式来反映口头沟通的结果。

2.1.3 口头沟通的优缺点

与任何一种沟通方式一样，口头沟通也有其优缺点，具体见表2-1。

表2-1 口头沟通的优缺点比较

优 点	缺 点
1.能立刻得到反馈，邮件可能要很长时间 2.能观察或判断对方的反应，电话及信件等都无法看见对方 3.能及时做出响应和解释，邮件无法做到 4.可以使用语气、语调等辅助表达 5.便于调整沟通主题和内容 6.可以互动	1.通常口说无凭（除非录音），书面就简单多了，只要不丢掉，就是最好的证据 2.效率较低，很多时候说的都是无关紧要的话 3.沟通对象有限，除非演讲，否则很难同时与更多人沟通 4.沟通时间要求较高，由于无法预料谈话可能会遇到什么瓶颈 5.有时偏题，主动和被动的情况都有

2.1.4 口头沟通的表达原则

1）表达前要准备充分

俗话说，“说出去的话，泼出去的水”。我们在进行口头交流的过程中，一定要事先想好说什么、怎样说、找谁说，希望达到什么目的，时间长短如何控制。只有准备充分，才可以实现自己的沟通目标。如果信口开河，不仅达不到沟通的目的，错误的口语还会造成消极的影响，覆水难收。比如，访谈中要说的，应事先列好访谈提纲，想好该提的问题，这样就不会出现冷场的尴尬。

2）沟通的主题要明确

主题决定了我们在口头沟通时采用什么样的语言、语气、语调进行交流。比如，领导找下属谈心，要明确是交代工作还是批评其工作中的失误，前者要交代清楚任务内容、完成任务的要求，语气温和；后者应语气严厉，指出其错误给工作带来的危害，要求其立即整改。

3）语气语调要有区别

语气语调带有沟通者强烈的情绪痕迹。不同的对象，不同的沟通目的，不同的话题，不同的情境，都决定了口头交流语气语调的不同。同样的一句话，用不同的语气语调说出来，其效果大相径庭。比如，“希望你下次工作中不要再出现同样的问题了”，可以有提醒、生气、愤怒等不同的语气语调。

4）语言要简短而通俗

口头沟通除了陈述、演讲以个人表述为主外，大多数的沟通活动都是双向交流活动，当双人交流或多人交流时，由于声音诉诸于我们的听觉器官后需要有思考和反馈，而且信息的传递和反馈有一个过程，过长的语言会给我们的倾听和反馈带来障碍，因此只有简短的语言更便于双方信息的接收、思考和反馈。并且，用通俗易懂的语言会给我们的理解带来方便。

5）要做到互信和坦诚

信任是沟通的前提，如果缺乏互信，口头沟通必然流于形式，相互说笑一番，碰到敏感问题时要么打马虎眼遮遮掩掩，要么编造谎言隐藏真实想法，这种口头沟通除了消磨时间实在是没有什么意义。口头沟通如果要能深入问题，双方必须足够信任，打开心门，坦诚交流，否则除非谈判中运用策略，日常工作中如果故意隐瞒保留，口头沟通是不可能有实质成效的。工作和生活中总有一些满腹心计的小人，所以人们都不太愿意成为第一个讲真话的人，但是一旦人们信任某人，又可能会毫无戒备心，以致可能遭受巨大损失，我们身边这样的案例也不计其数。毋庸置疑，坦诚和戒备都需要，要艺术性地处理好两者的关系。不能利用口头沟通来骗取他人的信任，欺骗他人的善良，利用他人的坦诚，玩弄他人的感情，伤害他人的利益。

2.1.5 口头沟通的“五忌”

口头沟通有“五忌”。

1）忌生疏

这里的生疏：一是使用生疏的词语；二是交流双方生疏，无法交流；三是交流的话题双方都不熟悉，交流活动难以进行下去。

2）忌紧张

口头交流活动中，如果面对沟通对象紧张，就会出现词不达意、手足无措的情况，这不仅严重影响自己的表达，也会影响听众的注意力。如果发生在演讲活动中，就无法达到感染人、鼓舞人的效果。

要想消除沟通表达的紧张心理，可以多多练习在公众场合进行表达，或者给自己“我能行”的心理暗示，也可采用深呼吸、“目中无人”等方法。在后面的内容中，会有相应的介绍。

3）忌枯燥空洞

口头沟通，尤其是陈述和演讲，如果所用语言都是专业术语，所讲内容都是深刻难懂的内容，或者满篇大话空话而没有实际内容，讲述者也没有声音语调的变化，没有与所讲内容一致的辅助语言，那么听众就会觉得索然无味，昏昏欲睡。

4）忌唱独角戏

作为一种双向交流活动，口头沟通应是双方有来有往的互动活动，一旦某人将沟通的时间变成自己一个人的独白，不仅难以获取对方的观点和意见，造成信息闭塞，也是对沟通对象一种不礼貌的表现。一个不懂得尊重别人的人，也很难得到别人的尊重。

5）忌不留余地

俗话说“逢人只说三分话”，看似圆滑封闭的沟通，实则会让自己掌握主动权。比如，我们与客户谈判，如果不把话说绝，双方都有可协商的空间。不说绝对的话，不会授人以柄，让自己和工作陷入被动。说话留有余地与坦诚并不矛盾。坦诚是不欺骗，留有余地也是在不欺骗的前提下不让自己陷于被动。

2.2 陈述和演讲

2.2.1 陈述

资料2：陈述和演讲的“魔法公式”

在工作和学习中，陈述是经常发生的事，在很多场合都需要用到，比如，向客户介绍自己产品的款式、性能、特点、用途等。它可以是在企业内部，会计师就收购事项向公司财务委员会陈述收购对象的财务状况、债务结构、经营现状、收购后可能带来的利润等；还可以是销售部向公司管理人员陈述公司销售量、销售额、利润额以及增减变化的原因分析等，也可能是某天早上的晨会，你需要对自己部门的工作做一个陈述。法庭上，当事人、控辩双方律师都会有大量的陈述。陈述不是随便说几句，而是要认真准备，并结合一定的技巧，使得陈述的内容既符合实际，又能吸引听众。

1）陈述的含义

陈述指的是围绕一个主题，展现一个事实或者客观实际，并表达自己对这个主题的理解和看法。陈述可以是一个突发事件的通报、一个重要文件的转达，也可以是一个工作经历的汇报。

2）陈述的类型

（1）信息性陈述

信息性陈述的主要目的是将信息传递给沟通对象，让对方知道或了解事情的性质、内容、经过即可。

（2）说服性陈述

说服性陈述不仅要让对方了解事情的性质、具体情况，更主要的目的是在某一问题上寻求对方的认可或让对方接受自己提出的行动建议，做出积极的反馈。

在工作中，说服性陈述是主要的。比如：销售部提出的销售策划方案希望被公司采纳；酒店客房部的经理召开晨会，是让员工按照任务要求完成工作；销售人员向客户介绍产品是希望客户能购买；领导在公司会议上作指示，希望公司各部门员工贯彻落实。

3）陈述的特点

（1）客观性

陈述的事实内容要客观，不能将事实扭曲，细节也要真实、可信。

（2）简洁性

陈述不能长篇大论，虽然陈述可以经过仔细的书面资料准备，但要简洁，使得陈述的要点清晰、易懂。

（3）条理性

无论是信息性陈述还是说服性陈述，都要注意条理性，注意前后的逻辑联系。条理性是让听众听明白并接受信息的基本条件。

沟通课堂2-1

请同学们选择一个身份，做一次陈述。

1.请以客房部（餐饮部）经理、店长、销售经理等身份，给下属简单讲解一下他们应该做的工作及你的要求。

2.请以导游、业务代表的身份给客户介绍旅游线路（安排）、企业和产品。

【提示】身份任意选择，时间为2～3分钟。当选择一个身份后，要考虑好陈述的内容和条理性，同时注意陈述的声音、表情等非语言符号的运用。

4）陈述的技巧

（1）注意开场

无论面对什么对象，陈述的开头要引起足够的注意。一般可以做简单的自我介绍，陈述好消息也是一个不错的选择。比如，客户的表扬、某位员工工作积极、企业提供的新产品、新优惠措施等。需要注意的是，好消息应是别人不熟悉的，最好是根本不知道的，这样的消息一经宣布，才会足够吸引人。

（2）陈述内容客观、具体

陈述的主要部分在内容上，陈述的内容要客观、具体、符合实际，尤其是在介绍企业和产品、提出工作要求等方面更是应该详细、真实，便于沟通对象理解和接受。

（3）讲究条理性和逻辑性

陈述要力避信马由缰，想到哪儿说到哪儿。无论是简单的还是复杂的内容，陈述时要按照主次关系依次陈述，这样既能让对方听进去，也能让对方听得明白。

（4）最后表达愿景

陈述的最后，可以表明你对某个问题的看法，但是要积极、正面。积极的愿景，给人们以希望，有助于人们建立积极心态。作为沟通的受众来说，好的愿景能让他们容易接受陈述者的观点，并因理解而产生共鸣。

（5）注意非语言符号运用

陈述是一对多的沟通，以陈述者主讲、众多人倾听为主，但整个过程中不应是陈述者的“自娱自乐”。陈述者要与倾听者有目光交流，语言要清晰，声音要响亮，要关注听众的反馈。

2.2.2　演讲

1）演讲的含义

演讲又叫讲演或演说，是指在公众场所，以有声语言为主要手段，以体态语言为辅助手段，针对某个具体问题，鲜明、完整地发表自己的见解和主张，阐明事理或抒发情感，进行宣传鼓动的一种语言交际活动。

演讲与陈述相比更具主观性，在声音的使用上讲究艺术表达效果，并且非语言符号的使用比陈述更多。

案例2-2

我骄傲，我是中国人

悠悠72载春秋，一个甲子多的轮回，可谓弹指一挥间，岁月悄然转动不息的年轮，在全国各族人民的殷切期盼下，我们迎来了新中国周岁韶华。72年风雨同舟，72年岁月沧桑，72年奋斗不息，72年灿烂辉煌。72年的历史画卷描绘的是一路风雨艰辛；72年的万千诗篇歌颂的是一幕幕壮美的历史演绎；72年的斐然成就振奋的是一颗颗华夏儿女的赤子之心。

走在新世纪的康庄大道上，我们信手阔步，步履昂扬，内心是如此得澎湃。在一个昏黄的午后，残阳斜照，寻一静谧之所，将身心休憩。左手捧一香茗，右手执一黄卷，追忆烽火岁月，不禁万千思绪遥飞不已。一幕幕鲜活的历史画面重新演绎，萦绕于心，久难释怀，只为那一段铭刻于心的难忘岁月。

1949年10月1日，天安门城楼上的一声呐喊向全世界庄严宣告：中华人民共和国成立！开启了中国历史新纪元。然而，在民族崛起的道路上却举步维艰，迤逦趋行。直到十一届三中全会上作出全面实行改革开放的新政策，改革的春风从此使神州大地再度焕发活力，中华民族终于踏上民族复兴的伟大征程。我们努力拼搏，奋斗不息，创造了一个又一个闻名遐迩的巨大成就，人民生活发生了日新月异的巨变。光阴荏苒的72年，中国以崭新的姿态再次屹立于世界民族之林。

中国——一个具有伟大智慧、充满东方神韵的国度，是那青藏高原的一段铁轨，是塔里木油田的一组井架，是社会主义建设一把把熊熊燃烧的火焰，是世界和平飘扬的一面不朽旗帜，更是世界民族之林的焦点。社会主义的宏伟蓝图上活跃着你的实践创新，东方奔腾的旭日迸发出你的盎然生气。你坚强奋进，有着长城钢铁般的意志，中华儿女众志成城，将一个个磨难狙击在脚下，又将一个个辉煌成就创造。

1953年抗美援朝战争，您敢为人先，捍卫世界和平；1964年，中国成功引爆第一颗原子弹；1997年、1999年港澳分别回归；1998年战胜历史罕见的大洪水；2001年申奥成功，实现了华夏儿女百年奥运梦想，同年加入世贸组织，让中国在世界民族之林赢得一席之地，为世界未来的发展发挥了更大的作用；2003年“神舟五号”升空，成功战胜“非典”，显示出一个大国的奋进和坚强；2008年北京奥运会和北京残奥会世界难忘，“神七问天”梦想腾飞，实现了中国人首次漫步太空的梦想。祖国大地的每一个角落都燃烧着希望之火，涌动着万卉争荣的盎然生气。

我自豪于勇敢面对挫折、挑起民族脊梁的祖国；自豪于用奋斗书写史册、用汗水浇灌硕果的祖国。您的胸怀是如此得博大，您的气魄是如此得恢弘。我以中国人为荣！

我骄傲，我是中国人！

资料来源：微信公众号“晨光课堂”(有整理).

【简析】本文是中华人民共和国成立72周年的一篇演讲稿。演讲者以饱满的热情赞美了祖国72年来的变化，从政治、经济、科技、体育等多个角度讴歌了祖国在党的领导下，所取得的辉煌成就，所成就的一番番宏伟壮举。全文篇幅不长，其中的爱国情怀、身为中国人的自豪感和骄傲感洋溢在字里行间，具有很强的感染力。

2）演讲的特点

（1）社会性

演讲活动发生在社会成员之间，它是一个社会成员对其他社会成员进行宣传鼓动活动的口语表达形式。因此，演讲不只是个体行为，还具有很强的社会性。

（2）现实性

所谓现实性，是指演讲的内容和选题都与现实的客观实际相联系，应是当前社会上关注的热门事件或话题。

（3）艺术性

演讲是优于一切现实的口语表现形式，它要求演讲者去除一般讲话中的杂乱、松散、平板的因素，以一种集中、凝练、富有创造色彩的面貌出现。

（4）综合性

演讲只是发生在一定时间内的活动，而为了这一活动，演讲者要有各方面的充分准备，同时，还需要大量的组织工作与之配合。在演讲的过程中，还需要运用声音、表情、肢体等综合性的表达手段达到演讲效果。

（5）逻辑性

演讲者思维要缜密，语言应有条理，层次分明，结构清楚。

（6）针对性

演讲主题应是众所周知或广泛关注的问题，要注意听众的年龄、身份、文化程度等。

（7）感染性

演讲者要有鲜明的观点、自己独到的见解和看法以及深刻的思想等，要善于用流畅生动、深刻风趣的语言和恰当的修辞打动听众。

（8）鼓动性

鼓动性是演讲成功与否的一个标志。没有鼓动性，就不成为演讲，政治演讲也好，学术演讲也好，都必须具有强烈的鼓动性。

3）演讲的结构

（1）开头

“好的开头是成功的一半”。演讲的开头应能吸引听众的注意，可以采用的方法有很多，下面介绍几种：

①讲故事。讲自己或别人的故事，故事要生动，以引起听众的兴趣和注意。比如：“我给大家讲个故事，这个故事发生在……”。

②对来宾表示感谢。一般是在酒会、招待会的祝词开始时使用。

③引用名人名言。引用名人名言需要是大家比较熟悉的，并且与自己要演讲的主题有一定的关系。比如："各位同学大家好！伟大的教育家孔子说过……"。

④向听众提出问题。可以在开头向听众提出一个问题，然后稍作停顿后，自己回答，将演讲继续下去。比如："豆腐的烹饪方式有4 000多种，你知道吗?"。

演讲开头的时间一般掌握在30秒~2分钟为宜。

（2）中间

中间是演讲内容的核心，不同的演讲主题核心内容不同。要注意：分清要点，逐一讲解；观点要有论据进行论证；运用数据、资料、事例；前后内容要形成呼应；适当地插入幽默，营造轻松气氛。总之，要注意条理清楚，层次分明，有一定的逻辑性。

（3）结尾

"编筐编篓，重在收口。"好的结尾可以调动人们的情绪，启发人们的思考，指导人们的行动。善于演讲的人都非常注重结尾，他们或将重要信息进行重复，或向听众发出号召，或提出问题引发思考，或以幽默、风趣的语言结束，让听众在笑声中有所感悟。

4）演讲的技巧

（1）注意姿势

演讲是面对大庭广众的演说，此时不能过于紧张，过度的紧张不但会表现出笨拙僵硬的姿势，面部表情也会呆滞，而且对于舌头的动作也会造成不良的影响。因此要让身体放松，双脚分开与肩同宽，平衡整个身体，双手交叉自然置于小腹前；还可以借助其他的办法扩散并减轻施加在身体上的紧张情绪。例如，将一只手稍微插入口袋中，或者手触桌边、手握麦克风等。

（2）进行眼神交流

除了电话交流，口头沟通中其他的交流都应该有双方的目光接触。虽然演讲是一对多的口头交流活动，但演讲者和听众也需要眼神交流。眼神交流既是对听众的尊重，也可以及时发现听众对演讲的情绪反馈。一旦看到消极的情绪反馈，作为演讲者可以及时调整自己的演讲，活跃现场气氛，吸引听众注意。

当然眼神交流会让演讲者感受到压力，一些挑剔或不屑的眼神还会刺痛演讲者。克服这种视线压力的秘诀，就是一面进行演讲，一面从听众当中找寻对自己投以善意和认可目光的人。

（3）善用面部表情

演讲时的面部表情无论好坏都会带给听众极其深刻的印象。紧张、疲劳、喜悦、焦虑等情绪无不清楚地表露在脸上，这是很难靠本人的意志来加以控制的。演讲的内容即使再精彩，如果表情总是严肃木讷，缺乏自信，也很容易变得欠缺说服力。

控制面部表情的方法，首先是不可垂头，其次是缓慢说话。说话速度一旦缓慢，情绪即可稳定，面部表情也得以放松，全身上下也就能够泰然自若起来。

沟通窗 2-1

演讲口才的训练技巧如下：

1. 朗读朗诵。

2. 对着镜子训练。

3. 自我录音或摄像。

4. 尝试躺下来朗读。

5. 速读训练。

6. 即兴朗读。

7. 背诵法。

8. 复述法。

9. 模仿法。

10. 角色扮演法。

11. 讲故事法。

12. 写日记。

13. 多找机会上台。

5）音质和腔调

音质和腔调乃是与生俱来的，不可能在一朝一夕之间有所改善。音质与腔调对于整个演说影响很大。一些研究报告指出：声音低沉的男性比声音高亢的男性，其信赖度较高，因为声音低沉会让人有威严、沉着的感觉。虽然音质难以短时间改变，在正式演讲时还是应该稍微变声，用好听的声音增强演讲的魅力。

同时，还要注意声调的高低起伏、抑扬顿挫，与演讲内容和情感高度一致的腔调，可以弥补音质不好的不足。

6）语速

说话的速度也是演讲的重要技巧之一。表达紧张、急切的情绪时语速应加快；语速舒缓、声音温柔表达的是亲切和关心；如要营造沉着的气氛，说话稍微慢点就很重要。正常的语速一般为每分钟120~150字。不过，要注意的是，倘若从头至尾一直以相同的速度来进行，听众会昏昏欲睡的。

7）停顿

停顿是演讲中很重要的一个技巧。短暂停顿可以给听众留有思考的空间，也可以给自己一个开启后续内容的缓冲；稍长时间的停顿一般是演讲者有意为之，是演讲者将要讲述更为重要的内容而吸引听众注意的一个铺垫。没有停顿的演讲，会给双方带来压力，影响演讲效果。

沟通课堂 2-2

请同学朗读下面两段文字，感受两段文字不同的语气语调。

“我们在矿山里开出了春天，在火炉里炼出了春天，在盐场上晒出了春天，在纺织机上织出了春天，在沙漠的铁路上筑起了春天，在汹涌的海洋里捞出了春天，在鲜红的唇上唱出了春天，在挥舞的笔下写出了春天……”

——冰心《我们把春天吵醒了》

“一个人的一生，只能经历自己拥有的那一份欣悦，那一份苦难，也许再加上他亲自闻知的那一些关于自身以外的经历和经验。然而，人们通过阅读，却能进入不同时空的诸多他人的世界。这样，具有阅读能力的人，无形间获得了超越有限生命的无限可能性。阅读不仅使他多识了草木虫鱼之名，而且可以上溯远古下及未来，饱览存在与非存在的奇风异俗。”

——谢冕《读书人是幸福人》

2.3 面　谈

2.3.1 面谈的概念

案例 2-3　　**《论语》里的说话智慧**

“四书”之一的《论语》是记录孔子及其弟子言行的一本书，书中内容反映了孔子的说话智慧。孔子善于说话，他说话既讲内容，又讲原则，还讲方法，即便是批评学生，也能让其欣然接受。因而，他的学生和朋友既乐于听他讲话，也甘于践行他所说的话，达到了“学如不及”“不令而行”的境地。

首先，孔子说话注意原则。

一是慎言。孔子认为说话要慎重、准确、负责任，因为“乱之所生也，则言语以为阶”，一切混乱的产生，就是由于言语不谨慎而一步步发展而来的，因此“君子于其言，无所苟而已矣”，君子对自己所说的每一句话都不能有一点马虎。“夫人不言，言必有中”，他欣赏那些对事不轻易发表意见，但不说则已，一开口必定切中要害的人。

二是择人择言。孔子认为说话要注意对象、场合、身份。“可与言而不与言，失人；不可与言而与之言，失言。”和可以说话的人设防不说话，这就错失了人才；不可与人谈的话却与人谈了，这就是说错了话。孔子还说过“言未及之而言，谓之躁；言及之而不言，谓之隐；未见颜色而言，谓之瞽”。没有轮到自己讲话就越位抢话，是浮躁，该自己说话时却不说，是隐瞒，不察言观色、观察环境氛围而贸然讲话，是盲目。“时然后言，人不厌其言”，在恰当的时候说话，才不会招致别人的讨厌。

其次，孔子特别注意说话应避免的问题。

一忌内容不当。“子不语：怪、力、乱、神”。孔子语常不语怪，讲的都是社会生活中的常理；语德不语力，不推崇“暴虎冯河”的勇力，而是善用道德教化人；语治不语乱，探讨的都是为民、治国的大道；语人不语神，关注的都是个人修德和社会众生。

二忌巧言令色。花言巧语、面貌伪善和过分恭敬是可耻的行为。“巧言、令色、足恭，左丘明耻之，丘亦耻之”。

三忌强嘴利舌。“御人以口给，屡憎于人。”对待别人以口舌强辩，往往会招致他人的厌烦。

四忌无端抱怨。“在邦无怨，在家无怨。”他认为自己取得成就得益于从不抱怨，“不怨天，不尤人，下学而上达”。

最后，孔子说话注重技巧。

孔子十分讲究说话的艺术，注重“辞达而已”。孔子惜言如金，字字珠玑，认为辞不贵多，取达意而止。提及君子的标准时，“君子不器”这四个字，就说明了君子应不限于一技一艺，而去广泛地汲取知识、博学洽闻；评价自己学生时，他更是一语中的，如“由也果”“赐也达”“求也艺”，寥寥三字即点明子路、子贡、冉求三人的个性与才能，词约意丰，言近旨远。

资料来源：佚名.《论语》里的说话智慧［EB/OL］.［2018-11-15］. https: //www.sohu.com/a/275499881_558523.有删改.

【简析】话语传达了一个人的智慧、情感、态度。《论语》从说话的原则、避忌、技巧等方面展现了孔子高超的口头表达能力。我们要学习孔子的说话技巧，时刻践行“恭、宽、信、敏、惠”这五种品德，真正让自己的话“行而能远”。

面谈是指任何有计划的和受控制的、在两个人（或更多人）之间进行的、参与者中至少有一人是有目的的并且在进行过程中互有听和说的双向口头交流活动。

面谈是人际沟通最基本的一种方式，工作中为了联络双方感情，为了布置任务，为了协调工作，为了营造气氛，为了提出建议，为了解决问题，为了达成共识，都离不开面对面的交谈。

面谈可以表现为寒暄、闲聊、谈心或正式的会谈、谈判，寒暄和闲聊看似非正式，实则对正式会谈、谈判的成功起着营造气氛、放松心情、拉近双方关系、促进正式面谈的作用。

2.3.2 面谈的要素

1）面谈对象

对象是谁，具有什么样的性格特征、工作背景、阅历、家庭，年龄多大，兴趣爱好是什么，如果能够掌握足够多且准确的面谈对象资料，对双方顺畅交谈是非常有好处的。

2）面谈内容

面谈可以是简短的寒暄，也可以是严肃的长谈。简单的寒暄容易，严肃的长谈则对内容要心中有数。谈话的内容包括我们准备谈什么、有哪些要点、自己在所谈问题上的观点立场、哪些可能成为久谈不决的问题，最好的办法是对核心问题列一个清单。不是所有的问题都适合作为面谈的内容，谈话内容有宜有忌。

3）面谈地点

一般来说，面谈如果准备都很充分的话，一般的商务场所均可。不过，面谈中的谈判地点确定对最后的效果有很大影响。谈判有主客场之分，效果也有很大差别。一般主场优势明显，因为在主场进行的谈判，资料、人员等方面可以及时获得帮助。如果是客场的话，就很难做到有求必应了。

4）面谈时间

一次良好的交谈应注意见好就收，适可而止。普通场合的交谈，最好在30分钟以内结束，最长不能超过1小时。交谈中每人的每次发言，以3~5分钟为宜。重大事项的谈判，时间可以控制在2~3个小时。

案例2-4

星空下的对话

好的对话意犹未尽，糟糕的聊天半刻都是折磨。

2022年7月的最后一天，两位互联网的传奇人物张朝阳和俞敏洪进行了一场名为“星空下的对话”的直播（如图2 1所示）。

图2-1 “星空下的对话”直播

他俩没有以企业家的身份进行对话，而更像是文科生和理科生之间的思想碰撞。没有高高在上的拘谨和做作，回忆童年记忆、儿时味道，一文一理的两人展示了接地气、最纯真的另一面。俞敏洪会幽幽地向张朝阳发问：“当你知道天上的星星都是亲核反应，你牵着你女朋友的手看着星星，还有没有诗意？”而张朝阳则科普了前额叶、海马体、深层脑、上层脑等概念，强烈“安利”了行为心理学的理论，并且提出了许多语出惊人的新观念：脱光了待着就能减肥，解决焦虑就是放大焦虑……持续的金句输出。

对于有网友提出“工作五六年感觉卷不动了，想退休”的问题，俞敏洪笑称：“我卷到了60岁还在卷。”张朝阳则表示：“人不应该退休，应该活到老干到老。”在他看来，当特别严肃认真地对待一份工作的时候，就会把它做得很认真，做好了就会有成就感、有乐趣，最后会发现这个工作还挺有意思。

长达6个小时的直播，引来4 000万人围观。网友并没有觉得无趣，相反，不少网友看后直呼干货满满，从中学到了很多。

资料来源：林小白．“张朝阳和俞敏洪的对话，治好了年轻人的焦虑”［EB/OL］．［2022-08-16］．https：//finance.sina.com.cn/chanjing/gsnews/2022-08-16/doc-imizirav8414537.shtml.有整理．

【简析】“星空下的对话”中，两人的交谈看似海阔天空，又紧扣主题；看似深奥难懂，却又发人深省，传道励志。两人一起散步、露营、星空对谈，将美景美食、生活方式、思想碰撞等传递给千万网友，呈现了一场有趣、有料、有深度的沉浸式内容体验。

2.3.3　面谈的技巧

1）提问的技巧

在商务活动中，由于阅历和背景以及语言意境的不同，客户之间的交流存在一定的理解偏差。为了准确搞清楚你所问的问题是否为对方明白，除了要提前做好准备工作以外，最好的办法是遵循灯笼原理，即开始以封闭的提问方式提问，继而以开放式的问题确认面谈对象对问题的认识和理解状态，最后以封闭式问题验证面谈对象所反馈的信息是否与你所提的问题吻合。一般来说，提问时，要根据进程来决定问题的提问方式，并在提问时要注意把握分寸，保持礼貌的态度，不卑不亢。对于不熟悉的面谈对象，要注意语言的易懂、清晰，避免使用生僻的或专业性过强的术语。

（1）封闭式提问

封闭式提问的问题比较具体，答案也几乎确定，对方用简短、确切的语言即可作出回答，而回答结果也是非此即彼。这种提问方式难度较低，一般适合程序性的或不复杂的话题。例如：

提问：你知道我们公司最近推出了新产品吗？

很显然，这个问题只需简单回答“知道”或“不知道”即可，无须深入思考即可回答。

（2）开放式提问

开放式问题比较笼统，旨在引发对方说出自己的感受、认识、态度和想法，适用于了解对方真实的情况。例如：

提问：你对本次报价有什么看法？

这样的问题显然不能简单回答了，需要经过思考、总结，用相对详细的语言陈述出来。一般要对问题有所了解，才能回答出来。当然在实际应用中，如果将问题设置得过宽，回答时可能会偏题。

（3）迂回式提问

当我们要提出的问题相对比较尖锐或者敏感时，尽量用一些较为委婉的措辞来提问，避免使对方不悦或尴尬。比如，对信誉、财务、过去的违约等问题，能不问的不问，需要问话的采取迂回方式。例如：

提问：我公司一般是先收款后发货，不知道贵公司能否接受这种交易方式？

此问题表面看完全是对交易方式的确认，但在担心对方财务状况的情况下，这就是一种较为委婉的提问方式，从对方的回答就能知道对方有无财务实力了。

另外，提问时避免将几个问题连在一起，这样不便于对方回答，还可能引起误解和歧义。例如：

提问：你觉得我们的新产品如何？市场反应比竞争对手如何？

本来是两个问题，而且是开放式的问句，即使回答一个问题，也需要考虑一下。两个问题揉在一起，就更难回答了。

提问的方式还有很多种，如澄清式提问、诱导式提问、求证式提问等。交谈中采用何种提问方式，要根据目的、具体问题和情境有效选取。

2）回答的技巧

（1）正面回答

对于没有特殊含义，或者没有需要隐藏的内容，问题又很简单，可以正面给予准确答案。例如：

提问：你们产品的质量有保证吗?

回答：当然有了。我们的产品通过了ISO 9001质量认证，请你放心。

对于正面回答的问题，要语气坚定，毫不怀疑，这样可以给对方增加信心。

（2）迂回回答

当对方涉及的问题敏感时，或者不想让对方知道自己的真实想法时，可以采取迂回方式，即避开敏感话题，以绕弯了的方式回答，并且不让交流的气氛陷入尴尬。

案例2-5　周恩来妙答记者问

在一次记者招待会上，周恩来总理介绍我国建设成就。一个西方记者问：“中国人民银行有多少资金?”这涉及国家机密，不可能直言相告。总理眉头一皱，很快答道：“有18元8角8分。”在场的人全都愕然。总理解释说：“中国人民银行的货币面额为10元、5元、2元、1元、5角、2角、1角、5分、2分、1分，共十种主辅人民币，合计为18元8角8分。中国人民银行有全国人民作后盾，信用卓著，实力雄厚，人民币是世界上最有信誉的一种货币。”话音刚落，全场响起热烈的掌声。

资料来源：佚名. 人民币的故事：周总理的“18块8毛8分”[EB/OL].[2018-10-20]. https://www.sohu.com/a/260502349_558523.

【简析】周总理有意回避问题的实质，以“总面额”替代“总金额”，既堵了外国记者的口，又不破坏招待会和谐的气氛。运用曲言，使语言犀利而风趣，充分表现出周总理过人的应变能力和高超的语言艺术。

（3）以问代答

以问代答也是迂回回答的一种，但回答是以问句呈现的。当遇到一些明显不能回答的问题时，可以通过提问的方式让对方回答，使对方自己解决问题。

通常谈判的双方讨价还价时，一方要求另一方给予价格优惠，另一方会用“你能接受的价格是多少”来反问对方，而不暴露自己的价格底线。这是谈判中最常见的方式。

3）说话的技巧

（1）幽默风趣地说

幽默风趣的话语，不仅可以营造轻松活泼的谈话氛围，还可以化解双方的尴尬。

案例2-6 “淘气”的桂花鱼

某酒店的餐厅正在开晚会。一位服务员实习生将客人点的桂花鱼端到了另一桌上，当这桌的客人津津有味地品尝着桂花鱼时，点桂花鱼的那桌客人正在为桂花鱼迟迟未上而急催服务员。两桌的客人都是餐厅以往的老主顾，怎么办？餐厅的服务标兵小李首先带着实习生到点桂花鱼的那桌客人面前，温和地道歉：“让你们久等了！”而后风趣地说：“不知今天的桂花鱼为什么这么淘气，跑到隔壁的桌上去了，害得你们久盼不到，我们没看住，给你们带来不快，我们给你们道歉了！请大家再耐心等待一会儿。我们让厨师尽快做一条桂花鱼上来。”客人听了她一席话，看她满脸的真诚，都笑了，很风趣地说：“不就是一条鱼嘛，下次看住点儿。”小李说：“谢谢各位了！”

资料来源：佚名．跑错桌的桂花鱼，遇见这种事怎么办？[EB/OL]．[2019-09-27]．https：//www.chushihome.com/article/content-19388.html.有删减．

【简析】餐厅服务工作往往因为服务对象千差万别或者语言不当而招致客人投诉。当实习生错上桂花鱼，客人着急催促时，小李用桂花鱼的“淘气”两字，幽默风趣地将实习生的工作失误化解，消除了客人的不满。工作中，当面临问题或身处尴尬境地时，用这种方法会起到很好的沟通效果。

（2）直截了当地说

在沟通过程中，有时需要双方清楚、准确地表达各自的观点，旗帜鲜明。

案例2-7 主权问题没商量

1984年5月，中英双方就中国香港回归问题进行谈判，英方反对中方在中国香港驻军。邓小平利用接见香港记者的机会直接表明：“有人讲中国在香港可以不驻军，这不能代表中国政府，我们不驻军怎么能体现主权？为什么中国不能在香港驻军？英国可以驻军，我们恢复了主权反而不能在自己的领土上驻军，天下有这个道理吗？驻军起码是主权的象征吧，连这点权力都没有，那还叫什么恢复行使主权呢？必须要驻军！”

后来，英国驻华大使伊文思跑到中国外交部，紧急约见中方谈判代表周南。他神情很紧张地说：“听说昨天邓小平先生在人民大会堂为驻军问题发了脾气，我们很惊讶，香港人也很不安。我们英国人在港驻军是因为离香港远，你们离得近，就不要驻军了……”周南根据邓小平的指示，驳斥伊文思说：“你有什么惊讶的！我们在谈判中一直在讲要驻军，这是恢复行使主权。国防要中央管，就必须在香港驻军。你回去后就说中国的这个立场是坚定不移的，没有谈判的余地，不要另外打算盘！”伊文思讨个没趣，灰溜溜地走了。

资料来源：余玮．谈判背后的坎坷．[EB/OL]．[2008-04-05]．https：//news.ifeng.com/mainland/200804/0405_17_476929.shtml.有删减．

【简析】在沟通中，在原则问题上可以开诚布公，直截了当地表明自己的原则和立场，这样可以让对方清楚在沟通过程中，哪些问题可协商达成一致，哪些问题不可让步。这样的直接表达，可以节约时间，提高沟通效率。

（3）委婉含蓄地说

在沟通时，为了不伤及对方的面子和自尊，采用旁敲侧击的含蓄表达也能收到意想不到的效果。中国的语言是丰富多彩的，很多不便直接表明的语言，可以找到其他的词语代替，这其实就是一种委婉含蓄的方式。

例如：中国人忌讳“死”这个字眼，多用“走了”“驾鹤西去”等来表示；说人长得胖，往往用“丰满”来代替；别人有缺点，喜欢用“希望……”表示需要改进不足。

（4）引导性地说

有意识地引导口头沟通过程非常必要，可以让口头沟通内容更加切合主题，避免聊到哪里是哪里，最后聊完了却没有达到目的。对谈话的过程加以引导，可以使沟通内容不偏离主题。

案例2-8　成功的面谈引导

有一位销售员，刚开始工作时，每天都要敲陌生人家的门，说上一大堆好话，还十有八九不成功。他内心充满了对敲门的恐惧。

一天他向一位资深的销售专家请教，销售专家要求他想象自己正站在客户的门外。

销售专家问：“请问，你现在位于何处？”

他说：“我正站在客户的门外。”

销售专家又问：“很好！那么，接下来，你想到哪里去？”

他说：“我想进入客户的家中呀！”

销售专家又问：“当你进入客户家里之后，你想，最坏的情形是怎样的呢？”

销售员说：“最坏的情形大概是被客户赶出来吧！”

销售专家又问：“被赶出来后，你又会站在哪里呢？”

他说：“嗯……还是站在客户的门外呀！”

销售专家说：“很好，那不就是你现在所站的位置吗？最坏的结果，不过是回到原处，又有什么可恐惧的呢？”

从那以后，销售员像换了个人似的，只要有1%的希望，就付出100%的努力，最后终于获得成功。

资料来源：于斐．营销工作，其实并没有最坏的结果！［EB/OL］．［2006-12-27］．https：//www.globrand.com/2006/63682.shtml.有删减．

【简析】专家清楚了沟通对象的内心想法后，通过一连串的问题，引导销售员悟出了真谛。成功地运用问题引导法，省时高效。

2.4　电话沟通

电话沟通是双方不见面的一种重要沟通方式。电话沟通比较经济、快捷，现代人的工作、生活、学习等活动几乎已经离不开电话了。电话沟通甚至能反映企业的风貌、精神、文化，甚至管理水平、经营状态等。双方面谈时，你的身体姿势、面部表情占谈话效果的55%，而电话沟通时无法通过肢体语言或神情来帮助自己传递辅助信息，沟通的关键就只有语言了。如果语言和声音体现出尊重对方，礼貌热情，就会给对方留下良好的印象；反之，如果在电话应对上表现不当，就会导致对方做出对企业不利的判断。所以，在许多企业中，电话沟通的礼仪和技巧往往是新员工上岗培训的一项必备内容。

2.4.1　电话沟通的特征

电话沟通的特征如下：

①语言是电话沟通中传递信息的唯一手段。因此，电话沟通的难度要大于其他方式。手段单一，所传递的信息内容少，就容易发生沟通障碍。比如，一个说话快的人，电话中给人的印象是不稳重；一个声音大的人可能留给人粗鲁的印象。

②电话不受地理环境和距离的影响，可以跨地域进行交流，十分快捷。一个中国的推销员可以打电话给美国或者欧洲的客户，很快就能沟通。

③相对于面谈等方式来说，电话沟通更加经济。手机如此普及，很多事情都可以在第一时间通过打电话沟通，为双方节省时间和费用。即使很重要的事情，也不必等着双方见面了才谈，电话完全可以满足需求。

以下3种情形宜采用电话沟通的方式进行：

①彼此之间的办公距离较远，但问题比较简单或者是程序性的问题。

②彼此之间的距离很远，很难或无法当面沟通。

③彼此之间已经采用了电子邮件沟通但问题尚未解决。

2.4.2　电话沟通的技巧

微课2：电话沟通的技巧

与人沟通要换位思考、关注对方的感受。所以，无论是接电话、打电话还是转电话，在拿起电话前，你就应该准备好微笑，让每一次电话沟通都带给对方开心和愉快，让每次沟通都有成效。

1）基本技巧

为了提高通话效果，准确或正确表达思想，请注意下述6点：

（1）电话机旁应备记事本和铅笔

“好记性不如烂笔头”，即使是人们用心去记住的事，经过9小时，遗忘率也会高达70%，日常琐事被遗忘得更快。不要太相信自己的记忆，重要事项一定要做记录。若在电话机旁放置好记录本、笔，当他人打来电话时，就可立刻记录关键事项。不然，会搞得自己狼狈不堪。

沟通课堂2-3

两人一组，分别回忆一周前的今天，从早到晚干了哪些事情，哪些是重要的，哪些是不重要的，哪些重要的已经忘了。

【提示】一天中有很多事情，先将你不怎么用思考的事情记下来，再按时间顺序回忆一下一周前的那天从早到晚的情形。

（2）准备好要沟通的内容

给别人打电话时，很多人想到什么就讲什么，结果往往会丢三落四，等对方挂断了电话，才发现重要的事情还忘了说。因此，应事先准备好“5W1H”，然后再拨电话，边讲边看边记录，随时检查是否有遗漏。每个问题尽量简洁明了，避免烦琐，否则说的内容太多，对方容易抓不住主要事项，自己也无法把握重点。

（3）态度友好

有人认为，电波只是传播声音，打电话时完全可以不注意姿势、表情，这种想法真是大错特错，诚实恳切都包含于说话声中。若声调不准就不易听清楚，甚至还会被听错。因此，讲话时必须抬头挺胸，伸直脊背。“言为心声”，态度的好坏，都会表现在语言之中。如果道歉时不低下头，歉意便不能伴随言语传递给对方。同理，表情亦包含在声音中。打电话表情麻木时，其声音也冷冰冰。因此，打电话时也应带有表情。

沟通课堂2-4

两人一组，一个人观察另一个人说话的语气、语调。一个人站直了，昂首挺胸，并微笑着说话。然后，试着坐下，面无表情地说话。对比两种说话之间的区别。

【提示】人微笑时和无表情时的情绪是不同的，进而影响说话的语气、语调。

（4）少用术语

专用术语仅限于行业内使用，非专业人士不一定知道。有的人不以为然，得意洋洋地乱用简称、术语，让对方不明就里。再有，网络流行语很多，切忌在电话沟通中高频使用。

（5）养成复述习惯

电话沟通时，由于沟通对象的语言背景及发音有不同，为了防止听错电话内容，一定要当场复述。特别是同音不同义的词语及日期、时间、电话号码等数字内容，务必养成听后立刻复述、予以确认的良好习惯。

（6）注意拨打时间

往对方家里打电话，应避开早晨8点钟以前和晚上10点钟以后。往单位打电话，最好避开下班前10分钟。当我们知道对方的行踪时，应避开对方不方便接听电话的时间，如在高速路上、吃饭时、有重要的事情时都不适宜继续谈话。

2）打电话的技巧

（1）开场白

◆ 电话打通后，要先通报自己的单位或姓名："您好，我是××公司的业务员小张。"然后询问对方："请问是×××公司吗？请问××（要找的人）在吗？"

◆ 礼貌地询问对方是否方便之后，再开始交谈。

◆ 如果自己打错了电话，礼貌的做法是发自内心地道歉，可以说："哦，电话打错了，对不起。"默不作声就放下电话会使对方不快。

◆ 在给身份尊贵的人士打电话时，直呼其名是失礼的，应说："您好，我是××，我想跟×先生谈谈××事情，不知是否方便？"

（2）洽谈

◆ 讲述事由要简明扼要，声音亲和，遵守"5W1H"原则：When，Where，Who，What，Why，How（时间、地点、人物、事件、原因、怎么做）。

◆ 简单地重复一遍事由，既重复重点，也要听清对方所谈事情。

（3）确认

通话结束前一定要将时间、事项、对方意见等重要信息再次确认，这是非常重要的。

（4）结束通话

在通话结束前，表示谢意并道再见，如"李先生，谢谢您，再见！"注意轻放话筒。

3）接电话的技巧

（1）时机的选择

◆ 最完美的接电话时机是在电话铃响的第三声接起来。如果你在电话第一声铃响后接起来，对方会觉得突然；如果你在电话铃响了很多次才接，对方多少会有点不悦。

（2）开场白的表达

◆ 无论对方是谁，你都要让他感到得到了友好的接待，尽量使用"魔术语"，如请、请稍等、谢谢、对不起等。

◆ 使用合适的问候语，如早上好、下午好、晚上好或您好等。

◆ 告诉对方自己是谁，以免对方是误打或再次询问而浪费时间，如"您好！这里是……"等。

◆ 确认对方是谁，然后致以问候："对不起，请问您是哪一位？……您好！"

◆ 拨错号码是常有的事，接到拨错号码的电话，不能一声"错了"后重重地挂上电话，要语气温和地告诉对方："您打错了，这里是××（单位）。"

（3）专注于洽谈

◆ 放下手头的事情，一只手拿听筒，另一只手做好记录准备，专心致志地听对方所讲的事情。

◆ 不要在接听电话的同时做其他事情，如吃东西、打字、阅读资料等。不要让其他事情分散你的注意力，否则是很不礼貌的，对方也很容易觉察到你心不在焉。

◆ 如果来电要找的人不在或正在忙着其他事不能抽身，不要只告诉对方不在或正忙，要告诉对方你想怎样帮助对方，让对方感到你乐于帮助。例如："对不起，陈先生现在正在接另一个电话""陈先生出去了一会儿，请问您需要转告吗""我可以让他打电话找您吗""您可以过5分钟后再打来吗？如果您愿意的话，请留下您的姓名和电话号码，我让他打电话给您，您看行吗？"。

◆ 以请求或委婉的语气而不是以要求的方式让对方提供信息。不要说："你叫什么名字"或"你的电话号码是什么"，而要说："请问您贵姓""王先生，方便留个电话号码吗"等。

◆ 转接电话的过程中，要捂住话筒，使对方听不到其他声音。

◆ 重复和确认是电话沟通中非常重要的技巧之一，可以避免误会或者遗漏重要的信息等。

◆ 如果是顾客的投诉电话，最忌争辩，明智的做法就是洗耳恭听，让顾客诉说不满，一边认真琢磨对方投诉的根由，一边寻找正确的解决方法，用肺腑之言感动顾客。

◆ 负责地回答所有问题，如遇不清楚的事情，或说其大意，或请了解情况的人接听电话。回答问题不能含糊不清。

（4）礼貌结束通话

◆在通话结束前，要让对方感受到你非常乐意帮忙，表示谢意并道"再见"；要等对方放下话筒后，再轻轻放下话筒。

◆ 在对方还在说话时就挂断电话是很不礼貌的。

沟通窗 2-2

电话沟通中清晰、动听的声音、语调会给人以愉快的感觉。要获得清晰、动听的声音效果，可以采用一定的训练方法。

一是"1、4、2"呼吸法。1、4、2表示时间段。具体做法是：首先深吸一口气1秒，然后闭气4秒，最后吐气2秒。当然，可以根据当时的实际情况，适当地延长时间，会收到更好的效果，每次做3分钟。

二是"狗喘气"法。"狗喘气"法，顾名思义，就是像狗一样急促地喘气，每次可持续3分钟左右。

以上两种方法，长期坚持训练，可以达到呼吸均匀、声音清朗的效果。

2.4.3 电话结束后的工作

很多人以为电话结束后，就意味着工作结束，这是一种误解。在职场中，无论是主动拨打还是接听来电，当通话结束后还有后续工作要处理，主要包括：

①记录通话的有关事项，如时间、事项、通话人、结果等。

②向有关部门传达或向领导汇报。比如，接到了投诉电话，要向有关部门反映顾客诉求，并向领导汇报；如是领导交代的工作，通话结束后要向布置工作的领导汇报，回

复落实情况。

总之，电话沟通从准备到通话再到结束，每一环节的要点都要注意。

沟通课堂 2-5

表2-2中是电话沟通中的一些不应有的行为，对照自己的电话沟通习惯，检查自己的行为并改正错误行为。

表2-2　电话沟通中的行为改正

问题情境	不良表现	实际表现	改正要点
接听电话时	1.电话铃响了很久才拿起话筒		
	2.对着话筒大声说："喂，找谁啊？"		
	3.一边接电话一边吃东西		
	4.一边和同事说笑一边接电话		
	5.当需要记录重要的信息时，总是手忙脚乱地找纸和笔		
拨打电话时	1.抓起电话时不知从何说起，语无伦次		
	2.使用超级缩略语，如"我是二所的"		
	3.挂断电话才想起还有问题没说		
	4.抓起电话粗声粗气地说："喂，我找刘经理。"		
转达电话时	1.抓着电话大声地说："小刘，你的电话。"		
	2.态度冷淡地说完"王总不在"后就挂断电话		
	3.让对方稍等，结果对方却等待了很长时间		
	4.答应帮对方转达，却未询问对方的姓名		
遇到突发事件时	1.简单地告诉对方"这事不归我管"或"我不知道"就挂断电话		
	2.接到投诉或索赔电话，极力为公司辩解并且态度生硬		
	3.接到打错的电话后很不高兴地说"打错了"，随即挂断电话		
	4.电话听不清楚或噪声很大时，大声地"喂，喂"，然后挂断电话		

2.5　推销沟通

2.5.1　推销谈判的含义

推销谈判是指企业推销人员为了满足顾客的需要和实现企业的营销目标，运用书面或口头的方式说服、劝导对方接受某种方案及所推销产品与服务的协调过程。推销员为了将自己的产品推销给顾客并获得利润，必须就顾客所关心的一系列问题，与顾客沟通。在与顾客沟通的过程中，需要先了解顾客需求，再介绍产品信息，然后找出顾客存在的异议，最后处理和化解异议。整个沟通过程中，买卖双方一般都要就具体的产品或服务价格、品种规格、质量、数量、交货日期、支付条款、维修服务及违约条款等进行协商和谈判。当然这种协商谈判有可能发生在介绍说明的过程中，也有可能发生在处理异议的过程中。

2.5.2 推销谈判的任务及原则

1）推销谈判的任务

由于推销一般是在推销对象不十分明确的情况下，顾客的购买意图尚未明确显现，需要推销员去寻找、发现顾客，因此，谈判的内容相对复杂。一般来说，有以下4个任务：

（1）探索顾客需求

推销的产品既有可能是顾客从来没见过的，也有可能是顾客见过但不了解的，因此，找到顾客的需求是关键。有些顾客的需求是潜在的，需要进一步激发才能明确。推销员需要在与顾客的洽谈过程中，探索和发现顾客的需求。只有在需求明确的情况下，才能满足顾客的需求。记住，顾客可能永远不关心你的产品有多好，但一定关心自己需要的是什么。

案例2-9　良好沟通做成大生意

一位乡下来的小伙子去应聘城里“应有尽有百货公司”的销售员。

老板问他：“你以前做过销售员吗？”

他回答说：“我以前是村子里挨家挨户推销的小贩儿。”老板很喜欢小伙子的机灵，对他说：“你明天可以来上班了。等下班的时候，我会来看一下。”

第二天下班的时候，老板真的来了，问他：“你今天做了几笔生意？”

“一笔。”小伙子回答道。

“只有一笔？”老板非常吃惊，并说“这儿的售货员一天基本上可以完成20~30笔生意呢。那你卖了多少钱呢？”

“300 000美元。”小伙子答道。

“你怎么卖到那么多钱的？”老板目瞪口呆，半晌才回过神儿来问道。

“是这样的，”小伙子说，“一位男士进来买东西，我先卖给他一个小号的鱼钩，然后卖给他一个中号的鱼钩，最后卖给他一个大号的鱼钩。接着，我卖给他小号的鱼线、中号的鱼线，最后是大号的鱼线。我问他上哪儿钓鱼，他说海边，我建议他买条船，然后我带他到卖船的专柜，卖给他有两个发动机的20英尺帆船。他说他的大众牌汽车可能拖不动这么大的船。于是我带他去汽车销售区，卖给他一辆丰田新款豪华型‘巡洋舰’。”

老板后退两步，几乎难以置信地问道：“一个顾客仅仅来买鱼钩，你就能卖给他这么多东西？”

“不是的，”小伙子答道，“他是来给妻子买发卡的。我就告诉他‘你这个周末算是被毁了，干嘛不去钓鱼呢？’”。

资料来源：佚名. 销售的6个励志小故事［EB/OL］.［2021-12-11］. https://www.sohu.com/a/507294628_121280577.有删减.

【简析】这则幽默小故事，说明小伙子用他对顾客消费心理的掌握，运用良好的沟通技能，成功与顾客沟通，实现了产品的销售。职场中善于沟通会创造无数的奇迹。

（2）介绍产品信息

在了解顾客需求的基础上，准确向顾客传递产品信息是至关重要的。一般来说，推销员必须十分了解所推销的产品以及所在的企业。由于竞争激烈，任何一种产品都可能存在竞争对手，这时，需要推销员对竞争对手的产品也有所了解。只有知己知彼，才能将自己产品的独特之处、领先之处传达给顾客。当一问三不知时，即使产品是独一无二的，恐怕也无法令顾客心动。

（3）处理顾客异议

一般来说，顾客在推销员解说之后还拒绝购买的话，一定是存在异议，即顾客不同意推销员的观点，或者心存怀疑，不相信推销员所说的话。比如，怀疑产品质量，嫌价格高，与同类商品比较存在缺点等，这些都属于正常范围。处理这些异议时，应本着诚实的原则，缺点无须掩盖。但凡是缺点的，一定包含着优点。例如，冰箱的功率大，耗电量高，意味着此款冰箱制冷效果可能要好于其他冰箱。从缺点产生的原因去解决，更能消除顾客的异议。

（4）促成顾客购买

对于推销员来说，促成购买是永恒的任务。说得再好，不如卖得好。顾客最终是否接纳你所说的，成交量是一个最直接的指标反映。因此，推销员始终需要观察成交的机会，一旦出现，立即促成，以免机会丢失，切忌画蛇添足。对方的异议处理完后，要寻找合适的机会，采用一定的技巧，促使顾客达成交易。

2）推销谈判的原则

尽管每一次推销的对象、时机及环境很可能不同，但推销员的最终目的都是一样的，就是卖出产品或服务。在实际操作过程中，推销员可能采取一切手段来达到自己的目的，但是在有些情况下，这是饮鸩止渴的做法。为了本次推销能够顺利进行，同时又不影响下一次推销及顾客的利益，推销谈判需要遵循一定的原则。

（1）针对性原则

这是最基本的原则。推销员要针对顾客的动机展开交流，顾客有的是为了追求时尚，有的是为了追求实惠，还有的可能是为了追求美，不同的顾客，需求动机是不同的。与此同时，在推销过程中，还应针对顾客的性格特点进行沟通，顾客有的敏感，有的内向，有的随和，需要因人而异，采取不同的策略。

（2）倾听原则

有的推销员经常口若悬河，全面讲述产品的优点，丝毫不顾及顾客的需求到底是什么，当介绍完了，顾客却离开了，因为顾客觉得没能发现他的需要。所以，推销员在说之前，最好先仔细听听顾客的话，了解一下他需要什么，有时候他的需要可能不在产品本身，而是一件你根本不在意的事情。有一次，一位推销员给一位女顾客详细介绍产品后，顾客的兴趣很明显，听得很入神，且没有提出什么大的异议，推销员暗自高兴，这笔交易要成功了。可是，这位女顾客突然转身走了。这位推销员纳闷不已，几天后通过电话联系到这位女顾客，想了解一下她那天没买的原因。女顾客的回答非常出乎意料，她说那天听解说时忘了孩子的放学时间，后来突然想起要去接孩子。

（3）参与原则

当推销的产品有样品展示或者可以操作时，让顾客亲身体验是最好的选择，哪怕只是触摸一下产品，也比推销员滔滔不绝的介绍好。美国著名的推销大王乔·吉拉德在推销汽车时，总是让前来看车的顾客，坐进车里感受一下。闻闻车里的味道，摸一下方向盘，踩踩刹车。而据他总结，几乎坐进车里的人，后来都买车了。这就是顾客参与体验带来的效果。所以，当向顾客展示产品时，不要忘记让他也操作一回，体验会帮顾客找到自己的需要，谈判也就简单了。

（4）诚信原则

诚信是谈判成功的基石。诚，指的是谈判时动机要诚，信，指谈判时要言而有信，不能欺骗顾客，轻易许诺。当然诚信也不是指所有的信息都要据实回答，当涉及商业机密或国家机密时，显然是不能实话实说的。

（5）平等互利原则

推销人员在谈判中，应不卑不亢，尊重顾客。不仗势欺人，不强迫顾客，本着平等互利的原则，在满足顾客需求的基础上，获取利益。

2.5.3 推销谈判的技巧

在推销过程中，谈判大致要经历初次会晤、洽谈、异议处理、促成购买等环节，在各阶段，洽谈的重点也不一样，需要分阶段有针对性地加以对待。

1）初次会晤

由于初次会晤的30秒决定了推销员在顾客心中的印象，因此为了达到一个良好的效果，在说出第一句话之前，请检查一下外表是否职业。同时应注意，如果不是对方提出握手，最好别主动，而且站姿、走姿、坐姿也很重要。当然，别忘了眼神是否聚焦在对方的面部并具有亲和力。只有这些表现都不错，接下来的谈话才可能有效果。

这一阶段最难的是引起注意，因此，推销员的沟通重点就是引起顾客的注意，使其产生兴趣。一般来说，下面的技巧比较实用。

（1）熟人推荐

通过熟人或朋友介绍作为开场白。例如：“××先生，您的朋友，××公司的张××先生，上次参加了我们旅行社组织的旅游活动。他觉得贵公司也有可能需要，因此，他推荐我来向您介绍一下我们旅行社的旅游线路。”

（2）产品利益

如果对方对产品或服务确实有需要，那么可以直接介绍。例如："贵公司如果将会议安排在我们酒店举行，不仅能够享受到优质的服务，而且可以节约10%的会议成本。"

（3）好奇心

每个人都有好奇心，只要激发了顾客的好奇心，吃闭门羹的机会就少多了。有位推销员敲开了一位家庭主妇的门，然后他撕掉了一美元。正当这位主妇惊奇地看着他时，他说："您知道我撕的是谁的钱吗？是您的！"家庭主妇当然好奇了，明明是你的钱啊……接着就听他解释，原来他是推销新款电饭锅的，使用新款电饭锅，比老式的电饭锅一天可以节约一美元的电费。

（4）赞美

当发现顾客有可赞美之处时，拍拍马屁也是个不错的方法。当然切记，不能假惺惺地奉承，这样会让对方反感。真诚的赞美才是受欢迎的。

案例2-10　用赞美成功推销

一个打印机公司的业务员知道买主总是会说"没有钱，买不起"之类的反对意见。所以，在洽谈开始时他就说："总经理先生，我已经与许多人谈过，他们都非常敬佩您，并且他们都称赞您是第一流的总经理，很会赚钱，今天我到贵公司所见到的是一派繁荣昌盛的景象，真令人羡慕，要不是坚信这一点，我是不会冒昧拜访您的。"用赞美买主拥有较强的经济实力的方法，防止买主提出价格方面的反对意见。

资料来源：作者根据相关资料整理.

【简析】任何情况下的赞美都是一种积极的沟通方式，推销更需要赞美。真诚的赞美使买主内心愉悦，难以开口拒绝。成功的业务员都是使用赞美技巧的高手。

2）识别问题

准确地识别顾客的需要是推销员的必修课，需求明确，产品能否满足顾客需求就很清晰了。一般来说，顾客不大可能主动说明他的需求，除非这种需求是经常性的或者很紧迫的。因此，推销员要通过一系列的提问来探求顾客的真正需求：

①以封闭式问题开始并识别顾客的需求现状。

②以开放式的问题确认顾客需求的理想状态。

③以开放式的问题获得急需信息。

④以封闭式的问题检查客户是否理解。

⑤确定问题。

例如：

您需要冰箱吗？

您希望冰箱具备哪些功能？

除了以上的功能，您对冰箱的价格有什么要求？

……

对冰箱的售后安装有什么要求？

您希望冰箱省电，冷藏效果好，价格在4 000元左右，最好一周内安装，是吗？

3）介绍及现场展示

当推销员确定了顾客的需求后，就要对产品加以介绍，向顾客展示产品是如何满足他们的需求的。介绍产品时，一般按照FABE模式进行，即产品的特征（Feature）、优点（Advantage）、利益（Benefit）、证据（Evidence），这样有理有据，顾客容易理解和接受。例如，推销一款拍照手机时可以从表2-3所示的FABE模式的4个方面进行介绍：

表2-3 拍照手机的FABE模式

F——特征	A——优点	B——利益	E——证据
3 200万像素	像素高于目前的2 000万像素	拍出照片更清晰	现场拍摄对比

在需要展示证据的时候，要准备好辅助设备，如视频设备、样品、模型，以及各种证明文件等，确保顾客在听了介绍后能够相信。取得顾客的信任，是至关重要的一步。

4）处理异议

根据有关统计，当顾客不存在异议，也就是对推销员的介绍没有任何问题时，成交的可能性要小于顾客有问题即有异议时。因此，要想成交，处理异议就是必需的了。异议处理的技巧不是一天两天就能掌握的，它是不断积累、不断总结经验后获得的。

（1）忽略异议

顾客总认为自己是精明的、不易被说服的购买者，因此，他们会经常提出问题。有的问题是他们心目中真正的问题，而有时他们仅仅是为了提问而提问，甚至有的异议是错误的。推销员最好的办法就是先承认异议，如果异议无意义就提示顾客忽略它。

（2）解释异议

顾客说："价格太高了！"当一款变频空调比定频空调售价高，那么推销员就要搞清楚，顾客说的是售价还是包括使用的价格。如果是售价，显然解释一下价格高的问题就很简单，变频空调省电多，使用费用远低于定频空调，售价虽然高一点，总的费用要省很多。

（3）间接否定

在实际交流中，如果直接否定别人，意味着当面说别人错了，不利于交流，而间接否定会照顾到对方的面子。例如：

顾客：你们每次交货的速度太慢了。

推销员：先生，我能理解您的想法。但是在本地区，您是我们最重要的客户，我可以保证您是我们每次最优先供货的，而且时间比其他供应商要短得多。

（4）弥补

当顾客提出的异议确实存在，且有可能因此而不能购买时，可以考虑给顾客一定的弥补。当然这个弥补是通过产品的优点来弥补缺点，而不是弥补实际产品。例如：

顾客：你们的产品太贵了！

推销员：您说的可以理解。但是与同类产品相比，我们的售后服务时间是最长的，并且也是最及时的。

(5) 抢先发难

当顾客对某一问题肯定会提出异议时，不妨主动向自己发难。比如，当产品质量可能不如对手时，可以采取类似下面的方法：

推销员：我们的产品质量可能不如对手，但那是我们有意设计的，因为这种产品每过2~3年就要淘汰一次，能用10年没有太大意义，花高价买这样的产品也是不太必要的。我们的产品比对手便宜近20%，这是我们的优势，也是为顾客节省的成本。

5）促成交易

推销谈判最关键的一步，就是促成交易。但是，如果时机把握得不好，或者语言不当，就可能使交易泡汤。在做好充分准备的情况下，只有抓住时机，采取适当的策略才能促成交易。

(1) 直接请求成交

直接向顾客发出交易的请求，简单、直接，可提高推销员的工作效率。例如：

“先生，既然我们的产品质量好，价格又公道，您就下单吧！”

(2) 二选一成交

在日常的谈话中，如果预设两个选择的话，一般会比较容易从中选出一个方案，而这个方案是两个方案中最有利于自己的选择，这就是二选一法。例如：

推销员：“先生，您是来点白酒还是啤酒？”

在上面这种情况下，客人一般都会选择一种，除非不喝酒。

(3) 优惠成交法

给出成交的优惠条件，如打折、送礼品等。多用于必需品的成交，由于是必需品，在哪里买都是买，如果能获得一点额外的实惠，顾客是不大可能拒绝的。例如：

推销员：“现在买空调，送电水壶，买一送一的。”

(4) 从众成交法

利用顾客的从众心理促成交易。一般顾客在拿不定主意的时候，大众的选择就是自己的选择，因为顾客都有这样的心理，大家都选了，应该不会有太大问题。当然这种方法对少部分有逆反心理的人，可能无效。例如：

推销员：“这款笔记本电脑是国庆节期间卖得最快的，选这款，没错的。”

沟通窗2-3

丰田公司的神谷卓一曾说：“接近准客户时，不需要一味地向客户低头行礼，也不应该迫不及待地向客户说明商品。这样做，反而会引起客户逃避。在我刚进入公司做推销业务阶段，接近客户时，我只会向他们介绍我的汽车。因为，在初次接近客户时，往往很难迅速地与客户进行顺畅的沟通。在无数次的体验揣摩下，我终于体会到，与其直接说明商品不如谈些有关客户的太太、小孩的话题或谈些社会新闻之类的事情，让客户喜欢自己才真正关系着销售业绩的成败。因此，接近客户的重点是让客户对一位以推销为职业的业务员抱有好感，从心理上先接受他。”

2.6 客户投诉沟通

微课3：客户投诉沟通技巧

经营性和服务性行业总是会因为产品、服务、言辞等方面出现问题而遭到客户投诉。尽管所有的企业都不希望被投诉，但投诉真的发生时，用正确的方法和礼貌的语言与客户进行沟通，取得客户的谅解，可以化解矛盾，消除负面影响。

无论是来自客户的电话投诉，还是面对面或书面的投诉，掌握一些行之有效的沟通技巧大有裨益。

2.6.1 客户投诉沟通策略

1）了解原因，端正心态

客户投诉的原因多种多样，有的认为买了质次价高的产品，有的认为服务人员接待态度不好，有的认为营销人员言辞冒犯，有的是冲动购买后又后悔，有的甚至是“故意找茬”。面对各种不同原因的投诉，客服人员一定要分清原因，情绪上保持冷静，保持耐心，站在客户的角度，以良好的精神面貌对待投诉。面带微笑，以柔和的语调说出“您好！请问有什么需要帮助的吗？”“早上（中午、下午）好！请问有什么问题吗？”等类似的话，能够让客户感受到真诚和友好。

2）友好询问，了解真相

客户投诉有时是因为自身情绪不佳、行为不当而需要寻找一个宣泄的出口。对待这样的情况，客服人员应该冷静，通过询问了解具体情况，为问题的处理掌握主动。当然，询问时一定要注意自己的表情、用词、声音、语调。“您能把具体情况说一下吗？您什么时候买的？什么时候发现问题的？”等句子可以帮助客户理清投诉的原因和目的。

3）学会倾听，减少解释

一般在遇到客户表达不满时，我们会习惯性地请求对方原谅，让对方不要生气。其实这种方法有时并不奏效，对于性急的顾客可能激发其更大的怒火。正确的做法应该是倾听并用“嗯，我知道了”“哦，原来是这样”“是挺令人生气的”等言语表示你在认真倾听并能理解对方的感受。即使遇到故意“刁难”的客人，也要做到耐心倾听。

4）熟悉流程，妥善处理

很多公司对于客户的投诉处理都有规定的流程，作为接待人员，一定要熟悉公司规定，按照规定认真记录客户反映的问题，向相关的处理部门反馈问题。对于要求立即给予答复的客户，也不要急于提出解决问题的方法，而是首先要问清客户想如何解决，当客户所提要求与公司处理规定不冲突时可以答应；当客户提出的要求违反公司规定，可以提出自己解决问题的方法并征得客户同意；当双方不能达成一致时，可以向上级反映后再给对方回复。一旦告知对方随后答复，在约定的时间内务必给对方回复，而不能敷衍，以免引起客户更大的不满。

5）平等真诚，及时处理

在处理客户投诉的过程中，其实客户是弱者。虽然他们有投诉、反映问题的权利，但实际上他们的利益已经受到了损害。作为客服人员，应换位思考，不回避、不害怕问题，接待投诉客户时语言亲和，态度真诚，在不违背公司规定的前提下，尽量在短时间内帮助客户解决问题，给客户以满意的答复。

2.6.2 客户投诉沟通禁忌

1）简单随意，敷衍处理

一些接待人员面对客户投诉，急于想解决问题或把投诉者打发走，在没有全面了解事情具体情况或没有了解客户真实需求的情况下，要么简单处理问题，要么敷衍客户，这都会导致客户更大的不满。因此，要注意避免这种情况出现。

2）急于争辩，撇清关系

一些客服在接到客户投诉后，没有注意倾听，而是着急解释原因，甚至在了解和询问具体情况时，使用诸如“你是不是……”“你有没有……”这样的问句，将问题假想成是由客户的原因而导致的。这样的处理方法只会导致问题的升级和引发客户更大的怒火。

表2-4是来自和讯银行的一份调查，从中我们能看到一些服务行业在处理客户投诉时的沟通语言还存在需要改进的地方。

表2-4　　银行ATM投诉的典型情景描述

——自动柜员机取出假钱，某银行拒绝承认
——应该张贴ATM服务收费标准
——2008年11月，前天，我的卡被新的ATM“吃”了，昨天下午去拿卡，某银行不仅没帮我好好找，还叫我拨打语音挂失……最后终于找到了，可是，今天我还得复印身份证去撤销挂失，并且被扣10元挂失手续费
——异行吞卡，解释是“不好意思，这是机器的问题，我们也无能为力。”另答：“到异行开户行开证明，并带身份证方能取卡。”开户行不予受理，吞卡行也不给取卡，说卡已转到总行。另外一位人员说，到开户行拿一个业务回单也可以……到吞卡行排队取卡，结果对方说卡不在那里，也许在总行或已经被销毁……

资料来源：程凤荣．四大银行客户投诉调查：异地存款抱怨多［EB/OL］．［2009-02-16］．http：//bank.hexun.com/2009-02-16/114497667.html

3）言辞推诿，转嫁责任

在接待客户投诉的过程中，客服人员经常会用“您反映的问题我们解决不了，您打电话给厂家吧。厂家电话是×××××××××××。”当问题反映到厂家后，厂家又用同样的方法将“皮球”踢回经销商，使得客户来回奔波。

4）态度怠慢，毫无诚意

大多数投诉的客户确实是因为他们在消费和接受服务的过程中利益被损害了，因此投诉时沮丧、失落、生气、愤怒等多种情绪都会出现。作为接待人员，应该换位思考，为客户解决问题的过程中避免出现态度和言辞上的虚与委蛇。

课外拓展阅读　最美售票员李素丽

图2-2　李素丽在公交车上播报站名

李素丽原先是北京21路公交车一名普通的售票员（如图2-2所示），在平凡的工作岗位上，用自己日复一日的劳动给人们带来真诚的笑脸、热情的话语、周到的服务和细致的关怀。她先后荣获“五一劳动奖章”“三八红旗手”“全国职业道德标兵”“首都精神文明建设奖章”“全国优秀共产党员”“全国劳动模范”等诸多荣誉称号。

在售票员这个平凡的岗位上，李素丽根据乘客的不同需求，给他们最需要的服务：老幼病残孕，怕摔怕磕怕碰，李素丽搀上扶下；“上班族”急着按时上班，李素丽尽量让他们上车；外地乘客容易上错车或坐过站，李素丽及时提醒他们；中小学生天性活泼，李素丽提醒他们车上维护公共秩序，车下注意交通安全。每天车厢里都会响起她甜润的声音：“各位乘客，您好！欢迎乘坐我们21路1333号车。您可能来自祖国的大江南北、四面八方，我将用北京人热情、好客的传统，为您提供周到的服务。途中，如果有什么困难、有什么要求，请不要客气，我会热心帮助您。”大年初一的早班车上，面对节日期间不能休息无法与家人团聚的乘客，她送上了真挚的祝福：“乘客同志们，今天是大年初一，首先，我代表车组全体成员给大家拜年，祝大家春节好！祝您在新的一年里工作进步，万事如意……”虽然车厢内寒气逼人，但李素丽的一番话使乘客们活跃起来，大家的心里顿时热乎起来。每当车要开动，有乘客跑过来赶着上车时，她从不说：“您别着急我，等着您。”而是说：“您别着急，我和全车的乘客都在等您。”

在服务的岗位上，李素丽形成了独特的“以情暖人、以理服人、以‘场’促人、以新引人、以甜动人”的口语艺术特色。当车厢内人多拥挤时，她说：“请您往里走半步，后面的同志就上来了。”有老、弱、病、残、孕者上车，她问：“哪位年轻同志少坐一会儿？”这些话语既贴近乘客实际，又很亲切。

一次，一位小伙子应李素丽的询问为刚上车的母女二人让座，落座的小女孩忘记答谢让座的小伙子时，李素丽便柔声提醒：“小朋友，叔叔给你让座了，你该说什么呀？”女孩立即说：“谢谢叔叔！”还有一次，她按规定查验乘客的车票。有一个小伙子掏完了衣兜掏裤兜，就是拿不出票。李素丽看出小伙子没买票，就说："您可能一时着急找不到了，要不，您今天再买一张，下车后，您要是找到了，下次坐我的车就不用买票了。"小伙子不好意思了，拿出2元钱说："大姐，刚才我没买票，您说怎么罚就怎么罚吧！""按我们的规定，下车逃票才罚款，您及时补票就可以了。下次上车主动买票，这样就不耽误您的时间了。"

出色的口头表达能力，为李素丽的服务工作插上了翅膀。

1999年12月，李素丽与23名姐妹组建起"北京公交李素丽服务热线"，李素丽任负责人（如图2-3所示）。她组织热线工作人员利用班余时间走访线路，熟知了全市700多条公交线路和900余处机关单位、旅游景点，使电话咨询做到得心应手。

图2-3 李素丽热情回答热线问题

在日常工作中，她提出即使不面对顾客，也要学会微笑，并告知接线姑娘：笑和不笑的结果绝对不一样，虽然乘客看不到你的笑脸，但他们一定会感觉到你是否温暖亲切。李素丽还对"热线"工作人员提出了"四美"的服务标准，即"衣着整洁仪表美，和蔼可亲语言美，热情周到服务美，敬业爱岗心灵美"。针对群众来电内容，她又提出了"一切围绕用户转"的口号。在接到恶意骚扰或"出气"的电话时，李素丽会帮助"热线"工作人员疏导情绪，教她们要学会换位思考。"想想假如是你自己受了委屈，是不是也会气不打一处来。要换位想一下，互相理解。"她还说："乘客发脾气时，他急，你千万不能急，你让他说痛快了，看他还能说什么。如果自己先火了，那什么问题也解决不了了。""如果你把市民当亲人，把老人当母亲，把中年人当姐妹，那么你就觉得这一切都是应该做的。"

2008年7月，"李素丽服务热线"升级为"北京交通服务热线"，工作人员由最初的几十人发展到100多人，这条服务热线整合了地铁、公路、省际长途等多家交通行业的热线，成为北京最"热"的一条服务热线，平均每天接电话近2万个，成为北京的"电子向导"。

资料来源：佚名．"辛苦我一个，方便众乘客"——李素丽［EB/OL］．［2009-09-01］．http：//gongyi.sina.com.cn/gyzx/2009-09-01/111512577.html.有删改．

本章小结

1.口头沟通，是指在商务沟通过程中，以声音、空气为传递信息的渠道，进行交流的一种语言沟通形式。主要包括：口头汇报、会谈、讨论、演讲、电话联系等。

2.演讲又叫讲演或演说，是指在公众场所，以有声语言为主要手段，以体态语言为辅助手段，针对某个具体问题，鲜明、完整地发表自己的见解和主张，阐明事理或抒发情感，进行宣传鼓动的一种语言交际活动。

3.面谈是指任何有计划的和受控制的、在两个人（或更多人）之间进行的、参与者中至少有一人是有目的的并且在进行过程中互有听和说的谈话。

4.电话沟通是双方不见面的一种沟通方式，它是通过电话线或无线电波来传递信息的。电话沟通中要保持积极的个性，拨打和接听电话都要做到做好准备、礼貌问候、自报家门、语音清晰、面带微笑、清楚表达内容、边打边听边记、注意重复确认、礼貌道别等具体沟通技巧。

5.推销谈判是指企业推销人员为了满足顾客的需要和实现企业的营销目标，运用书面或口头的方式说服、劝导对方接受某种方案及所推销产品与服务的协调过程。

6.处理好客户投诉是树立企业和个人形象很重要的一个环节。作为客服人员，在接待客户投诉的过程中，应学会换位思考，用正确的策略和态度妥善处理客户投诉的问题。

练习与实训

扫码同步测2

（一）选择题

□单项选择题

1.下列问句中，不是封闭式问句的是（　　）。

A.先生，请问您贵姓？　　B.您熟悉我们公司的产品吗？

C.您是否使用过我们的产品？　　D.对我们的产品有什么意见？

2.下列各项中，不属于口头沟通特征的是（　　）。

A.表达的口语化　　B.非正式沟通

C.沟通的灵活性　　D.沟通的直接性

3.下面关于陈述理解不正确的是（　　）。

A.陈述更主要的是陈述客观事实　　B.陈述要注意条理性和逻辑性

C.陈述需要有感染力和鼓动性　　D.陈述要有目光交流

4.下面关于交谈中聊天、寒暄的理解正确的是（　　）。

A.正式交谈时没有必要寒暄

B.聊天、寒暄对正式交谈没有意义

C.聊天、寒暄都是在非正式场合下进行的

D.聊天、寒暄可以为正式交谈进行铺垫

5.投诉沟通处理的正确程序是（　　）。

A.热情迎客–询问情况–解释原因–做出处理–礼貌送客–电话反馈

B.热情迎客–登记问题–询问情况–做出处理–电话反馈

C.热情迎客–询问情况–登记问题–做出处理–礼貌送客–电话反馈

D.热情迎客–询问情况–耐心倾听–做出处理–礼貌送客

□多项选择题

1.下列各项中，属于演讲的特点的有（　　）。

A.艺术性　　B.鼓动性　　C感染性

D.公众性　　E.客观性

2. 电话沟通的特征有（　　）。

A. 快捷　　B. 省费用　　C. 手段单一

D. 省时间　　E. 能处理任何问题

3. 推销洽谈的原则有（　　）。

A. 针对性　　B. 参与性　　C. 互利性

D. 倾听　　E. 公正性

4. 与投诉客户沟通时应避免使用的语言有（　　）。

A. 这个问题您找厂家

B. 我们也有我们的苦衷，请您谅解

C. 您说的这个问题根本不存在

D. 您提的要求等我请示上级后才能给您答复

E. 您在使用的过程中有没有不注意?

5. 在电话沟通中，正确的做法有（　　）。

A. 电话接通后要问好　　B. 听不清楚要提醒

C. 面带微笑，语速适中　　D. 电话结束前要复述

E. 电话结束后要登记、汇报

（二）判断题

1. 口头沟通是非正式沟通，所以它没什么效果。（　　）

2. 陈述要做到条理清晰，注意开头和结尾。（　　）

3. 演讲稿写好了，演讲就容易了，只要把稿子背下来就可以了。（　　）

4. 面谈非常简单，就是聊天。（　　）

5. 面谈时要能言善辩，无须充分准备，根据现场情况随机应变。（　　）

6. 面谈时让对方无话可说，就胜算在握。（　　）

7. 电话沟通很容易进行，由于快捷、方便，可以作为主要沟通方式。（　　）

8. 推销谈判中，只要我们把产品介绍清楚了，就可以赢得客户。（　　）

9. 推销谈判中最关键的一步是促成交易。（　　）

10. 人人都有好奇心。在与客户沟通的过程中，利用客户的好奇心也是一个不错的推销方法。（　　）

11. 客户投诉都是有原因的。为了树立公司形象，我们应满足投诉者的要求。（　　）

12. 在处理客户投诉时，倾听是一个很重要的方法。（　　）

（三）简答题

1. 什么是口头沟通？它有什么优点和缺点?

2. 演讲的技巧有哪些?

3. 面谈的注意事项有哪些?

4. 电话沟通的技巧有哪些?

5. 推销谈判中对沟通有什么要求?

6.客户投诉的处理办法有哪些？

（四）实务题

1.分析：

（1）下面是销售员小王、老李分别与客户赵总的交谈，试比较两者的不同，并分析小王交谈中的不足，帮助小王改进沟通语言。

对话一：

小王：赵总，您好，我是大华公司的销售人员小王，这是我们产品的资料，您看是否感兴趣？

赵总：放我这儿吧！我感兴趣的话给你打电话。

小王：您看看，我们的设备质量好，而且价格也便宜……

赵总：对不起，我还有个会，我会和你联系的，好吗？

小王：好的，赵总！我等您的好消息哦。

小王刚走，赵总顺手将小王的资料放在了一边。

对话二：

老李：赵总，您好，我是大华公司的销售人员老李，这是我们产品的资料，您看是否感兴趣？

赵总：放我这儿吧！我感兴趣的话给你打电话。

老李：如果用我们的设备，会比您现在用的W型号的设备效率提高30%，而且节能10%……

赵总：效率提高30%？你讲讲。

老李：……

赵总：好，好，好！我会认真考虑你们的设备的。

（2）如果是你，你该如何处理？

某保险公司业务推销员给某客户打电话，客户接到电话后对业务员进行辱骂，业务员进行反驳时也夹带攻击性语句。具体对话内容如下：

员工：您好！这里是××电话销售中心。我姓刘，工号A1234567，请问您是王先生吗？

客户：什么情况？你是谁？你是怎么知道我手机号的？你是干什么的？

员工：王先生，您别急。跟您联系是因为我们针对手机号段1395600××××的客户逐一拨打，通知一项我们公司特别好的客户活动。王先生您需要了解一下吗？

客户：就讨厌你们这些电话销售的，一天到晚没完没了，你不烦我还烦呢。滚！

员工：王先生，你怎么这么说话？我第一次给你打电话，之前没联系过你，也没惹着你，你凭什么骂人？你有没有素质啊?!

客户：告诉你，老子要投诉你，你等着吧……

员工：投诉就投诉，你算老几？你这样的人，我见得多了。真差劲！

2.下面是一些推销沟通中的顾客异议，请写出针对异议的合适回答。

（1）这种麻的面料很容易起皱的。

答：________________

（2）我不要你们的赠品，你再帮我打点折吧。

答：________________

（3）你们的VIP积分有效期是3年，我怎么感觉被套牢了一样啊！

答：________________

（4）你们的官网做得不太好，产品更新好慢。

答：________________

（5）早知道你们这种包装，我就不买你们家东西了。

答：________________

（五）实训题

1.打电话给一个陌生人，推销一件产品。首先各小组选择产品，熟悉产品，然后搜集电话信息，每个小组不少于20个陌生人的电话号码。小组讨论，如何向陌生人推销产品。设计好开场白，与对方拉近距离，列出电话洽谈要点，从对方的回答中搜集信息，最后致谢对方。

2.学生自己写作演讲稿，在班级发表演讲。注意用语、着装及发型，同时使用肢体语言，发挥眼神、表情的作用。

3.一组电话练习。电话中的具体交谈内容请同学们自己设计。

（1）某保险公司的电话销售员给客户打电话，推销重大疾病保险。

（2）某公司销售经理助理打电话通知在外的业务代表回公司参加一个重要会议，而业务代表在会议时间已经约好拜访客户。

（3）某公司接到客户投诉产品未按时送达（安装等）的电话。

（4）接到寻找公司会计催缴货款的电话，会计此时不在，你该如何转接。

（5）某商业银行客服接到客户投诉信用卡被禁用而没有得到通知的电话。

（提示：上述电话沟通，学生要确定好目的，事先要写好电话沟通文案；电话沟通过程可以设计得更复杂和丰满一些。）

4.角色扮演模拟练习（要求：学生以小组为单位，每组选数人进行角色扮演；要有剧本，情节要丰富，符合职场要求。）

（1）某化妆品公司派出3名接待人员，到机场（或火车站）接待前来洽谈的销售商（2人：1名销售总监，1名律师），并将销售商送到事先预定的酒店。第二天，从酒店接销售商到公司参观，并进行合作谈判。

（2）某大型连锁超市召开座谈会，前来参加会议的有供货商、集团采购部门、市场监督管理部门以及消费者，请选择一个身份在会上作简短发言。

（3）某小区居民向物业公司工作人员投诉，反映小区卫生状况差、住户装修扰民、住宅出现漏水、业主轿车被划伤、物业收费账目不清等诸多问题。针对上述问题，物业人员与业主沟通不佳，引起业主不满，后物业经理出面与业主沟通，使问题得以解决，业主满意而归。

（4）在某公司成立十周年的庆典酒会上，主办方将前来参加庆典活动的A、B、C三家公司的来宾相互介绍认识，三家公司的来宾相互之间进行交谈。

（5）以某公司或某酒店的销售经理身份，向客户介绍自己的产品或酒店。

（6）某酒店就餐的客人带来的孩子吃好后在走廊上嬉闹，有客人嫌吵闹向你提出了抗议。作为酒店的服务人员，请与双方客人进行沟通。

（7）选取一个当地较有影响力的企业，结合PPT对该企业进行SWOT分析。

（8）某客户中秋节前在某连锁蛋糕店预订蛋糕，按照店家销售政策，得到2斤赠送的月饼。但客户发现月饼馅发霉了，打电话给店家要求按照“假一赔十”进行赔偿，店家认为是赠送的产品不予答应。客户要求店家市场部经理出面解决，市场部经理以各种理由推脱责任，最后客户投诉到质量监督管理部门和电视台，问题才得以解决。

5. 自测题：请根据自身情况在表2-5中选择“是”“有时”“否”，看看自己能得多少分。

表2-5 交谈自测

• 你是否时常觉得“跟他多讲几句也没意思”？
• 你是否觉得那些太过于表现自己感受的人是肤浅的和不诚恳的？
• 你与一大群人或朋友在一起时，是否觉得孤寂或失落？
• 你是否觉得需要时间一个人静静地才能头脑清醒和整理好思路？
• 你是否只会对一些经过挑选的朋友吐露自己的心事？
• 在与一群人交谈时，你是否时常发觉自己在东想西想？
• 你是否时常避免表达自己的感受，因为你认为别人不会理解？
• 当有人与你交谈或对你讲解一些事情时，你是否时常觉得很难聚精会神地听下去？
• 当一些你不熟悉的人对你倾诉他的生平遭遇以求同情时，你是否会觉得不自在？

评分标准：每题选“是”3分，选“有时”2分，选“否”1分，统计总分。

参考答案：22~27分：表明你只有在极需要的情况下才同别人交谈，或者对方与你志同道合，但你仍不会以交谈来发展友情。除非对方频频跟你接触，否则你便总处于孤独的个人世界里。

15~21分：你大概比较热衷于与别人交朋友。如果跟对方不大熟悉，你开始会表现得很内向，不太愿意跟对方交谈；但时间久了，你便乐于常常搭话，彼此也会谈得来。

9~14分：表示你与别人交谈不成问题。你非常懂得交际，善于营造一种热烈的气氛，鼓励对方多开口，使得彼此十分投合。

第3章

倾 听

学习目标

知识目标

◇ 了解倾听的概念和作用

◇ 明确好的倾听者和差的倾听者的特征

能力目标

◇ 掌握沟通活动中积极倾听应用的原则、态度和方法

◇ 养成耐心、专心倾听的良好行为习惯

素养目标

◇ 结合案例导读、拓展阅读、案例学习研讨，树立责任意识，培养关心和尊重他人的良好品德

◇ 结合"生鲜传奇调研倾听顾客需求"等案例的学习讨论，树立诚信和守法经营的意识

案例导读　　习近平时刻倾听群众"意见"和"呼声"

在网络信息发达的今天，人们只要动动手指发条微博或微信，就能将自己的意见反馈到相关部门，方便又快捷。但是，在网络信息还不发达的年代里，没有微博和微信等一系列便利的通信工具，书信是人们交往、沟通的最好方式。群众想要将自己的"意见"和"呼声"传递到领导干部的眼前，只能通过书信。时任福州市委书记的习近平就非常重视群众的每一封来信，因为他懂得那是群众心底最真切的呼声。

1993年6月的一个下午，《福建日报》的一名记者采访了时任福州市委书记的习近平，无意中将一份内部刊物《来信摘编》(第32期) 拿给习近平看。他看后很认真地对记者说到："群众反映永泰县开发桃花洲的意见很重要，必须引起重视。"随即便拿起笔来批示："请永泰县俞兆坤同志（当时永泰县县委书记）调查阅酌。"对待群众的来函来信或者新闻单位公开批评的意见及"内参"反映的问题等，习近平的工作作风的确就像他自己所提倡的那样"马上就办"。习近平曾向媒体解释：

"'马上就办'不光是对工作效率的要求，也是在激烈的市场竞争中，要求人们审慎地作出最快反应。每个人都有这种敏感，福州的事业才会保持年轻。"在习近平就任福州市委书记的几年中，批阅的群众来信函件达千余件，对群众来信几乎每封必看，每看必批。习近平批示的有关重要问题均得到了妥善安排和解决。

不管工作有多忙，习近平都忘不了倾听群众的"意见"和"呼声"。当他一到福州市委任职时就交代身边的工作人员："凡是群众来信，一律都要交给我过目。"他提议把信访工作列入市委、市政府的重要议事日程，还要求自己无条件做到4个"亲自"，即亲自研究、亲自部署、亲自批阅、亲自查办。他经常带头深入基层倾听群众的呼声，了解具体问题。

"知屋漏者在宇下，知政失者在草野"。群众中有了"意见"和"呼声"，说明他们有了困难亦或诉求，同时也说明领导干部在工作方面还有做的不够的地方。认真倾听群众的"意见"和"呼声"，是领导干部了解社情民意最有效的途径。习近平曾说："我们共产党的干部是来自人民，为了人民的，在信访中倾听人民的呼声，了解人民的愿望，汲取改进工作和作风的营养，'关心、济助'每一个需要关心、济助的人，是我们的责任，也是我们的义务。信访工作的首义，在于时刻把自己看成人民中的一员，把心贴近人民。"

习近平时刻倾听群众的"意见"和"呼声"，把心贴近群众；将心比心，群众也给予他无限的支持与赞赏，把心交给他。

资料来源：佚名. 习近平时刻倾听群众"意见"和"呼声"[EB/OL].[2017-07-05]. http://pinglun.youth.cn/ll/201707/t20170705_10229594.htm.

【简析】中青网的这篇文章，报道了习近平总书记在担任福州市委书记期间，关心每一个需要关心的人，认真倾听群众的"意见"和"呼声"。通过倾听了解社情民意，解决群众反映的具体问题，彰显了一个领导者的责任意识和心贴群众的博大胸襟。

口头沟通是一个听、说、问、答的互动过程，倾听是口头沟通中一个重要的行为，沟通能力强的人一定是善于倾听的人。倾听能力既是一种个人能力，也是沟通者良好素养的一种体现。在口头沟通活动中，倾听不仅能获得对方传递的声音信息，还能捕捉到对方情感的变化，倾听者的倾听方式、态度直接影响到沟通的效果。

3.1 倾听的概念和意义

3.1.1 倾听的概念

什么是倾听呢？倾听与听看起来都是听，但两者有着很大的区别。国际倾听协会将倾听定义为：倾听是接受口头及非语言信息，确定其含义和对此做出反应的过程。

从定义中我们可以看出，一般的听只是用耳朵听，听到的只是声音；而倾听不仅听声音，更是用心听，听到的是对方所传递的信息和思想、情感等本质的内容，并对此予以各种形式的反馈。

沟通课堂 3-1

分析中国的繁体字“聽”的字体结构，并说明它与倾听的关系。

【提示】从听的繁体字“耳、目、心、一”四个组成部分进行分析。

3.1.2 倾听的意义

西方谚语说：“上帝给了我们一张闭着的嘴巴，却给了我们两只24小时开着的耳朵，他的意思是要我们多听少说。”一个人从在母体里听胎教音乐到出生来到世间聆听外界的各种声音，语言越来越丰富，再到在学习和工作的过程中，不断地倾听老师、领导、同事的教诲和告诫，每一步的成长都与倾听密切相关。

一些成功人士都非常注重倾听，伏尔泰说：“耳朵是通向心灵的道路。”松下幸之助把自己全部的经营秘诀归结为：“首先，细心倾听他人的意见。”玫琳凯认为：“一个优秀的管理人员应当多听少讲”。沟通，首先是倾听的艺术。因此，倾听在我们的生活和工作中有着非常重要的意义。

1）倾听有助于彼此加深理解，改善人际关系

资料3：2011IBM全球CMO调研

会沟通的人首先必须学会倾听，会倾听的人到处受欢迎。人与人的关系就是在彼此相互交流中建立起来的。但是一个在沟通过程中喋喋不休而不给别人以发言机会或只给很少的时间的人，很难引起对方的沟通兴趣。霸占了沟通中话语权和时间量的人，既难以了解别人的想法，也会引起对方的反感。别人从他的行为中看不到自己意见的价值，感受不到自己被尊重，他的人际关系一定是紧张的。

每一个人都希望在沟通中被对方尊重。而倾听的行为直接向对方表明了自己的耐心和对对方的尊重，告诉对方“你是一个值得我倾听你讲话的人”。特别是在自己的意见与对方意见不同时仍能倾听，则更能表示你很尊重对方。倾听，不仅能加深对对方传递信息的理解，而且被倾听者因为有人倾听而感到内心愉悦，自尊心得到满足，也会相应地以友谊和信任回报。如果共同的尊重和信任在倾听的行为中得以体现，双方的人际关系会得到极大的改善。

2）倾听有助于获取更多、更重要的信息

随着互联网技术的广泛应用以及全球化竞争的加剧，客户服务工作愈发受到重视，企业需要拿出更多的时间来做沟通工作。经验表明，任何一个成功的企业都离不开高质量的沟通。而大多数高质量沟通与倾听有关。

倾听不仅是听声音，更重要的是听信息，理解对方的情感、思想。善于倾听的人，在用心聆听时，还会专注于对方的非语言符号，通过对方的表情、肢体语言等，了解对

方真实的感受，判断对方的真实目的和诚恳程度。如果，只注重说而忽略倾听，或者听时心不在焉，对方难以畅所欲言，则会失去很多信息，也不会理解对方真实的想法，甚至有时还会将最重要的信息遗漏。

倾听是面对面交流时的一种行为，从信息的时效性来看，倾听有助于获得最新的有价值的信息。"听君一席话，胜读十年书"的古训也提醒我们，一个随时注重倾听的人，可以成为一个信息的"富翁"。

3）倾听有助于解决实际问题

工作中，不同的个体在工作方法方面会有不同的个人看法。沟通是为了化解不同个体之间的分歧，解决工作中的问题，达成共识。如果不认真听取他人的意见，很难弄清楚别人的想法，也找不出自己的意见与别人的分歧所在。只有在沟通中做到积极倾听，才能将自己的意见与别人的意见相互交换，解决工作中的实际问题。

从管理者的角度看，一项正确的决策应该是善于倾听来自不同方面的声音而做出的。松下公司创始人松下幸之助创业之初，公司仅有3人，因为他注意倾听和搜集各方面的意见，不断改进产品，加强各方面的管理，明确公司的发展目标，最终使得松下电器取得了举世瞩目的成就。

案例3-1　倾听客户心声赢口碑

于聪是一家大型电器生产厂家的销售部经理，最近他了解到公司最新推出的一批产品有问题，接到客户投诉的情况特别多。为了能尽快解决这个问题，他把所有的客户投诉都仔细分析了一遍，并走访了部分投诉客户。在倾听客户的抱怨时，他表示了极大的同情和理解，并且保证在最短的时间内解决目前产品的质量问题。客户感受到了厂家这种真诚的态度，表示继续支持本产品。通过于聪的努力，不但没有使公司的名誉受到损害，而且为生产部门迅速地解决产品质量问题争取到了宝贵的时间。一个月后，新产品的所有问题都被圆满地解决，不但公司的销售业绩没有下降，而且赢得了"想客户所想，急客户所急"的好口碑。

资料来源：胡珺讲师．胡珺老师分享沟通案例（一）[EB/OL]．[2013-06-26]．http：//blog.sina.com.cn/s/blog_c5ec9be50101k92f.html.有删改．

【简析】在与客户沟通的过程中，尤其是客户对产品提出意见表达不满时，一个劲儿地说抱歉不如静静地倾听客户的抱怨，在倾听的过程中，不仅能了解到客户的诉求，让客户将内心的不悦一吐为快，也能向客户展示自己的诚挚态度。于聪就是通过认真的倾听行为，展示了个人和企业的良好形象，为企业和自身赢得了好口碑。

4）倾听是对他人的一种鼓励，可以调动他人的积极性

马斯洛的需求层次理论表明，每个个体都有得到尊重的需求。当我们在沟通活动中，注意倾听他人的表达，并不断地辅之以非语言的暗示，能极大地激发对方的谈话欲望，使说话者感到自身的价值，进而将更多的个人想法表达出来。对方的自信心和自尊心在被倾听中得到提升和满足，积极性被充分调动起来，会激发出更高的工作热

情和责任意识。

美国著名化妆品公司玫琳凯公司，从创业之初只有9人，发展到今天已有20万员工，创始人玫琳凯始终要求管理者记住倾听是最优先的事。每个员工都可以直接向她陈述困难，她也会抽出时间来聆听下属的讲述，仔细做好记录，并在规定的时间内给予答复，尊重员工们的自尊心，满足其一吐为快的愿望，调动其工作积极性。

5）倾听有助于职业成长，体现个人良好的素养

倾听技巧在职业成功、组织成就和员工满意度方面都很重要。一份对财富500强公司的调查表明，倾听技巧、写作技巧、说话技巧等软实力更容易成为员工被雇佣的着眼点，同时这些软实力还影响着一个人的职业生涯是否成功。好的倾听者在组织内能更快地晋升。

在工作场所，倾听能力尤为重要。一般员工只有不断地充当倾听者，才能听取别人好的意见，展现出谦逊好学的一面。在领导面前善于倾听，才能清楚知道领导的工作意图，才能按时按质按量地完成领导布置的任务。一个赢得了同事信任、领导青睐的人，他的职业成长速度无疑会快于其他人。

当然，善于倾听也是沟通者良好素养的一种体现。个人素养优秀的人，不仅能听，而且乐于倾听，倾听时无论对方意见是否与自己一致，都会友好、礼貌地听完对方的话，而不是随意地打断或急于辩驳。

案例3-2

三个金塑像

从前，有个国王，他想试探一下邻国的国王和人们是否聪明、有辨别力。于是他派人送了三个黄金塑造的人像到邻国去。这三个塑像不但外表一模一样，连重量也是完全相同。他想让邻国的国王判断哪一个金像更有价值。

邻国的国王召集了他所有的大臣，大家左看右看，怎么也看不出这三个金像有什么不同。国王在全国征求能判断金像价值的人，一个青年自告奋勇走进了皇宫。他仔细地将金像看了看，然后拿出三根稻草，分别穿进金像的耳朵。稻草从第一个金像的嘴巴里掉了出来，从第二个金像的另一只耳朵穿了出来；掉进了第三个金像的肚子里。青年对国王说："第三个金像最有价值。"

青年的判断完全正确。

请思考：这个小故事给了我们什么启示？

资料来源：作者根据相关资料整理.

【简析】这个小故事告诉我们，真正善于沟通、素养良好的人，不是听到什么就急于表白，也不是听过即忘，而是像第三个小金人一样，将倾听到的内容放进自己的内心，经过自己的思考再予以取舍和答复。

6）倾听有助于加强管理，提高工作绩效

倾听是企业管理沟通中的关键环节，善于倾听的管理者可以给员工留下良好的印象，激励他们畅所欲言，这样不仅可以让管理者获得重要的信息，更有助于管理者做出

正确的决策。同时，对于缺乏经验的管理者来说，倾听还可以增加经验，减少或避免因为不了解情况而出现失误。

案例 3-3　**生鲜传奇调研倾听顾客需求**

2015年6月19日，第一家生鲜传奇落地合肥。生鲜传奇立志做一家有主张的商业企业，全新定义了零售行业的管理和营销理念，以极度的标准化导入生鲜店的管理，成为独树一帜的生鲜专业业态代表。2020年，生鲜传奇入选中国潜在独角兽企业榜单。

生鲜传奇定位于“小区门口更好的菜市场”，以“食品经营是良心修行”为企业价值观，门店经营面积70～600平方米，采取便利店+市集的形式，通过大量开店深耕社区，全方位满足消费者一日三餐的健康饮食需求。

生鲜传奇门店营业额的递增速度比行业平均水平高出25%～30%，而整体客单价、毛利也均高于行业水平。扩张过后，生鲜传奇为了更懂消费者，聘请了专业调研公司，对整个合肥市购买生鲜的消费者进行了全面调研。

据调研报告显示，合肥单个家庭一个月在生鲜上的消费平均为1 400元，而到生鲜传奇消费占到254元。另外，生鲜的购买频次为5.02次，渠道包括菜市场、大卖场、社区店等，其中到社区生鲜店的购买频次为3.61次。在800万人口的合肥市场中，如果按照一家3口计算，则有260多万户家庭，如果每个家庭每月在生鲜品类上的消费是1 400元，那么，合肥市全年的生鲜购买存量就有近440亿元。合肥当地的市场足够大，这也是为什么生鲜传奇一直在合肥深耕，没有跨区域发展的原因，甚至在近期，生鲜传奇还要继续将合肥市场做透，并不一定要遍布全国。

资料来源：灵兽．估值30亿的独角兽，生鲜传奇为何不跨区域发展［EB/OL］．［2019-10-18］．https：//baijiahao.baidu.com/s？id=1647730438634166691&wfr=spider&for=p.有删减．

【简析】“生鲜传奇”作为合肥本土成长起来的企业，以经营蔬菜、鲜果为主。企业秉承“食品经营是良心修行”的价值观，将消费者健康放在首位，通过调研积极倾听消费者的需求，以诚信经营、守法经营将市场做深做透，给当地的消费者带来了安心的食品和便利的购物环境。

西方谚语说：“用十秒钟时间讲，用十分钟时间听。”中国也有句老话叫“说三分，听七分”。可见，在语言沟通中，“会听”甚至比“会说”还重要。在一项对财富排行榜500强企业的调查中，59%的被调查者对员工提供倾听方面的培训。研究者还发现，良好的倾听技巧和工作效率之间存在着直接的联系，接受了倾听能力训练的员工比没有经过这项训练的员工工作效率高得多。

3.2 倾听的层次

领导学权威史蒂芬·柯维博士认为倾听主要有5个连续的层次：

第一个层次，是听而不闻，或是完全不用心倾听。可以用忽视对方来形容，心不在焉，只沉迷在自己的世界，对方的话如同耳边风，完全没听进去。

第二个层次，是假装在倾听。可能会用身体语言假装在听，嘴里还敷衍着，“嗯……喔……好……哎……”，甚至重复别人的语句当作回应，其实是心不在焉。

第三个层次，是选择性地倾听。确实在聆听，也能够了解对方，但会过分沉迷于自己所喜欢的话题，只留心倾听自己有兴趣的部分，与自己意思相左的一概过滤掉。

第四个层次，是专注地倾听，能够全心全意地凝神倾听。要专心聆听确实要花费不少精力，可是如果始终从自己的角度出发，即使每句话或许都进入大脑，那么是否都能听出说者的本意、真意，仍是值得怀疑。

第五个层次，是运用同理心倾听。就是能够设身处地倾听，放下自己的观点，走进他人的角度和心灵。同理心的倾听不一定是同意别人的观点，但是能理解和尊重别人的感受、意思和信仰等。

沟通课堂3-2

试分析下面两段对话中的倾听层次。

对话一：

下属：嗨，老板，我刚听说又要更换颜色，那么我们刚持续生产了30分钟又要把设备拆洗一遍，我和伙计们都不情愿。

老板：老李，你和你的伙计们最好别忘了谁在这儿说了算。该做什么就做什么，别再抱怨了!

下属：我们不会忘掉这事儿的!

对话二：

下属：嗨，老板，我刚听说又要更换颜色，那么我们刚持续生产了30分钟又要把设备拆洗一遍，我和伙计们都不情愿。

老板：你们真的为此感到不安吗，老李?

下属：是的，这样我们得多做许多不必要的工作。

老板：你们是觉得这类事情实在没必要经常做，是吗?

下属：也许像我们这种一线部门没法儿避免临时性变动，有时我们不得不为某个特别顾客加班赶订单。

老板：对了。在现在的竞争形势下，我们不得不尽一切努力为顾客服务，这就是为何我们都有饭碗的原因。

下属：我想您是对的，老板。我们会照办的。

老板：谢谢，老李。

【提示】对话一是听而不闻；对话二中老板与下属都养成了积极倾听的习惯，做到专注地倾听、有同理心地倾听，专注对方的意见反馈，是高层次的倾听。

3.3 倾听的障碍

无效沟通是由各种各样的障碍因素造成的，在众多的障碍因素中，倾听的障碍也是造成无效沟通的一个重要因素。倾听的障碍因素主要来自倾听环境、倾听者和信息三个方面。

1）环境障碍因素

我们倾听时不可能在真空中，因此环境因素对倾听的影响是明显的。比如，在公司中，领导与员工进行交流，当领导在会议室里交代工作，员工一定会认真倾听，并记下必要的内容，但领导与员工在走廊上边走边交代工作，员工的倾听注意力就会受到环境的干扰，可能难以完全记住应记的内容。

环境之所以影响倾听，是因为环境能产生两个方面的作用：一是干扰信息的传递过程，使信息被消减或歪曲；二是影响倾听者的心境。

为了具体分析环境对倾听的影响，人们对环境因素做了进一步的划分，分为三大项：

第一，环境的封闭性。环境的封闭性是指谈话场所的空间大小、有无遮拦设施、光照强度、有无噪声等干扰因素。封闭性决定着信息在传递过程中的损失概率及人们的注意力。毫无疑问，封闭性较好的环境对倾听的干扰小，倾听者的注意力集中程度高，信息的损失率低；相反则影响倾听效果。所以，正式的沟通活动都选择在封闭性较好的正式环境中，以保证双方的倾听清晰、真切。

第二，环境的氛围。环境的氛围是环境的主观性特征，它影响人的心理接收定式，也就是人的心态是开放的还是排斥的，是否容易接收信息，对接收的信息会如何看待和处置等。环境是温馨、和谐还是火药味浓，是轻松还是紧张，是生机勃勃的野外还是气氛沉闷的房间等，都会直接影响人的情绪，从而作用于心理接收定式。

比如，商务洽谈到关键时刻，双方都从自身的利益出发，要求对方让步。此时，洽谈的环境氛围一定是紧张的，甚至充满了火药味，各自考虑的是用何种策略说服对方，争取自己利益的最大化。在这种环境氛围下，很少有一方会静下心来倾听对方的意见和要求。

第三，人数对应关系。说话者与倾听者在人数上存在着不同的对应关系，具体可分为一对一、一对多、多对一、多对多四种。人数对应关系的差异会导致不同的心理角色定位、心理压力和注意力集中度。

（1）一对一

这种对应关系存在于上司与下属、同事与同事、销售员与顾客之间。因为一对一的对应关系使自己感受到角色的重要，心理压力较大，注意力自然集中。比如，销售员在与顾客沟通时，自然要集中注意力倾听顾客的诉求，以便满足顾客的需求。顾客也会认真倾听销售员的介绍，以确定产品、服务是否符合自己的要求。

（2）一对多

这种对应关系存在于师生之间、企业报告会、演讲者与听众之间等。在一对多的关系中，因为人数众多，个体的倾听者会认为自己不重要，因而心理压力较小，倾听的注意力很难集中，易开小差。

（3）多对一

这种关系中，倾听者只有一位，发言者众多。由于倾听者要接收来自众多发言者的信息，其心理压力较大，注意力程度也较高。比如，在法庭上，原告、被告、双方的辩护律师、证人、法官都会发言，就属于多对一的情形。再如，新闻发布会上面对多家新闻媒体记者的新闻发言人，需要聚精会神、全神贯注地倾听，不能有丝毫的懈怠。

（4）多对多

这种对应关系存在于讨论会、网络会议的参加人员之间。由于是多对多，说者和听者心理压力都很小，说与听是一种相对自由、松散的状态。

为了给环境选择有所参照，表3-1中列出了常见的三种环境因素和主要倾听障碍源。

表3-1 环境因素及倾听障碍源

环境类型	封闭性	氛围	对应关系①	主要倾听障碍源
办公室	封闭	严肃，认真	一对一，一对多	不平等造成的心理负担，紧张，他人或电话打扰
会议室	一般	严肃，认真	一对多	对在场他人的顾忌，时间限制
现场	开放	可松可紧，较认真	一对多	外界干扰，事前准备不足
谈判	封闭	紧张，投入	多对多	对抗心理，说服对方的愿望强烈
讨论会②	封闭	轻松，友好，积极投入	多对多，一对多	需要从大量散乱的信息中发现闪光点的洞察力
非正式场合③	开放	轻松，舒适，散漫	一对一，一对多	外界干扰，易跑题

注：①指管理人员作为倾听者，与发言者的人数对应关系。

②指深度会谈、头脑风暴会议或专家小组会谈等讨论会形式。

③指餐厅、咖啡厅、家等。

2）倾听者障碍因素

尽管在工作中管理层和员工都需要在倾听上投入大量的时间，但在实际工作中，大多数人都不是合格的倾听者。一些人每天听到的信息只有一半被完全理解了，这种情况的出现，是由来自倾听者自身的障碍因素导致的。

（1）倾听者的记忆力障碍

每个人都有记忆力，但并非每个人都能将听到的内容完全记下来。艾宾浩斯遗忘曲线表明，遗忘并不是随着时间的推移以同样的比例忘掉，而是呈现出先快后慢的规律。

因此，在沟通时，倾听者随着时间的推移，会将前面听到的信息遗忘而导致不能记清所有内容。有专家说，人们对于听到的东西平均只能保留25%，75%会被忽略、遗忘或曲解。美国军队的实验还表明，在收到信息3天后，士兵们只能掌握10%的原始信息。不难想象，糟糕的记忆力必然会大大降低倾听的效率。

沟通窗3-1

自我测试

下面有10道题目，认真阅读后回答“是”或“否”，测一测自己的记忆力。

◆ 我对人名的记忆力很少令我感到尴尬

◆ 词汇量很丰富，在描述某一个事物时，总能使用大量同义词

◆ 能记住身边同事的太太和小孩的姓名

◆ 不必寻找档案资料，就能非正式地陈述某种涉及资料的事情

◆ 我很奇怪一些人为什么会提笔忘字

◆ 不必做一大堆笔记，就能选择性地记住有用的信息

◆ 对于计划要做的事，我一般都会记住去做

◆ 我头脑中总是有很多的实例和轶事，以便增加说话的趣味和意义

◆ 我经常利用一些技巧，如联想、谐音等方法来记忆单调的信息，如电话号码、密码、地址、单词等

◆ 我一般（或是采用某种笨方法）能记住一些重要的日期

参考答案：

如果对上面的问题回答“是”达到10个，表明记忆能力和技巧超群；

9个回答“是”，接近完美；

7~8个回答“是”，记忆力不错；

5~6回答“是”，记忆力一般；

3~4个回答“是”，记忆力比较差；

0~2个回答“是”，记忆力非常差。

（2）倾听者的理解力障碍

理解力对于人际交往而言是十分重要的基础，一个人不具备一定的理解力，不明白沟通对象所传达信息的真实意思，那么一些交往能力就无从谈起。而每个人的理解力又与其自身的知识水平、文化素养、文化背景、职业特征及生活阅历等紧密联系，不同理解力的倾听者必然会有不同的倾听效果。

（3）倾听者的心理定式

人们在社会化的过程中，不仅获得了知识经验，也养成了一定的思维习惯、行为方式和个性倾向，这些习惯或方式在从事某项活动之前，便构成了一种心理准备状态，即定式。它可以使人们在从事某些活动时相当熟练，甚至达到自动化，从而节省很多时间和精力；但是，心理定式的存在也会束缚人们的思维，使人们只用常规方法去解决问

题，而不去用其他“捷径”突破，因而也会给解决问题带来一些消极影响。在认识他人、与人交往过程中人们也会受到心理定式的影响。由于每个人在与人接触前都有意或无意地存在着一定的心理定式和成见，因此很难以冷静、客观的态度接收说话者的信息，这也会大大地影响倾听的效果。如果主观臆断某人愚蠢或无能，就不会对他说的话给予关注。

案例3-4

大人和孩子

有这样一个小故事：一位公安局局长正在路边同一位老人谈话，这时跑过来一位小孩，急促地对公安局局长说：“你爸爸和我爸爸吵起来了。”老人问：“这孩子是你什么人？”公安局局长说：“是我儿子。”请回答吵架的两个人和公安局局长是什么关系？在100名被试者中只有2人答对。后来对一个三口之家问这个问题，父母没答对，孩子很快答了出来：“局长是个女的，吵架的一个是局长丈夫，即孩子爸爸；另一个是局长的爸爸，即孩子外公。”为什么那么多成年人对如此简单的问题解答得反而不如孩子呢？因为按照成人的经验，公安局局长应该是男的，从男局长这个思维定势去推想，自然找不到正确答案；而小孩没有这方面的经验，也就没有思维定势的限制，所以一下子就找到了正确答案。

资料来源：佚名．生活中思维定势的例子趣闻［EB/OL］．［2017-08-22］．http：//www.xuexila.com/naoli/nixiangsiwei/1641511.html.有删减．

【简析】这个小故事告诉我们：人的知识和经验会在头脑中形成思维定势。这种思维定势会束缚人的思维，使思维按照固有的路径展开。因此，我们在沟通中要克服思维定势带来的负面影响。

（4）思维快于说话

我们思维的速度比说话的速度快许多。据统计，当大多数发言者一分钟说125~250个单词时，倾听者却能每分钟想400~600个单词。思维速度和说话速度的差距，使得倾听者的思维往往会在空闲时“开小差”，从而明显降低倾听的效率。

（5）以自我为中心，急于发言

人们习惯于关注自我，总认为自己才是对的。在倾听过程中，容易过于注意自己的观点，喜欢听与自己观点一致的意见。交流过程中，对不同的意见要么置若罔闻，要么想着如何反驳，这样往往错过了聆听他人观点的机会。

许多人认为只有说话才是表白自己、说服对方的唯一有效方式，若要掌握主动，便只有说。在双方沟通的过程中，如果总是喜欢喋喋不休地一个人发表意见，不给对方留有发言的机会，那么倾听的效果就会很差。

美国一位前参议员曾说：“我们都倾向于把他人的讲话视为打乱我们思维的烦人的东西。”在这种思维下，倾听者容易在他人还未说完的时候，就急不可待地打断对方的发言，不可能将对方的信息内容听全、听懂。

案例3-5　倾听完整很重要

一位顾客走进一家餐饮店，点餐完毕后服务员很快将所点的食物礼貌地端上桌。当服务员准备离开时，顾客将他叫住并说道："对不起，这碗汤我没法喝，因为……"还没等顾客说完，服务员立马说声"对不起"，并重为顾客端了一碗汤。可是，那位顾客仍旧说："对不起，这碗汤我没法喝，因为……"这位服务员有点不知所措，并立即解释道："先生，您点的这道菜是我们店的招牌菜，最受顾客的欢迎了，您对我们的服务有什么不满吗？"顾客说道："先生，我只是想说，我没有喝汤的勺子。"

资料来源：作者根据相关资料整理.

【简析】倾听中最忌讳随便打断对方说话。该服务员没有听完顾客的需求就打断对方的话语，这使他的服务质量大打折扣。其实，有时很简单的沟通也需要我们倾听完整。

（6）消极的身体语言

一些人有不良的倾听习惯。别人发言时，他东张西望，双手交叉抱在胸前，跷起二郎腿，或手里不停地玩着笔、打火机、手机，不耐烦地翻着桌上的文件、笔记本等。这些行为都向对方暗示，自己已经没有耐心听下去了，希望对方尽快结束发言。这些消极的身体语言会大大降低沟通的质量。

尽管倾听很重要，但我们是否是合格的倾听者呢？调查表明，绝大多数人的倾听能力和倾听技巧存在着一些问题，因为没有被系统地训练过，而且很少有学校会像认真对待阅读能力、写作能力、说话能力一样认真地对待倾听能力。

为了了解自己在倾听中是否存在主观障碍，可按照表3-2中的项目进行自测，进而查找自身倾听主观障碍来自何处。

3）信息障碍因素

在沟通中，法律约束、信息遗漏等都会影响倾听者对信息的接受和理解。

（1）法律约束

1989年5月1日起施行的《中华人民共和国保密法》第三条规定："一切国家机关、武装力量、政党、社会团体、企业事业单位和公民都有保守国家秘密的义务。"企业和其他组织也存在商业、技术等保密信息。企业的员工应该也必须遵守企业的规定，履行保密协议。由于受法律约束，当双方沟通中涉及保密信息时，说者不宜明确表达，听者也就无从听清。

（2）信息遗漏

企业中，自上而下和自下而上的双向交流，都存在着"信息过滤漏斗"的情形，当双方的信息经过层层传递到达彼此面前时已经遗漏很多，最后的倾听者也无法了解信息的真实面目。

表3-2 倾听主观障碍自我测试表

懒惰	是	否
你是否回避一些复杂、困难的主题？	（ ）	（ ）
你是否不愿听一些费时的内容？	（ ）	（ ）
封闭思维	是	否
你拒绝维持一种轻松、赞许的谈话气氛吗？	（ ）	（ ）
你拒绝与他人的观点发生关联或从中受益吗？	（ ）	（ ）
固执己见	是	否
你是否在表面上或者内心里与发言者发生争执？	（ ）	（ ）
当发言者的观点与你有分歧时，你是否表现得情绪化？	（ ）	（ ）
缺乏诚意	是	否
你在听讲时是否避免眼神接触？	（ ）	（ ）
你是否更多地关注说话人的内容而不是他的情感？	（ ）	（ ）
厌烦情绪	是	否
你是否对说话主题毫无兴趣？	（ ）	（ ）
你是否总对说话者不耐烦？	（ ）	（ ）
在听讲时你是否做着“白日梦”，或者想着别的事情？	（ ）	（ ）
用心不专	是	否
你是否关注说话人的腔调或习惯动作，而不是信息本身？	（ ）	（ ）
你是否被机器、电话、别人的谈话等噪声分心？	（ ）	（ ）
思维狭窄	是	否
你是否专注于某些细节或事实？	（ ）	（ ）
你是否拼命想理出个大纲来？	（ ）	（ ）

3.4 积极倾听的态度和方法

3.4.1 积极倾听的态度

积极的倾听不仅要用心听，而且应该是用言语、情绪来回应对方，在听或回应对方时有积极的态度，即做到耐心、专心、虚心。

1）耐心

商务沟通中，发言者的每句话并非都有价值或包含着重要的信息，而且思维速度快于表达速度，如果交流中不能保持足够的耐心，就会表现出“开小差”的情况。只有保持足够的耐心，才会在对方发出的信息中沙里淘金，筛选出有用的信息。

2）专心

沟通中一旦失去耐心，就很难做到专心，倾听者的思绪会漫无边际地“发散”，并且外界的些微干扰都会影响倾听效果。因此，要想获取有价值的信息，应该目光关注发言者，集中精力，排除一切干扰因素。

3）虚心

沟通的障碍之一就是以自我为中心，认为自己懂得比别人多，喜欢教育别人，“好为人师”，总认为自己的意见是正确的，对待不同意见急于打断和反驳，这些都是不虚心的表现。没有“虚怀若谷”的心态，交流中不可能做到认真倾听。

3.4.2 积极倾听的方法

了解了倾听的障碍来源，明确了倾听的态度，在复杂而具有挑战性的工作场所要做到积极倾听，可以从下面的方法开始。

1）集中注意力，控制内外部干扰

如果要想不受外界噪声的干扰，可以和交流对象走到一个安静的地方，在没有外界干扰的情况下，彼此身心放松，心态平和地倾听对方的讲话。在自身方面，也要努力做到集中精力，排除杂念和个人偏见听对方讲话。如果脑子里有其他想法，可以暂时把它们放到一边。当情绪上有波动时，不论是愤怒还是极其高兴，都要把重要的话题先暂时停一下。

2）以非语言的形式积极反馈

通过身体前倾和眼神的接触表现出有兴趣的样子，注视对方的脸、嘴和眼睛，尤其是注视眼睛，将注意力集中在传递者的外表，都表明在认真倾听。不要表现得坐立不安或在倾听时试着完成别的工作。除了听发言者的讲话内容，还要进一步思考。比如：他们是怎么说的？发言者后面隐藏的含义和推理过程是什么？还有，发言者的感觉如何？发言者的身体语言（眼神、姿势、动作）对整个信息传递起到了积极作用还是消极作用？

3）区分事实和观点

倾听中得到的信息有些是事实，有些是讲话者的个人观点。事实是客观的真实存在，观点是掺杂讲话者个人偏好的判断。有时讲话者的观点可能与倾听者的观点并不一致，这时应该学会区分。例如，“海尔集团是中国最大的白色家电生产企业，是世界500强企业之一”和“海尔是一个有着广阔发展前景的企业，投资海尔集团的股票往往获得很好的收益”两句话，显然前者是事实，后者是带有个人看法的观点。有些观点很容易区分，因为发言者一开始就用了“我想”“我看起来”“据我所知”等词语。积极的倾听者能够仔细思考发言者的观点是否值得信任。

4）通过提问弄清真相

通过提问倾听者可以把握谈话的方向。好的倾听者会等待合适的时机向发言者提出一些非攻击性的问题。他们不会说“但是我不能理解你怎么会那样说”，一般会寻找澄清问题的机会，如“请详细解释……让我了解”。不仅如此，他们还会把握好所提问题涉及的范围、问题的数量、提问的语气、提问的方式等。提问的方式有很多，并非所有的提问方式都适用，好的提问方式是使用开放式的提问来让发言者说出他们的真实感受、动机、观点和建议。在讨论中使用少量探寻事实的问题有助于明确关键因素。

案例3-6　销售员提问技巧

很多销售员最开始都认为，只要自己能说会道，客户也就会跟着说。可事实并不是这样的，很多销售员到最后发现自己说的越多就会越被动。而真正能够引导客户开口说话的却是那些善于提问的销售员。因为他们懂得这样的道理：在与客户进行沟通的过程中，问的问题越多，客户就会答的越多；答的越多，销售人员获得的有效信息就越充分。

机械设备厂的小刘经常打破公司的销售纪录。在公司的经验总结大会上，小刘说出了他的销售秘诀：经常对客户进行有针对性的提问，可以让客户在回答问题的过程中对产品心生认同。小刘经常在与客户谈话之初就进行提问，直到销售成功。以下是他的几种典型提问方式：

“您好!听说贵公司打算购进一批汽车零件，能不能请您说说您心中理想的零件产品有哪些要求呢?”

“我很想知道您选择合作厂商最看重公司的哪些品质?”

“我们公司非常希望能与您这样的公司保持长期合作，不知道您是否有这个意愿呢?”

“如果我们公司能够满足您对产品的所有要求，并且能使您的公司产生极大的效益，您是否有兴趣了解我们公司的情况呢?”

“如果您对我们公司的产品有任何疑问，可以随时咨询，这您不用担心，只要签好订单，我会在最短的时间内给您送货上门。那么，您打算什么时候下单呢?”

“如果您对我们这次的合作满意的话，我们公司很期待与贵公司的下一次合作！您也十分期待，是吗?”

资料来源：佚名. 销售提问技巧案例. [EB/OL]. [2022-04-07]. https://www.qinxue365.com/kczx/320462.html.

【简析】从上面的例子可以看出，小刘的提问是有系统性和针对性的：他先是弄清楚了客户的需求，为自己介绍公司及产品做好了铺垫，并且引起了客户对公司的兴趣，然后站在客户的立场上再提出问题，对整个洽谈局面进行有效的控制，最终促成交易，并为以后的长期合作奠定了基础。可以看出，善于提问也是成就销售好口才的重要因素。

当然，提问时还要注意语气语调，因为这时语气语调的作用特别重要。语气语调是举止的重要组成部分，而提问者的举止对讲话者判断信息以及选择信息的表达方式有着重要的影响。提问者语调的一个小小的变化，从接纳转为恼怒或不高兴，就能改变或打断对话的流畅性。尖酸的、刻薄的、愤怒的、讽刺性的、攻击性的语调都是提问的大忌。

沟通课堂 3-3

请用不同的语调说出下面的句子：

1.你做了什么？

2.对，是个好主意。

3.听起来好像你已经尽力了。

4.你真能干！

5这个活动要是没有你帮忙，我们就无法完成。

6.你干嘛不把要做的事情列出来，看看哪个重要呢？

5）复述对方所说的内容以增进了解

发言者不要马上对对方的话加以分析或试图解决、消除问题，那样会给对方一种说教、批评的感觉。在用自己的话复述对方所说的内容时，要客观，不带主观意见。

比如，下级在向上级汇报工作进程时，讲到无法在本周五前完成下一阶段的工作计划。作为倾听者，一种反应是“我不管你怎么做，星期五都要把报告交上来”，另一种反应是“你是说星期五之前没有时间完成这份报告？”两种反应哪一种更好，不言而喻。

6）关注对方，不要以自我为中心

积极的倾听者在倾听时很关注对方，不会挑剔对方的错误、打断对方的发言、迫不及待地自己发言；在得出结论之前会认真地分析所听到的信息。在他们的意识中，“三人行必有我师”，即使从不喜欢的人身上也能学到一些东西。

但在实际沟通过程中，很多人习惯把注意力集中在自己身上，不太注意别人，这容易造成倾听过程的混乱和矛盾。倾听中只针对信息而不是传递信息的人。遇到观点分歧要有耐心，不要打断对方的谈话，打消争论的念头。学习控制情绪，控制自己争论的冲动。

案例 3-7 不会倾听丢了生意

老程在公司多年，待人诚恳，做事用心，很得老板赏识。但是几天前却气馁地和同事倾诉说自己因为沟通的问题，导致搞砸了一个成功几率很大的项目。

老程说当时自己和客户讲解方案的时候，客户中的一位资深工程师一直不太说话，最后却轻描淡写地问老程：“为什么你会认为自己的产品最适合我们，你们产品的亮点在哪？”

老程在公司多年，早将产品手册上的亮点倒背如流，于是胸有成竹地从市场竞争力、占有率、功能和价格优势等各个方面对产品进行了阐述，口若悬河、侃侃而谈，谁知道老程越说越起劲，工程师却越听眉头越皱，最后竟然摇摇头提前离场了。很明显，这个项目没有拿下来……

资料来源：佚名．不会说话　因为你还不了解这四种沟通风格［EB/OL］．［2018-12-24］．https：//baijiahao.baidu.com/s？id=1620724193929261951.有删减．

【简析】销售人员普遍存在的一个问题就是喜欢不停地向顾客介绍产品而忽略了倾听客户的需求。这种不顾及客户意见的做法往往都是以自我为中心，没有关注沟通对象的表现。老程的回答没有说到关键，也是没有倾听对方工程师关心的关键点，导致最后失去项目。

7）合理利用空档时间

当在等发言者下一个想法时，既可以利用这段时间回顾发言者刚说完的内容，把中心意思、关键点和细节区分开来，也可以利用这段时间默记并概括发言者的意思。还有一个让思维不停下来的有效方法，就是试着猜测发言者下一步要讲什么。最重要的是，集中注意力听发言者演讲的内容并理解他或她的观点，而不是把注意力放在别的要做的事情上。

8）边听边做笔记

做笔记不仅可以保持注意力集中，还可以确保信息不会被遗漏，也可以防止因时间的流逝而遗忘信息。中国有句古话“好记性不如烂笔头”，说的就是这个道理。即使沟通时手头没有笔，也要用脑子把重要事情先记下来，然后尽可能快地把它们记在纸上。

9）不做错误的假设，以中立的立场接收信息

错误的假设会导致错误的倾听行为，也会导致错误的结论。在没有与对方交流前，如果带着错误的假设进行沟通，必然产生“先入为主”的主观臆断；对于没有听清楚的问题，凭着主观假设下结论，必然给沟通带来障碍。

每个人对特定事物都有自己的认识和观点，当接触到来自外界的相关信息时，常常不由自主地先透过自己的看法这副“有色眼镜”来评价别人的陈述和意见，一旦形成了自己心中对某事的判断时，就不会再倾听他人的意见，这样就会大大降低倾听的效率。倾听者要站在对方的立场，仔细倾听对方所说的每一句话，不要用自己的价值观去指责或评判对方的想法，要与对方共同理解。换一个角度看问题，倾听后可能会有意想不到的收获。

当然，积极倾听的方法和技巧远远不止这些，像克制中间插话、倾听主要观点、与对方建立信任关系等，都是保证在沟通中做到积极倾听的好办法。

中医理论中最基础的就是“望、闻、问、切”，在倾听过程中，“望”用的是“眼睛”，“闻”用的是“耳朵”，“问”用的是“口舌”，而“切”则是用“心”参与的过程。所以，倾听是全部身心参与的过程。

3.5 不同倾听者的特征及倾听能力改进

3.5.1 不同倾听者的特征

微课4：良好倾听者的特征

一个经过严格科学训练的倾听者与没有经过训练的人在倾听时的表现是截然不同的，表3-3列出两种不同能力的倾听者在相同情境下的倾听表现，对照自己的倾听习惯，看看自己做得怎么样。

表3-3 不同倾听者在相同情境下的不同反应

差的倾听者	好的倾听者
• 寻找自己感兴趣的领域	• 寻找对个人有启迪的内容和信息，照顾到可能感兴趣的新主题
• 关注干枯的主题，忽略传递错误	• 关注内容和含义，忽略传递问题
• 不记录或记录不完整	• 听过程和细节，用多种记笔记和记录的方法来做记录
• 无回应或很少有语言和非语言的回应	• 经常以点头和“哦”“噢”等来回应
• 传递质量差就不认真听了，快速地做判断	• 避免快速地判断，等待，直至完成核心信息的理解
• 很容易被干扰；集中精力时间短	• 抵制各种干扰，长时间集中精力
• 避免困难的材料，不想扩大知识面	• 用较困难的材料来刺激思维，寻求扩展自己的理解
• 遇到慢速说话者时做白日梦，被其他思想占领了思维	• 利用听的时间对信息进行总结和预测，像关注显性的信息一样关注隐含的信息
• 把自己的精力放在两个或多个任务中	• 一次只做一件事情
• 经常打断对方谈话，喜欢以自我为中心，控制着谈话的话语权	• 不会打断对方的谈话，一直耐心地听对方陈述完，即使意见不同也不会打断对方
• 比较受感情色彩强烈的话语影响，并很难控制自己的愤怒回应	• 对较重的字眼看得比较开，能够很好地控制自己的情绪

3.5.2 倾听能力改进

每个人都应该做个优秀的倾听者，每个人也都能够成为优秀的倾听者。如何改进自身的倾听行为，成为一个积极的倾听者呢？大家可以先测试一下自己的倾听能力，对照测试内容，发现倾听中存在的问题，从而不断改进，争取成长为一个优秀的倾听者。

表3-4是从不同角度对个人倾听技能通过自测进行评价，认真阅读每个测试要点并填写。通过对自己的测试，我们可以更好地了解和掌握个人的倾听技能，改进自己倾听能力的不足。

表3-4 倾听能力自测表

倾听行为	1分	2分	3分	4分	5分
1.倾听时爱看自己的脚、爱盯着自己的表					
2.倾听时喜欢摆弄手边的一些小东西					
3.倾听时习惯一直盯着对方的眼睛或看着对方的脑门					
4.自己心里想的和表现出来的面部表情总是不一致					
5.习惯跷着二郎腿、两手交叉于胸前或双手叉腰					
6.遇到和自己说话风格不一致的人便无法沟通					
倾听表现					
1.在倾听他人谈话时，我很难区分清楚重要和次要的观点					
2.在倾听时，我注意区分那些与自己了解到的不一样的信息					
3.在倾听时，我知道别人在说什么					
4.在倾听时，我敏于体察他人的情感					
5.在倾听时，我在考虑下一步要说什么话					
6.在倾听时，我关注自己与他人之间的沟通过程					
7.不等他人讲完话，我就表明自己的观点					
8.当与他人沟通时，我尽力去理解那些被创造出来的含义					
9.我注意洞察别人是否理解我的话					
10.当我不确定别人的意思时，我请他详述					

按照自己的表现进行打分，总体不符合打1分，一般不符合打2分，偶尔不符合打3分，一般符合打4分，总是符合打5分，看看自己能得多少分。

沟通窗3-2

倾听不仅要把对方的话听完整，还要分析对方讲话中的重要信息，最后综合归纳出对方所要表达的真实意图，并使其条理化，便于理解和记忆。完美倾听的“三部曲”如下：

第一步，完整倾听。

（1）完整地接收表达者的信息，专注，不要一心多用。

（2）不随意打断对方的表达，不随意插话等。

（3）把对方表达的重要信息复述并确认。

（4）接收信息时不做评价、评论，尤其是负面评论，不管对方是什么样的要求。

第二步，重点倾听。

（1）注意对方重复的话。

（2）识别无关的信息。

（3）留心不具体的信息。

（4）注意对方的情绪传递的信息。

（5）注意不明确的信息。

（6）重视遗漏的问题，随时提出，求证。

第三步，倾听条理化。

对重要信息进行综合归纳，找出问题的所在。完整地、有重点地、有条理地区别接收对方用外部语言表达的内容。

课外拓展阅读　行长“变身”大堂经理　用心倾听客户声音

2019年3月15日，兴业银武汉分行营业部出现了一位与平日不一样的“大堂经理”。他笑容满面，耐心细致地为客户取号，指导客户填写单据，引导客户办理各项业务，认真听取客户的意见、建议，热情、专业、高效的服务给在场客户留下了深刻印象，当他们得知这位“大堂经理”是营业部副行长夏继德时，惊讶之余，纷纷为这种做法点赞。

据了解，为更好地倾听客户心声，了解客户的真实需求，体验一线员工日常接待及流转工作，站在基层视角思考如何优化服务流程，进一步提升服务体验，兴业银行武汉分行从今年开始，将每年3月15日设立为“行长接待日”，要求支行行长到网点做一天大堂经理，随时随地解决客户的问题。当天，共有13家支行行长走上大堂经理岗位，零距离为客户送上“行长级”贵宾服务。

同时，在“3·15”期间，该行还广泛开展“金融知识进社区”宣传教育活动，向社区居民发放宣传折页，普及如何辨别假币、如何防范金融诈骗及电信诈骗等金融知识，帮助群众避免不必要的财产损失，提升消费者的金融消费专业意识、安全意识和维权意识。

兴业银行多年来始终坚持“以客户为中心”的服务理念，顺应消费者金融需求的变化，不断丰富金融产品，优化业务流程，创新服务模式，延伸服务半径，履行社会责任，持续提升服务品质和消费者满意度。例如，针对老年客群推出国内首个养老金融服务方案“安愉人生”，服务老年客户超过1 400万人；积极推进社区银行建设，提供错峰延时服务，打通金融服务“最后一公里”，千余家社区支行已成为社区居民家门口贴心的“金融管家”。

随着体验经济时代的来临以及银行竞争的不断加剧，银行服务水平提升将是所有银行一道绕不过去的考题，优质的服务意味着在未来能拥有更多的客户和更强的竞争力。兴业银行武汉分行相关负责人表示：“我们将坚决贯彻‘服务立行’的战略，不断推动服务的自我迭代和进化完善，努力建设成一家客户满意的好银行。”

资料来源：佚名．行长“变身”大堂经理　用心倾听客户声音［EB/OL］．［2019-03-18］．http://finance.youth.cn/finance_bank/201903/t20190318_11899931.htm.

本章小结

1.倾听是个人必备沟通能力之一。它是接收语言和非语言的信息，并需要对此给予语言或非语言回应的一个过程。

2.倾听不仅要用耳听，还要用心听，惟此才能获取真正的信息，实现有效沟通。

3.倾听具有非常重要的意义。它在企业管理、和谐人际关系的构建、销售、个人职业生涯发展和树立美好形象方面都起着重要的作用。

4.倾听的过程中会有各种因素，如环境、个人倾听习惯和能力、信息等给我们的倾听带来障碍，分清这些障碍因素的来源，用排除干扰、积极反馈、集中注意力、倾听主要观点、提出澄清性问题、复述对方内容、心态平和、立场中立、边听边记等有效方法克服这些障碍因素。

5.态度决定一切！细节决定成败！要想做到认真、积极倾听，还应该具有耐心、专心、虚心的态度和多种倾听方法。

6.一个优秀的倾听者和较差的倾听者是有区别的，我们可以通过自测，发现自身倾听能力的不足，积极改进和提高自己的倾听技能，成为一个优秀的倾听者。

练习与实训

扫码同步测3

（一）选择题

□ 单项选择题

1.对“无论我说什么，小组的人都不重视”这句话做出积极反馈的是（　　）。

A.也许是因为你的主意不够好，下次小组聚会之前，多花点时间计划一下

B.别人也不听我的

C.你是说没人支持你的想法

D.别理他们！他们总是喜欢挑刺

2.下面不属于积极倾听行为的是（　　）。

A.对谈话者的内容不盲从，敢于评估和质疑

B.倾听时能区分观点和事实

C.倾听时遇到分歧立刻反驳

D.倾听者的情感能与说话者的情感产生共鸣

3.下面不构成倾听障碍因素的是（　　）。

A.倾听环境中的空间大小　　B.倾听时目光关注对方

C.信息传递者的理解力　　D.倾听者的偏见

4.下面关于倾听理解正确的是（　　）。

A.倾听就是用耳朵听

B.倾听过程中不能质疑

C.倾听不仅仅是听还可以用语言反馈

D.封闭环境比开放环境倾听效果好

5.倾听障碍的环境因素不包括（　　）。

A.人数多少　　B.倾听场所

C.倾听者的心理定式　　D.场所的封闭或开放

6.下面不属于好的倾听者的行为的有（　　）。

A.与对方进行目光交流　　B.边听边记

C.不停地翻看自己的资料　　D.适时地提出问题

□多项选择题

1.下面关于倾听的理解正确的有（　　）。

A.倾听不仅要用耳朵听，更要用心听

B.倾听时应该寻找一个安静的地方，以便听得清楚

C.倾听不仅要听声音，还应该注意说话者的表情、肢体语言

D.倾听只是一种行为，并不是一个过程

2.倾听时应该采取的态度有（　　）。

A.疑心　　B.虚心

C.专心　　D.耐心

3.优秀的倾听者应该具有的能力有（　　）。

A.不打断对方的谈话

B.用点头、微笑给对方以鼓励

C.对与自己观点不一致的地方予以否定并提出问题

D.与对方保持目光交流

4.来自于倾听者个人方面影响倾听的障碍有（　　）。

A.倾听者的理解力有限　　B.说与听的人文化背景不一致

C.倾听者个人偏见　　D.倾听者比较强势

E倾听者的情绪不佳

5.倾听能力不高产生的负面影响有（　　）。

A.个人职业生涯发展方面　　B.企业的工作绩效方面

C.良好的人际关系构建方面　　D.企业产品的销售方面

（二）判断题

1.倾听能力可以通过不断的训练得以提高。（　　）

2.作为企业的领导，与决策能力相比倾听能力没有那么重要。（　　）

3.在倾听过程中，如果遇到对方的意见是不对的，应该及时纠正。（　　）

4.倾听后可以用自己的语言复述对方所说的内容，以便进一步确认。（　　）

5.倾听中，应该将对方所说的一切内容都记下来。（　　）

6.边听边记是一种好的倾听方法，但记录时只要记主要内容即可。（　　）

7.积极反馈是良好倾听行为的一种表现。我们用了语言反馈，就不需要用非语言符号了。 （ ）

8.倾听中的提问是在讲话者的发言结束以后。 （ ）

9.当我们希望说服对方时，发言比倾听更为重要。 （ ）

（三）简答题

1.什么是倾听？倾听有什么意义？

2.倾听的过程中存在着哪些障碍因素？该怎样克服？

3.我们在倾听时应该采取何种态度？积极倾听的方法有哪些？

4.你认为自己是一个良好的倾听者吗？为什么？

5.优秀的倾听者和较差的倾听者的倾听能力有什么区别？

（四）实务题

1.下面是数学家华罗庚讲的小故事，试分析故事中倾听扮演的角色。

如果我们去摸一个袋子，第一次，我们从中摸出一个红玻璃球，第二次，第三次，第四次，第五次，我们还是摸出了红玻璃球，于是，我们会想，这个袋子里装的是红玻璃球，可是，当我们继续摸到第六次时，摸出了一个白玻璃球，那么我们会认为，这个袋子里装的是一些玻璃球吧。可是，当我们继续摸，我们又摸出了一个小木球，我们又会想，这里面装的是一些球吧，可是，如果我们再继续摸下去……

2.讨论下列问题，并分析原因。

（1）爷爷指着红色的月季问两个孙子："能告诉我这朵花是什么颜色吗？"一个孙子回答："能。"另一个孙子回答："红色。"为什么两个孙子的答案不一样？

（2）大军和小军是兄弟俩，小军有10只羊，大军有15只羊，请问他们家有多少只羊？给出25只的答案对吗？为什么？

3.表3-5和表3-6是两个倾听自测表，请先填写表3-5（如果回答"是"超过7个，就表明倾听能力良好），再填写表3-6（如果回答"是"超过7个，就表明倾听能力差）。为什么两者之间有差距？请分析原因。

表3-5 倾听自测表1

1.你在倾听别人讲话（如听课）时会选择某个位置以便自己听得更清楚吗？
2.在倾听的过程中，你关注讲话人的主要看法和事实吗？
3.在倾听的过程中，你能做到不受对方的外表影响而只关注讲话人的看法和事实吗？
4.你会以自己的好恶和情感来评价讲话人的话吗？
5.你在倾听过程中，一直将注意力集中在主题上并以此为线索领悟讲话人的思想吗？
6.你在倾听的过程中会注意分析讲话人所讲的内容是否符合逻辑吗？
7.当听到对方所讲的内容有误时，你能克制自己不插话吗？
8.你在讨论问题时愿意让其他人做出最后的结论吗？
9.你在评论、回应或反驳别人的观点以前能够尽可能分析对方所提出的观点的理由吗？

表3-6　倾听自测表2

1.你曾经做错作业，而班上其他人都正确吗？
2.你曾经要求老师重新解释他（或她）在班上留的作业吗？
3.你曾经因为没有仔细地听某人指路而迷路吗？
4.你的同学曾经因为你问一个刚刚解答的问题而嘲笑你吗？
5.你曾经问过一个经过讨论没什么内容的问题吗？
6.你曾经明白由于你受到某事的干扰而没有很好地倾听吗？
7.你曾经因为没有倾听而受到谴责吗？
8.你曾经由于忘记了别人指的路而当你需要见某人时发现在错误的地方吗？
9.你曾经有过即使别人告诉你寻找的位置也找不到东西的情况吗？

（五）实训题

1.倾听游戏：教师准备好若干张写有不同词语的纸张，学生分成若干小组，一个学生描述词语，在描述的过程中不能出现词语中的字，也不能用表情和肢体语言表示，小组其他同学猜词语。每组限定时间，最后统计正确率。游戏结束后分析正确率高低的原因。

2.传声筒游戏：学生5人为一个小组，教师说出第一个同学写在字条上的一段话，要求学生在3分钟内依序传给最后一个同学，请最后一个同学在全体同学面前说出他听到的内容。游戏结束后，请正确率最高和最低的小组同学分析原因。

3.老师请一个同学读出下面几句话，然后请其他同学立即回答。

（1）我国法律是否规定成年男子不得娶其遗孀的姐妹为妻？

（2）一位考古学家说他发现了一枚标有公元前48年的钱币。

（3）根据国际法的规定，如果一架飞机在两个国家的边境坠落失事，那些不明身份的幸存者应当被安葬在他们准备坐飞机去的国家，还是出发的国家呢？

4.学生模拟【案例3-7】，也可自行搜集其他资料，模拟法庭辩论，训练提问和倾听的技巧。

5.用最简洁的语言向别人陈述“邮件门”事件。然后询问别人听到了什么，观察别人听到的与你想陈述的是否一致。

第4章

书面沟通

学习目标

知识目标

◇ 了解书面沟通的含义、类型

◇ 理解书面沟通的作用、优缺点

能力目标

◇ 掌握书面沟通的格式要求和写作要求

◇ 掌握书面沟通中具体文件的写作

素养目标

◇ 通过对信函、报告写作格式规范要求的学习，树立规则意识

◇ 结合具体信函、报告的写作实践，养成求真务实的职业道德和专业规范的行为习惯

案例导读

300个TPO的实验胶圈

澳洲某公司向我国某机电产品制造公司订购300个实验胶圈，并把具体的标准信息用E-mail传给了公司实验负责人。由于是星期五，公司实验负责人口头跟生产主管说需要300个TPO-000/000的胶圈送到澳洲做实验，要在下周一之前发货。生产主管接到任务后就赶紧安排在星期六生产，并且在正式生产之前生产主管还打电话与实验负责人再次确认了情况。周一上午，当生产主管办好一切出口所需数据的测量工作后，将这三箱胶圈送到前台。过了1个多小时，实验负责人打电话给生产主管说："错了。"原来澳洲公司需要用纯新TPO进行生产，而公司却是用回收料生产的。由于双方在沟通中采用了不恰当的沟通方式，给公司造成了巨大的损失。

资料来源：作者根据相关资料整理.

【简析】工作中经常需要沟通，但采用什么沟通方式却很重要。本案中虽然生产主管在生产前也再次确认了信息，但由于采用了口头沟通的方式，没有将具体信息了解清楚，双方也没有重视客户的订单信息的传递，给公司造成了巨大损失。一些复杂的信息必须用书面的方式进行沟通才能确保不会产生失误。

文字自从被人类创造以来，就以其全面、清晰、严谨的方式承载着传递信息、实现沟通的作用。作为一种传统的沟通方式，也是一种最为可靠的沟通方式，书面沟通一直被广泛运用于各个领域的工作中。虽然工作和生活节奏日益加快，通信技术不断发展，书面沟通作为一种与口头沟通相比显得相对较慢的沟通方式，似乎已经被人们“荒疏”了，但我们必须承认，书面沟通方式有时起着其他任何沟通方式都无法替代的作用，在日常工作、管理、人际交往等领域发挥着巨大的作用。良好的书面沟通能力，是每个人必备的技能之一，也是做好工作的前提条件之一。

4.1 书面沟通概述

4.1.1 书面沟通的概念

书面沟通是指以文字、纸张、网络为载体，具有规定格式的一种信息传递方式，具体包括文件、报告、信件、书面合同、电子邮件等。简单地说，商务书面沟通就是商务写作。

书面沟通一般不受场地的限制，沟通成本比较低，在工作中作为较为正式的一种沟通方式被我们广泛采用。

4.1.2 书面沟通的优缺点

1）书面沟通的优点

书面沟通作为一种传统的、常规的沟通方式，在日常工作和人际交往中被我们广泛采用，是因为其有着自身的优点。

（1）文本可长可短

书面沟通的文本可长可短，可以是正式的，也可以是非正式的。书面沟通文本可根据实际工作的需要，在篇幅和形式上采用较为灵活的处理方法。当工作涉及传达上级指示、布置工作任务、颁布政策和规章或者同贸易伙伴签订合同、报告市场调查和预测、提出可行性研究报告等内容时，一般要采用正式的、较长的文本；如果是一般的工作提醒、交流等，则采用简单、较短的文本。

（2）适合表达复杂信息

口头沟通虽然快捷、简单，但并非所有的信息都适合用口头沟通方式。工作中涉及的重大问题应该用书面沟通方式，一些复杂的事情，特别是数字、图表等用口头语言难以表述清楚的，也应该用书面形式详尽、全面、细致地表达出来；还有一些难以启齿或用口语显得苍白无力的事情，以及出于礼仪规范需要的事项，书面形式也是最好的选择。

（3）可以仔细推敲和修改

与口头交流的即时性相比，书面沟通可以在信息正式发出前，对所写的内容反复推敲、斟酌，不断地修改不完善的地方。从文章结构到内容重点再到遣词造句等，都可以细致地完善，直到满意后再发出。

沟通课堂4-1

下面两段文字是同一件事情修改前和修改后的文字材料，比较后看看哪个更好。

材料一：

主题：空缺

此信息是针对你对顾客数据库的要求而做出的回复。你2月18日的来信说你想知道怎样处理数据库问题。

可以说最大的问题是数据库包含了许多过时的信息，仍旧有最近5年内或者更长时间内没有购买任何东西的顾客的信息。另一个问题是老的数据库和新的软件不兼容，而这个新的软件是为了邮件而设置的，增加了归档的困难。我想我可以解决这两个问题，就是启用新的数据库。我们会把许多新顾客的名字输入到里面，而且我们能使它与软件兼容。可以找出旧数据库里哪些顾客仍然希望收到我们的实时报纸和产品公告，最后将所有这些顾客的名字重新输入到新的数据库里面。

材料二：

主题：完善我们的顾客数据库

李经理：

应您的要求，我先将我对顾客数据库的改进方法阐述如下。数据库存在两个问题：首先，它包含了最近5年内或者更长时间内没有购买任何东西的顾客信息；其次，其形式与我们邮寄服务的软件不兼容。

下面3个流程可以解决这两个问题：

1.启用新的数据库。我们会把新顾客的名字输入到与软件兼容的数据库里面。

2.确定旧数据库里顾客的身份。发出电子信息，询问接收者是否愿意继续接收我们的实时报纸和产品公告。

3.重新输入或扫描积极的顾客的名字。最后将所有这些顾客的名字重新输入到新的数据库里面。

这些措施可以使邮件系统只将产品信息发送给积极的顾客。请允许我在2月25日前知道您对这些建议的看法。这样，我便可以做进一步的研究。

资料来源：洛克，卡奇马莱克．商务沟通［M］．2版．葛志宏，蔡建宁，孙卉，译．北京：人民邮电出版社，2000.

【提示】材料二更好。因为主题鲜明，接收者明确，对问题的陈述清楚明了，并提出了解决问题的办法。整个内容条理性强，易于读者阅读和理解。

（4）信息准确性高，可以作为可信的证据

口语是稍纵即逝的，而书面材料却是“白纸黑字”，可反复阅读的，信息接收者可以对文中不易理解的地方通过反复阅读，仔细思考，加深理解。并且，相关的工作告一段落，书面的文字材料可以存档备查。当对正在进行的工作进行跟踪时，无疑书面材料也是最好的参照凭证。贸易洽谈后双方缔结了条约，如果一方反悔或违约，也是另一方维权的最好证据。“口说无凭，立字为证”是书面材料作为证据的最好诠释。

案例4-1　　工程师的失误

2021年3月，某汽车售后服务（维修）工程师陈某打电话到总厂请厂里为其向某市的维修现场发送一批配件。收到货后，他发现型号有错误，既耽误了客户汽车维修的时间，又影响了客户的运输，还造成了总厂运输费用的增加。为此，总厂对陈某及接听电话的工作人员分别给予处罚。

资料来源：作者根据相关资料整理.

【简析】造成损失的原因在于陈某选择了不正确的沟通方式。书面沟通更有利于传达复杂的信息，并且可以留存反复阅读。汽车配件因规格、型号等涉及复杂的信息，用书面沟通可以更好地避免信息的误解。

（5）文本可以复制，节约时间和成本

书面文本可以复制，同时发送给许多人，传递相同的信息，因此大大节约了重复叙述的时间。并且，书面沟通不需要寻找或安排特定的场所，也可以节约沟通成本。

2）书面沟通的缺点

（1）文本的写作耗费时间

与口头沟通相比，书面沟通难以一蹴而就，在信息正式发出前，需要对相关材料进行筛选、构思、写作，草稿完成后需要斟酌、修改，这个过程需要一定的时间。

（2）不能立即提供信息反馈

由于书面沟通不是面对面的交流，而是通过无声的语言文字传递信息，当接收信息的一方接收到信息后，需要阅读、理解，在费解之处还要反复阅读思考，再给予回复，因此，书面沟通不适用于需要立即反馈的沟通。

（3）书面沟通缺少非语言暗示

书面沟通是文字与文字的交流，沟通双方不是彼此面对，因此缺少语气、语调、表情、姿势等非语言的暗示，如果文字表达得不够准确，有可能影响对信息的正确理解。

4.1.3　书面沟通的类型

在实际工作和人际交往中，书面沟通的类型主要有：

1）商务信函

商务信函是商务工作中使用较为广泛、种类比较丰富的一个文种，具体有备忘录、积极性信函、告知性信函、说服性信函和负面信函等。商务信函有约定俗成的格式，语言上要求清楚、简洁、准确和礼貌。

2）报告

报告与信函相比，篇幅一般较长，内容丰富，形式上也较为正式。报告的格式固定，结构规范。在实际工作中，报告的具体类型有：工作计划、总结报告；建议报告；市场调研报告；市场预测报告；财务分析报告；可行性论证报告等。

3）会议文件

会议是一种非常有效的沟通手段。一次成功会议的举行离不开书面沟通材料的精心准备和提供，与会议紧密相连的书面材料包括：会议通知、会议日程安排、会议议程、会议备忘录、会议记录和会议纪要等。

4）电子邮件

电子邮件是利用现代网络技术传达信息的一种书面沟通类型。电子邮件有其固定的格式，所附文本与商务信函和商务报告一致。

5）传真

传真也是利用现代通信手段传递信息的一种书面沟通方式。传真具有节省时间、节省费用、反馈快捷等优点，一般在贸易洽谈中运用较普遍，但此时的语言表述要求非常严谨，不能产生歧义，以免留下隐患。

6）微信

这是随着手机的普及而迅速被广泛使用的一种书面沟通手段，它具有快捷、方便、反馈及时的优点，常被作为联络感情、沟通简单事项时使用，因其篇幅所限等，不能完全作为工作中正式的书面沟通方式使用。

微课5：
书面沟通

4.2　商务文件写作的要求

书面沟通文件能清楚、全面地传递信息，可以让接收者反复阅读理解，但这些都是建立在文件写作合乎规范要求的基础之上。无论是商务信函，还是报告，或是会议文件等，写作上都应符合以下要求：

4.2.1　做好三个阶段的工作

书面文件写作过程要经历准备、组织撰写和修改评估三个阶段，每一阶段都需要写作者认真对待，用心尽力，仔细思考，不能有丝毫的马虎；写作者做好每一阶段的工作，是文件能正确、清晰传达信息的保证。表4-1展示了写作过程的三个阶段以及要做的具体工作。

表4-1　写作过程

1.写作准备	2.组织撰写	3.修改评估
◇ 认真分析，周密思考 ◇ 明确写作目的 ◇ 了解接收信息的对象 ◇ 确认要传达的信息 ◇ 采用的句式、语气等	◇ 筛选和提炼重点信息 ◇ 对相同观点进行归类 ◇ 突出想表达的观点、意见和重点内容 ◇ 列出写作提纲 ◇ 选择直接或间接模式 ◇ 正式写作	◇ 审阅重点内容和主要观点是否表达清楚 ◇ 检查逻辑层次和条理结构是否合理 ◇ 认真阅读句式、语气，确保其清晰、精确、易懂 ◇ 检查标点、数字、名字等细节是否规范 ◇ 评估写作目的是否达到，读者是否理解、接受

4.2.2 确定明确的写作目标

目标是行动的指南，是行动的方向和动力。我们为什么写作？通过写作书面文件想实现什么目标？这是写作时必须考虑的问题。目标决定我们具体采用的文件种类，会让写作者在篇章结构、语气用词等方面做出不同的选择。当然，一份商务文件可能有主要目标和次要目标之分，一般商务信息的主要目标是通知和说服，比如，解释工作、交待会议安排、回答问题、说服经理、鼓动顾客购买产品、激励员工等，但其中也包含着给对方留下良好印象的次要目标等。

4.2.3 分清信息接收对象

大多数商务信息的读者都会属于以下三类群体中的一种：同事、领导（决策者）和客户。每一种接收对象在语气、内容和沟通方式上的期望是不同的。给同事发送书面信息，一般比较容易，他们一般喜欢具体的信息、简单的语言和随和的语气；给领导和决策者发送信息是非常重要的，需要写作者认真思考，因为大多数领导和决策者都喜欢精确、直接的信息，内容上要很好地组织，用语应该专业和正式；给客户的信息也是很重要的，语言上要简单，内容上要展示撰稿人和组织的善意感，用语友好而专业，要把主题讲清楚，但不需要包含太多的数据，否则容易使客户产生不适感。

4.2.4 使用合适的语言

任何一份商务文件都是将语言按照一定的结构模式连缀而成的，商务信息能否清晰地传递并被读者所接受，关键就在语言的表达。所谓合适的语言应从以下三方面入手：

1）使用简明的语言

语言的简明就是用最少的话交待出信息的要点。不仅信息重点突出，容易被人理解，还能节省读者的宝贵时间。但做到语言的简明并非易事，人们将之形象地比喻为减肥：“删减句子就像减肥，使句子精炼比使句子冗长要付出更多的努力。不过，要使语言简练，并不是要显得粗鲁无礼或者头脑简单，而是必须在修改上花足够的时间以‘去掉肥肉’”。表4-2中两种语言的比较就是很好的说明。

表4-2 两种语言的比较

过于正式的句子	简单的句子
根据你的口头指示，将会立刻采取一些措施以对你的账户问题进行调查	根据你的建议，我们立即对你的账户进行了调查
进一步的通知将随后而到	我们将继续与你保持联系
我们很高兴地通知你，我们已将你8月份消费总金额的返还部分汇入你在本行所开的账户中	我们已将你8月份消费总金额的返还部分汇入你在本行的账户，请查收

要保证语言的简明，应该做到下面三点：

①文章开头直接交待要点，这在告知信息中尤为重要。有些人写文章喜欢在开头做很多的修饰、铺垫以渲染气氛，或者加上一些没有益处的词语。商务文件中，这些客套完全可以省略。比如，将“我寄送这份通知是告诉大家，办公室周一是关门的”写成“办公室周一是关门的”就简明得多。

又比如，“我写这封信是因为顾教授建议你们的组织应该雇佣已培训过的人员”可以写成“顾教授建议你们的组织雇佣已培训过的人员”。

②去掉冗余的词语。我们写作中常常使用含义重复的词语或多余的词语，造成意思和内容的重复，可以删除多余的词语。比如，“重要的关键信息”中“关键”和“重要”之间有互相包含的意思，可以去掉其中的一个。

③删除空洞的词语。一些词语在文中只起着增加字数的作用，不是必要的内容，可以删除。比如：

——由于销售代表参与的态度是积极的，我们的利润大幅增加。

——由于销售代表的积极参与，我们的利润大幅增加。

——我们都意识到一个事实——很多经理需要帮助。

——我们都意识到很多经理需要帮助。

2）使用清楚、准确的词语

信息之所以产生歧义和被误解，最主要的原因是写作者选择词语不准确，或者将所选的词语组织成句时有多种解释，令读者产生不同的理解或错误的理解，从而影响了信息的传递。时间限制不清、地点指示不明、表达用词不准都可能造成信息接收者理解有误。比如，“小家电展览会定于2021年9月8日上午在市会展中心开幕”，这里的问题是没有告知具体的位置。由于词语的不准确而产生的信息理解问题，在书面沟通中较多。

3）选择积极的表达方式

我们沟通的目标或是传递信息，或是说服对方，有时还有一些对接收者来说是负面的信息（坏消息），不论哪一种都要在传递的同时给对方留下良好的印象。如果信息传递时，既可以用否定、消极的语言表达，也可以用积极、肯定的语言表达，就应该用积极、肯定的语言。这样显得礼貌又诚恳，会给接收者内心带来温暖和舒适，对方内心的抵触情绪也可以减轻，特别是在传达负面信息时更要注意。积极的表达方式有：

①通知、说服的信息适合选用“你”和“你的”，少用“我”。比较：

——我们很高兴向您提供在局域网上签署健康保险的功能。

——你可以享受到在局域网上签署健康保险的便利。

但是要注意，并非所有的句子都应该使用第二人称。当我们传达负面信息时，如果用“你”或“你的”，就是在责备和批评，会让对方产生抵触心理。

沟通课堂4-2

看看下面的句子，是否可以改得更为积极些？

1.直到你收到书面许可，你才能退回商品。

2.你没有在支票上签名。

3.在信件中，你没有说明全部必要的信息。

②避免使用消极词汇，可以告诉对方可以做什么而不是告诉对方不能做什么，给对方留下可选择的余地。比较表格4-3中的句子。

表4-3　两种句子比较

使用消极词汇的句子	未使用消极词汇的句子
您没有告诉我您的信用卡卡号，因而我们无法按照您的订单发货	我们一旦收到了您的信用卡信息，就会马上按订单给您发货
没有身份证不能办理信用卡	办理信用卡，需要携带个人身份证（携带个人身份证才能办理信用卡）

③避免使用带有贬低对方或说教式的语言。如“你应该”“你必须”“你不得不”等。试比较下面两组句子：

——你必须在本周五前完成这份报告。

——请你在本周五前完成这份报告。

——你至少需要购买10个U盘才能存下所有的资料。

——你购买10个U盘就能存下全部的资料。

④避免使用有偏见的语言。如果信息接收者是外国人，特别是欧美人，还要注意词语上可能造成的性别歧视、种族或民族歧视、年龄歧视和残疾人歧视等。比如，对方是女性代理人，只能称“代理人”，如果称为“女代理人”就是性别歧视；又如“公司雇用了一名印第安会计”就存在着民族歧视，而应该写成“公司雇佣了一名会计”。

沟通课堂4-3

分析下面的句子，如何表达才符合“合适的语言”？

1.他才来，许多人还不认识。

2.主席台上坐着3个公司的经理。

3.据调查，今年我国的小汽车销量超过去年同期。

4.公司经过艰难的谈判，又为员工们增加了一项保险。

5.我们已经将你订的货发出去了，你很快就能收到。

6.为了确保得到最好的结果，你应该给员工提供他们完成工作所必需的工具。

7.银行下午5点以后停止办理一切业务。

8.这是名模×××摄于××××年12月的照片。

9.你写的市场调查报告请于下周三前交给我。

10.这个集团目前已拥有11个专业公司、2个研究所、3个生产厂，现有固定资产9 800万元。

【提示】按照所学知识，从语言表达的准确性、积极性、简明性等方面进行分析。

4.2.5 采用合理的组织结构

商务信息的组织结构有多种，这些不同的结构模式适合于不同内容、不同篇幅的文件。采用适当的模式组织信息，有助于读者理解和记忆。在下面介绍的结构模式中，既可以在一篇文章中采用一种模式，也可以在一篇文章中不同的段落采用不同的模式，总之是要让信息被清楚传递，读者容易理解。

1）直接模式

这是商务信函中经常采用的一种结构模式，尤其适用于传递告知性信息和说服性信息。直接模式的结构和举例如下：

结构模式　　　　　　　　　　　　　　　　　　公司为经常出差的业务经理购买手提电脑

要点……………………………………………公司为经常出差的业务经理配备手提电脑

细节（解释和说明原因、理由）…………方便工作；及时联系；存储数据；了解最新市场信息等

重申要点………………………………………经研究决定，第一季度末为全体业务经理配备到位

2）间接模式

有些信息可能让读者不感兴趣、不高兴甚至产生敌意，这时适宜用间接模式。间接模式的结构和举例如下：

结构模式　　　　　　　　　　　　　　　　　　某公司员工的错峰上班建议被拒绝

委婉的开头……………………………………非常感谢你对公司事务的关心

解释性内容……………………………………上班与其他公司保持同步的好处：……

消极信息………………………………………公司目前的上班时间不会变动

积极的结尾……………………………………祝你工作愉快

3）重要性顺序

当沟通材料中所涉及的理由不止一点时，就应该按照主次关系逐条陈述。比如，推荐一名员工做主管，推荐的理由有3点，这3点按照重要性顺序组织如下：

结构模式　　　　　　　　　　　　　　　　　　推荐李维做主管

最主要的原因（理由）……………………他有杰出的人际沟通能力

次要原因………………………………………他掌握扎实的技术知识

再次要原因……………………………………他在同事中资历最深

4）时间顺序

时间顺序就是按照时间的先后顺序组织材料。个人简历、公司发展情况的说明、工作流程等都是按照时间先后顺序来组织信息的。时间顺序可以采用自前向后的形式，也可以采用逆时形式，求职简历中一般采用后者较多。

5）空间顺序

空间顺序又称地理顺序，是另一种常用的信息组织模式。当要传递的信息涉及物理

对象或它们的位置时，可以采用该模式。比如，某空调销售公司预测某年各地区空调销售情况就用了下面的排序方式：

××公司202×年各地区空调销售预测

华东地区

华北地区

华南地区

西北地区

东北地区

西南地区

6）因果关系

这种模式有两种情况：一种是由因到果，先确定一个现有的原因，然后描述可能的结果；另一种是由果到因，先描述已经发现的结果，然后分析可能的原因。这两种模式既可以在信息组织的部分段落中使用，也可以在整个信息组织过程中采用。报告中常用这种模式。比如：

原因—结果：

近几年高校不断地扩大招生规模……………………………………原因

因此，加剧了大学生就业竞争压力…………………………………结果

结果—原因：

近几年高考报名人数逐年下降………………………………………结果

原因可能是有很多人放弃了高考……………………………………原因

7）问题—解决方案模式

这是一种简单又实用的信息组织模式，使用频率较高。在文章的第一部分描述存在的问题，第二部分则提出解决问题的方案。比如：

第三季度销售量下滑　　问题

加大产品的广告宣传力度　　解决方案

举办有奖促销活动

请明星举行现场签售

……

除了上述模式外，还有其他的信息组织模式，如主题式、结构/功能模式等。上述模式既可以单独使用，也可以根据需要组合使用。使用这些模式可以使文章显得更有条理，更有组织性，更有助于读者对信息的理解和记忆。

4.2.6 增强文章的可读性

读者是否愿意读、有耐心读取决于文章的可读性，可读性强的文章也有利于读者理解和接受信息。怎样增强文章的可读性呢？具体的办法有：

1）标题要醒目、新颖

“题好文一半”，可见标题的重要性。标题是强调信息并且增强可读性的一个重要手段，标题能让读者在繁杂的细节中找到主题思想。而且，标题能让一个繁忙的阅读者跳过他所熟悉的或不重要的信息，提供一个快速预览和重点阅读的功能。

商务文件的标题需要拟写得新颖、醒目，突出重点，能让阅读者窥题见文，这样就能大大节约“日理万机”的商务人士的时间，而又能传递重要信息。广告的标题醒目能迅速吸引受众的眼球，引起消费者注意，广告就等于成功了一半。所以，增强文章的可读性首先应该从标题上做文章。

沟通课堂4-4

评析下列标题：

1.恋爱是件费力讨好的事（《西安当代女报》）

2.“小骆驼”跨进大上海（《新华日报》）

3.植树造林 给城市装上“大空调”（《义乌日报》）

4.东航甘肃公司不再卖纸质票（《兰州日报》）

5.中国的这座美丽岛屿快被海洋垃圾包围 9成难回收（《新浪网》）

【提示】从标题的表意性、表达准确性及读者接收信息的理解程度等方面进行优劣评析。

2）使用数字和着重号等符号帮助快速阅读

使用数字和着重号等符号突出重要内容是帮助理解的一种最好的办法，使用这些能将句子和段落中的重点突出，读者不仅可以更容易地理解文中的信息，而且会对写作者产生办事效率高的良好印象。

3）使用列表使信息更集中

列表是将文件中重要信息及一些数字高度提炼和集中之后通过表格清晰地反映出来，它使得重要信息简单化，可以使信息更精炼，更突出。读者可以利用列表快速阅读，更容易掌握文中信息。列表可以增强可读性、理解力和记忆力，见表4-4。

表4-4 列表反映信息的例子

我们招聘人员时采用以下步骤录用应聘人员	为了吸引高消费阶层，我们力求
1.审查申请函	➢ 样式新颖
2.审查申请者的相关信息	➢ 个性化服务
3.面试申请者	➢ 广泛的回头客策略

4）利用图形等其他方法来增强可读性

图形是增强可读性的一种简单的方法。商务信息中如果涉及大量的数据，如增（减）幅、销售量、总金额、利润等，如果用叙述的方式，让数据零散地在文字中呈现，会加重读者阅读的负担，利用一些图形则可以轻易地将这些数据变得直观、形象。这些图形有条形图、柱状图、饼状图、折线图、流程图、象形图等。在市场调查与预测报告中，运用这些图形可以增强文件的可读性和理解力。比如，图4-1是2015—2020

年3月中国电饭煲行业市场需求分析柱状图。

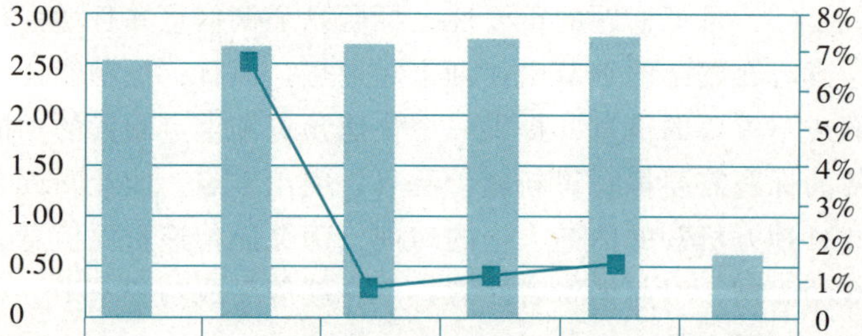

	2015年	2016年	2017年	2018年	2019年	2020年 1—3月
需求量（亿台）	2.52	2.69	2.71	2.74	2.78	0.62
增长率		6.75%	0.74%	1.11%	1.46%	

图4-1　2015—2020年3月中国电饭煲行业市场需求分析图

资料来源：《2020年电饭煲、电热水壶产业园区行业现状深度分析及发展趋势研究报告》.

该柱状图比用语言叙述要省事、省时，信息清楚明了。一个能够给读者提供阅读便捷的信息资料，其可读性也是不言而喻的。

4.3　备忘录

4.3.1　备忘录的定义

“备忘录”（memo）一词源于拉丁语“memorare”，意为“记住”。备忘录主要用于组织内部传递信息，或者帮助提醒需要记住的事项。在一些特殊情况下，如一些问题涉及多方利益，需要大家共同参与解决问题的会议时，也可以形成“会议备忘录”或“合作备忘录”。我们这里只介绍公司常用的用于提示、信息交流的工作备忘录。

4.3.2　备忘录的要素、格式

1）备忘录的要素

备忘录基本的要素有：日期（date）、送至（to）、发自（from）和主题（subject），有时还有附件和抄送等。

2）备忘录的格式

备忘录的格式如图4-2所示。

4.3.3　备忘录的写作

备忘录的写作大多数情况下很简单，只要将需要传递的信息传达出去即可，并且这些信息一般适合直接传达，所以直接性和清晰性是其最突出的特点。只是在写作时，要

备忘录
日期：
送至：
发自：
主题：
（备忘录信息的具体内容）
附件：
抄送：

图4-2　备忘录的格式

注意写作者与接收者之间的身份关系。高级管理人员给下属写备忘录比较容易表达，比较熟悉的同事之间写作的语气也较随意，但给比较生疏的同事或给公司的中高级管理人员写作时，用语应该谨慎，否则会引起对方的反感。

图4-3是两种风格的备忘录，比较一下两者的语气。

日期	2021年9月10日
送至（To）	张勇　人事部经理
来自（From）	李铭　教育培训部经理
主题	新员工培训计划课程表
公司准备在9月21—30日对新入职的员工培训10天，你草拟一份培训课程表，最迟在本周三上午10点交给我们部门的秘书刘岚。	

日期	2021年9月10日
送至（To）	张勇　人事部经理
来自（From）	李铭　教育培训部经理
主题	新员工培训计划课程表
为使新员工尽快适应公司的要求，我们计划于9月21—30日对今年新入职的员工进行为期10天的培训，请你草拟一份培训课程表，最迟于本周三上午10点前交至我们部门的秘书刘岚处。	

图4-3　两种语言风格的备忘录

4.4　商务信函

4.4.1　商务信函与备忘录的区别

备忘录与信函是有区别的。其一，备忘录主要用于组织内部成员之间的沟通，信函大多数情况下用于组织外部的交流。其二，备忘录和信函的格式也有不同。备忘录没有称谓、结束语，但有主题行。与信函相比，在起草备忘录时应将重点放在直接性和清晰性上。其三，两者适合的受众有所不同。如果受众是写作者的老朋友，两者都可以非正式的方式沟通；写给初次联系的人，或者受众为多人，或者文章可能被存档时，应该采用格式比较正式的信函。其四，备忘录各段的内容不能过长，应该尽量简洁。

4.4.2 商务信函的意义

即使在新兴媒体非常发达的今天，信函仍然是一种有力和有效传递信息的手段。虽然电子邮件在与内部和外部的交流中取得了难以置信的成功，但电子邮件的核心就是或长或短的信函内容。因此，今天我们仍有许多重要的信息需要通过信函来传递。

1）商务信函的内容可以永久记录和保存

很多商业交易需要永久记录，商务信函可以实现这一功能。例如，当一家公司与另一家公司进行磋商时，商务信函可以介绍协议内容并记录一些细节，将之永久保存在公司的档案中。商务信函可以传递合同，解释条款，交换意见，谈判协定，回答供应商的问题，并维持与客户的关系。商务信函对于任何需要永久记录的商业交易来说都是相当重要的。

2）商务信函正式且重要

商务信函一般传递的都是非常正式且重要的信息。商务信函传递的信息是：作者认为这个信息很重要，借助商务信函能将复杂的事情说清楚，信息接收者对于书面信函也会认真对待。

3）商务信函传递的是说服性强、组织良好的信息

当一位商务沟通者必须去劝说却不能亲自去完成时，商务信函就比其他沟通渠道更有效了。信件可以说服别人改变他们的行为，接受新的观点。商务信函是一种精心准备的沟通方式，发出信函者可以有充分的时间来思考自己的沟通内容，精密组织自己的思想，最后写下深思熟虑的内容。

4.4.3 商务信函的要素及格式

中外商务信函在组成要素上差别不大，但在格式上有细微的差别，下面介绍商务信函的要素及格式。

1）商务信函的要素

商务信函一般由标题、称谓、正文、落款和附件5个基本部分组成。

（1）标题

标题一般位于信函首页上方的正中间，标题应是对信函主旨的高度概括，能达到突出重点、一目了然的效果。一般由“事由”和“文种”组成，如“关于调整食用油价格的通知”“关于变更办公地址的紧急通告”。有时，给客户个人写作商务信函时，标题可以省略。

国外的信函标题一般是通过主题行来显示的。

（2）称谓

称谓是对收件人的称呼。其位置在标题之下、正文之上，单独占一行，要求顶格书写，称谓后用冒号。商务信函如果是对群体的，可以不用寒暄问候语；但如果是对个体客户，应该注意礼貌。

称谓看似简单，是否得体却反映了写作者的沟通水平和礼仪水平。表4-5是根据接收者的情况不同而呈现出称谓上的区别。

表4-5　不同情况下区别称谓举例

情况	举例
不熟悉对方姓名时，用职务和头衔	“尊敬的董事长”“尊敬的总经理”
熟悉对方姓名时，一般用姓氏+头衔	“尊敬的李经理”
如果对方有联系称谓，直接用对方的联系称谓	“尊敬的赵先生（女士）”
如接收对象是单位，一般用单位全称	“××股份有限公司”
有些商务信函是寄发给所有的客户的，用泛称	“尊敬的客户”

国外称谓与中式称谓有一定的区别，应注意以下两点：

一是双方比较熟悉，可以直呼其名；二是对女性要注意，不能直接称呼“某太太”“某女士”，一些女权主义者对此很忌讳，要视对方接受程度而定。

（3）正文

正文是信函的核心部分。正文最重要的是要清楚地陈述需要传递的信息，对对方的希望和要求；有些信函还需要交待依据、原因或理由。

商务信函能否实现写作者的愿望，关键就在正文的写作。正文写作如果要达到让对方接受，并愿意按照写信人的要求采取行动，就应该做到：段落清晰，语言清楚明了，合乎逻辑。正文并非越长越好，只要将信息清楚传递出去即可。

正文篇幅的长短、内容的多少要根据信息的复杂程度而定。

（4）落款

商务信函的落款包括署名和日期。如果是以单位名义发出的信函，应该加盖公章，单位名称用全称；如果是个体对个体，则简单得多。落款应该在信函的右下方。

国外商务信函的署名可以在左下方或右下方，以左下方居多。

（5）附件

附件是信函的补充材料，随着信函一起发送。商务信函的附件有产品目录、产品调价表、参加会议的回执、订货单等。附件位置在信函正文结束后，另起一行的左边空两格，写上“附件”二字，后加冒号，冒号后面写清附件的名称、份数等。

2）商务信函的格式

中文商务信函的格式如图4-4所示。

与中式信函相比，英文信函的格式有齐头式、半齐头式和半缩头式，图4-5、图4-6是齐头式和半缩头式英文信函排版格式。实际工作中选用哪一种格式取决于所在企业的风格、企业文化和个人偏好。无论采取哪一种格式，信函内容应保持一致性。

尊敬的×先生：

首先，谢谢您将问题告知我们。对于我们未能提供令您满意的货品，本人衷心向您致歉。

我们向您保证，我们会立即向您免费提供一件经鉴定的货品，以作更换。我们营业部的李丽女士会在最近两天跟您联系，安排更换事宜。

我们会研究有关问题，找出问题原因，尽力避免同样问题的再次出现。

请您相信这只是一次意外的独立事件，我们会尽力维护和不断提升我们产品的品质和声誉，我们更珍惜与阁下长久建立的友谊。同时，我们也会不断努力为您提供价廉物美的产品和安全无忧的售后服务。

如有任何问题，欢迎您致电本人。我的电话：×××××××××××

经理：×××

××××年××月×日

图 4-4 中文商务信函格式

公司名称　　　　　　　　　　公司标志

公司地址　　　　　　　　　　　　　　　　公司电话：××××××××

July.18，2021

艾德李安·麦高飞教授　　　　　　收信人的姓名、地址、

圣地亚哥大学　　　　　　　　　　邮编等（从小到大）

加利福尼亚，圣地亚哥，92183

亲爱的麦高飞教授：

…………………………………………………………………………………………

……………………………………………………………………………………。

…………………………………………………………………………………………

…………………………………………………………………………………………

…………。

…………………………………………………………………………………………

……………………………………。……………………………………………………

……………………………。

谨启

杰拉尔德·伊文思

营销总监

Encl（附件）

图 4-5 齐头式信函格式

（信头省略）

…………：

……………………………………………………………………………………

…………………………………………………………………………………………。

……………………………………………………………………………………

……………………………………………。

……………………………………………………………………………………

……………………………………………。

谨启

丽莎·古德里奇

客户关怀部经理

图4-6 半缩头式信函格式

4.4.4 商务信函的写作

商务信函因传递的信息性质不同，会引发接收者产生不同的情绪。有的仅是告知接收对象，信息本身不会引起接收者情感上的变化，只是起到介绍、证明作用，如工作通知、推荐函、证明信等；有的信息对接收对象来说是个好消息，会带给接收对象愉悦和兴奋，如贺信、感谢信等；有的信息是向接收对象提出一些建议，希望对方能够接受；有的信息是向接收对象提出异议，对于接收者来说是一则坏消息，接收者读后会产生沮丧、失落甚至愤怒的反应，如召回通知、投诉信、催款信等。这里将分别从中性信息、积极信息和消极信息等方面进行介绍。

1）告知性信函

告知性信函传递的是中性信息，信息的接收者看到信息后，没有情感上的剧烈波动。比如，公司里的人事变动公告、会议通知、证明信、两个公司相互商洽事项的信函等。告知性信函有时在告知事项的同时还要求接收者按照告知信息里的要求执行。

告知性信函常采用直接写作模式，即要点-细节-重申要点，关键是将要告知的信息及要求接收者采取何种行动交待清楚。

（1）证明信

证明信是证明某人身份、经历或证明有关事件真实情况的专用信函，起着证明和介绍的双重作用。

例4-1：某公司员工向银行申请抵押贷款，银行收到申请后委托律师事务所向该员工单位征询收入证明，该员工所在公司为此出具了证明信。

收入证明

×××先生为我公司正式员工。×先生2010年进入我公司，至今已在本公司工作10年。10年来，他工作兢兢业业，努力进取，多次获得本公司“优秀员工”荣誉称号，现为公司客服部经理。×先生收入稳定，每月收入捌仟元，其中基本工资为伍仟元，业绩奖金平均每月叁仟元。

特此证明。

××公司财务部（章）

2020年3月16日

（2）推荐函

推荐函是应某人或某公司之请，根据对方要求，为其所写的信函。推荐函可以起到告知和证明的双重作用。推荐函可以推荐人，也可以推荐产品。推荐人时要介绍被推荐人的情况及推荐的理由，尤其是细节方面的一些事项要简洁明了。推荐产品时，应突出产品的特点，尤其是产品与众不同之处。推荐函本身还有劝说的性质。

例4-2：某公司举行公司年度“最佳销售奖”评选活动，要求每个销售分公司推荐一人作为此次评选的候选人。××销售分公司推荐了本公司的销售经理徐亚。

推荐函

公司评委会：

我们分公司推荐本部门的徐亚为2020年度“最佳营销奖”的候选人。

徐亚在我部工作已三年。三年来，他工作一直勤勤恳恳，踏实认真，销售业绩突出，两次被评为分公司的优秀员工，目前已是销售经理。2020年全年，他所负责的营销小组完成销售额达××万元，占我部销售总额的40%。同时，他还成功策划了我部在××商厦、××购物中心、××商场的“五一”促销活动，使我公司产品在本市的市场份额增加了3%，提升了公司产品的知名度。

由于徐亚的优秀销售成绩，我部经过慎重考虑，推荐他为公司本年度“最佳营销奖”的候选人。

我们衷心希望徐亚能成功获得2020年度“最佳营销奖”荣誉。

此致

敬礼

××公司××销售分公司（章）

2021年4月18日

（3）通知

通知是商务活动中使用频率最高、使用范围最广的一个文种。通知的信息有的中性，如会议通知、公司更名、办公地点变化、商洽有关事项等；有的消极，如产品涨价通知、催缴货款等；有的积极，如获奖通知。后两种性质的通知在消极性信函和积极性信函中会讨论，这里主要讨论中性信息的通知。

例4-3：某酒店网上预订系统升级完成，并对相应的业务作了改进。该酒店就此在官网向各旅行社发出通知。

旅行社预订酒店通知

首先，感谢旅行社及旅游同行们对我们长期以来所给予的大力支持。

××国际酒店预订中心的网站结构及内容已更新升级完毕，在此特别通知大家，欢迎您随时登录我们的新网站。更新后的网站，价格更加优惠，操作也更为简便；并且，新网站还增加了酒店定位功能，即在城市地图中，能清晰准确地看到酒店的位置所在，大大节省了寻找酒店所需的时间。由于我们为大家提供的是最为优惠的酒店签约价格，因此改版后的新网站不再另设旅行社及同行预订入口。我们欢迎旅游同仁查询、对比我公司网上的酒店价格！

在此，我们承诺将一如既往地继续为各位同行提供专业周到的服务。如需预订酒店或需要其他帮助，请直接与客服人员联系。

邮件：service@1booking.net

电话：××××-××××××××

工作时间：法定工作日周一至周五09：00—17：00

××国际酒店预订中心

2022年1月10日

（4）商洽函

商洽事项的函在公司间运用非常广泛，大到商品贸易往来、公司相互合作、场地使用协商，小到人员拜访安排确认等，都可以用到。现代通信手段发达，一些简单的事情，也可以微信进行商洽，采用书面形式可以将事项交代得更具体、更细致。

例4-4：某公司拟对在岗员工进行培训，需借用某学院的场地，为此给该学院发出信函。

关于商借教室的函

××学院：

为了公司的长远发展，提高员工工作能力，我公司拟对所有员工进行培训。现因场地所限，拟向贵校借用教室。时间是今年11月、12月两个月的所有双休日，每天上午8时至下午5时；数量5间，有关经费及细节，我公司将派人前来商定。望能得到贵校支持，希即函复。

××公司

2021年10月10日

例4-5：A显示器生产厂商派代表出席电子产品展销会，准备向B公司介绍新的显示器产品，预约见面的时间是9月16日；B公司愿意与A公司商洽，但时间需要后延。

尊敬的先生/女士：

我是A公司的销售代表袁远。我将出席9月12—15日在贵市举办的西南地区电子产品展销会。我非常乐于向贵公司介绍我公司新研发的显示器，时间预定在展销会结束后，即9月16日，如果时间不便，敬请告知具体可行日期。

谢谢！

A公司销售代表 袁远

202×年××月××日

尊敬的袁先生：

您好！

我们很高兴与您会面，并与您商讨新的显示器。但9月16日不太合适。如方便的话，可否将时间推迟一天，即9月17日。期待着与您见面！

祝好！

B公司办公室 陈栋

202×年××月××日

上述信函，如果双方关系比较密切，可以用短消息的方式进行传递；如果从正式的官方角度进行沟通，则可以传真或电子邮件的方式进行沟通。

（5）确认函

确认函是确认某件事是事实，或针对别人的要求予以肯定性的答复。确认函在商务活动中应用很广泛，比如酒店接受顾客订房后，用确认函予以回复落实；卖方向买方发出确认函征询购买产品的数量、型号和发货日期；投标方向招标方确认参与项目工程、商品采购的竞标；展览会的主办方向参展方发出参展的确认函等。这些确认函类似于通知，但需要接收信息的一方予以确认，所以对方的回复就等同于确认函。因为确认函应用范围较广，写作上可根据不同事项组织内容。

例4-6：H贸易公司接到客户关于为双方交易的货物进行投保的要求函件，并对此回复确认。

××公司：

贵方有关保险事宜的6月25日来函知悉，特函告如下：

一、综合险：在没有得到客户明确指示的情况下，我们一般投保水渍险和战争险。如贵方愿投保综合险，我方可以稍高的保费代保此险。

二、破碎险。破碎险是一种特别险，需收取额外保费。该险现行保险费率为2%，损失只赔超过5%的部分。

三、保险金额。我方注意到贵方欲为装运给贵方的货物按发票金额另加10%投保，我方当照此办理。

希望上述答复能满足贵方要求，我方等候贵方的回音。

H贸易公司

202×年×月×日

2）积极性信函

积极性信函也称好消息。读者读到信息后会做出正面的反应，比如，感到高兴、激动，并采取积极的行动。表扬、感谢某企业或某人，告知某企业或某人获得荣誉称号，某人所提的建议被采纳，某企业收到的企业成立庆典的祝贺等都属于积极性信息。

案例4-2

书面表扬胜口头

某保险公司的经理对员工有个十分特别的称赞方式——当任何一位下属达成或是超越基本业绩的要求时，便寄给他们一封赞美信！在第一封信中，他还会附上一个印着红色“成功档案”醒目字样的档案夹，然后才是信的内容：“将这封信，以及日后不论是我、公司其他领导、保户或是任何人写给你的赞美信函全部存放在这个档案夹中。在未来的日子里，你也许会遭遇失败、挫折，也许会对自己丧失信心，但是不论遭遇到多么不如意的事，请你拿出这个档案夹，重新阅读这些写满赞美的信函。这些历史性的信函证明了你曾经是成功者，是个令人赞叹的实力派人物——你绝不是个泛泛之辈。你曾经登上成功的高峰，现在，你一样可以做得更棒！”

资料来源：闫伟.做最好的中层：会鼓励更会激励员工［EB/OL］.［2016-01-20］. http: //www.jiangshi.org/518823/blog_995572.html.有删减.

【简析】表扬的方式可以有很多种，与口头表扬相比，书面的表扬既正式又庄重。一封书面表扬信，不仅让员工当时感动，更可以为收信人带来长久的激励。

积极性信函的写作模式与中性信函的写作模式相同。贺信、建议被采纳的通知、感谢信等都是常用的积极性信函。

（1）表扬信、感谢信

当某企业、某员工因工作业绩或某件事给公司或客户带来了益处，公司、客户为表示感谢、激励他人而采用的信函。

例4-7：某公司因为员工积极努力工作，公司的销售业绩良好。为此，公司针对业绩突出的销售经理和企划部工作人员及其他员工予以公开表彰。

表扬信

各位员工：

自我司推出佳乐阳光新品以来，在我司总经理顾总的精心带领之下，我司销售部经理任俊华先生、企划部余伟先生共同投入了大量的精力并承担了大量的烦琐工作，在其他各部门共同努力下，全司顺利地完成了总经理下达的新品“佳乐阳光”销售淡季（7月、8月、9月）平均月销售量2 000台这项艰巨任务。

为表彰员工在各自的工作岗位上兢兢业业，团结、积极、为公司的发展做出的努力，公司决定对他们予以嘉奖，并通报表扬。此外，负责销售“帝康”“清华全新一代”“北大阳光”的各销售分部的员工也积极努力，为销售淡季中取得良好的销量做出了贡献。运作部胡婉蓉的努力工作和突出表现，在员工中也起到了表率作用，有良好的影响。希望全体员工以他们为榜样，不断地提升自己，为公司的长远发展做出自己的贡献。

××××有限责任公司

202×年10月10日

例4-8：某酒店的客人在酒店入住期间，得到了酒店服务人员的热情接待和服务，为此给酒店的领导写了一封感谢信，对服务员的热情服务表示感谢。

××酒店的领导：

您好！我是8203房的房客，在酒店入住期间，感受到贵酒店员工热情、亲切、周到的服务，让我们在寒冬中感受到了家人般的温暖。

特别感谢负责8203房清洁工作的员工，她每次都认真、仔细地帮我们打扫卫生，天气转凉了，主动为我们更换厚棉被，晾衣架不够了，主动拿出自己的衣架给我们，房间门卡坏了，主动联系工程师修理，给我们提供了很多帮助。希望贵酒店领导能够对她进行表扬，再次表示感谢！

8203号房客

202×年12月12日

上述两封信函传达的是表扬和感谢的信息，对于信息接收者都是好消息。表扬信采用简单细节（原因）-结果-要点-希望的结构模式；感谢信采用总 分的结构模式，在分述中又突出细节，表达意愿。两封信函，篇幅简短，结构紧凑，逻辑层次清楚，语言简明，真正做到了言简意赅。

（2）积极通知

这是用回复函的方式，告知接收对象所提的建议被采纳的信函。由于所传达的内容对接收者来说是好消息，因此是含有积极信息的通知。

例4-9：某公司开展节约活动，向全体员工征集节约建议，并对建议被采纳的员工给予一定的物质奖励。公司一员工提出的节约办公用纸的建议被采纳。现节约活动征集建议委员会给该员工发出信函，告知他的建议被采纳。

（尊敬的）××先生：

你好！

你提出的节约办公用纸的建议，经过公司节约活动征集建议委员会的审议，决定予以采纳。

公司近年的办公用纸量一直在上升，增加了公司的办公费用。虽然每张办公用纸看起来不明显，但累积起来就是一笔不小的浪费。你所提的建议，不仅可以帮助公司减少用纸开支，节约了公司的费用，而且还可以养成大家节约的好习惯，形成良好的环保意识。并且你的建议实施的可行性强，操作简单。涓涓细流可以汇成大海，从节约办公用纸开始，节约一张纸、一度电、一滴水可以形成公司内良好的节约氛围。

由于你的良好建议，根据公司规定，将给予你300元的奖励。

非常感谢你对公司事务的关心和支持，希望你一如既往地支持公司的发展。

祝工作顺利！

××公司节约活动征集建议委员会委员 ×××

202×年11月12日

（3）邀请函

邀请函是商务活动中出于工作和礼貌的需要，向接收对象发出参加某项活动、为自己解决具体问题邀请的一种常用信函。邀请函有简单的，也有复杂的。简单的只要将举办活动的时间、地点、性质、内容等事项表述清楚即可，类似于请柬；复杂的邀请函，不仅要将时间、地点、事项交待清楚，而且会对对方具体所做的事项提出具体要求。

例4-10：某公司拟对公司中层管理人员进行口头表达技巧的培训。公司教育培训主管戴玲邀请某大学教授李德举办培训讲座。培训要求是端正参加培训的人员的认识，提高口头沟通能力，并正确运用所掌握的口头沟通技巧解决实际问题，少讲理论，多开展实践活动。培训时间为2天，参加培训的人数为30人，培训报酬为5 000元人民币，并解决差旅食宿费用。

尊敬的李德教授：

您好！

我是××××公司的教育培训主管戴玲，现特邀您前来为我公司的员工培训口头表达能力。

我公司决定于2021年6月6、7日两天对公司的30名中层管理人员进行培训。请您主要教授他们口头表达技巧，在培训的过程中少讲、精讲理论，以开展实践活动为主。我们希望这些人员通过培训能清醒地认识到提高口头表达能力的重要性，能正确地运用口头沟通技巧解决工作中的问题，并且能提高与不同的人交往的能力。

您两天的培训费用为伍仟元（5 000.00元）（不包括差旅、食宿费用）。我公司可以提供投影仪、白板（笔）、电脑等设备，如有其他要求可电话或书面告知。（电话：0551-8345678；e-mail：1234567@qq.com）

此致

敬礼

××××公司教育培训主管　戴玲

2021年4月8日

3）消极性信函

消极性信函传递的是负面信息，信息接收方读后会感到沮丧、失望或愤怒。商务活动中，有时出于无奈不得不向沟通对象传递一些负面信息。消极性信函中传递的负面信息往往有：企业接到顾客的投诉、产品涨价通知、邀请某人被拒绝、企业内的骨干辞职、因工作表现不佳被批评或处分、因欠款而被催缴、产品召回或缺陷通报等。

消极性信函在写作时要注意方式方法和语言措辞，要保证让对方在读到负面信息的同时，内心里的抵触情绪会少一些。所以，消极性信函在大多数情况下采用间接模式比较合适，即委婉的开头-细节-消极信息-积极的结尾。

（1）产品涨价通知

例4-11：WW公司因产品的原材料价格上涨及各项成本的增加，致使公司产品的成本上升。公司决定自本年6月1日起，对所生产的产品执行新的价格。现向各客户发出产品调价通知。

产品调价的通知

尊敬的客户：

你们好！

今年国内企业生存环境承受了劳动力价格上升、原材料价格上涨、通货膨胀趋势和政策因素变动的多重挤压，我们WW公司也不例外，对于我们传统低端下游产品主要依靠其加工费并通过规模效应及加强开源节流的公司内部管理获取微薄利润的包装制造行业更是雪上加霜，目前给贵公司供货的一些产品已是负利润或接近零利润，让我们的合作难以为继。

本着长期诚信服务、共同发展、质量取胜、创造价值、共享利润的经营理念，为了我司的可持续发展并能更好地为贵公司长期服务，我司的一些产品需要增加生产成本，我们希望对如下产品的价格进行调整，如果贵公司觉得不合适或有问题，我们可以及时协商。

（涨价产品范围、涨幅、是否有时间段：略）

鉴于双方此前的合作关系一直较好，现特致函贵公司，产品调价于202×年2月1日起执行，为此对贵公司造成的不便或工作上带来的困难深表歉意，同时希望能够得到你们的谅解与支持。

特此函告

顺祝昌祺

WW公司业务部：MM

202×年1月20日

（2）拒绝信

邀请某人做某事或出席某活动，由于种种原因被邀请人拒绝，或者客户购买某产品使用后出现了故障需要维修或更换而遭到商家（厂家）拒绝，这些从信息的性质上看都是消极性信函。

例4-12：杨先生要求某公司免费维修已经过了免费维修期的产品，企业给杨先生去函表示免费维修难以实现，可以根据规定在收取费用的前提下帮助维修。

尊敬的杨先生：

您好！

首先非常感谢您购买我们的产品，也非常理解您希望我们对产品进行维修的迫切心情。

不知您是否注意到，您的产品是在去年5月份购买的，保修期是3个月，现在已经超过保修期半年了。尽管如此，我们仍然愿意为您维修，但需要按保修期外的标准适当收费。

衷心希望您的问题能够得到解决，让您能够尽情地享受我们的产品给您带来的快乐。

此致

敬礼

×××公司维修部经理　安和

202×年3月5日

消极性信函要注意开头使用缓冲，缓冲往往是以积极的开头体现的，先说值得肯定的地方，比如，处分通知中肯定该员工过去一直表现不错；投诉信函中企业的形象、地位、顾客对企业的信任等都可以作为缓冲出现。当然，如果消极性信函中涉及的问题已经很严重，就应该采用直接模式，语气上要严厉、庄重。

4）说服性信函

说服性信函又叫劝导性信函，是指发送者向接收者提出某项请求或告知某个消息，并且使接收者按照信息中的内容采取行动。进入21世纪，商务活动的有效运作越来越依靠说服和引导。一些中性信息和消极信息如果在告知信息的同时，请求对方采取行动，就变成了说服性信函。

常见的说服性信函包括：申请书、推销和募集资金的信函、求职信、给领导或客户提出要求和建议的信函等类型。

劝导性信函最重要的是告知的信息能从被对方接收变为接受，因此内容中的说服技巧很重要。要想读者能够接受，一是要营造可信性。只有信函的内容被对方充分相信，对方才会按照信函中的要求去做。做到可信性需要内容不夸张，实事求是，并且在细节、数字资料等方面具体明确。二是要营造感染力。读者不仅相信你信息中的内容，而且被信息中的文字、情感所打动，完全能从字里行间体会出写作者的用意，这样也能起到说服的效果。三是要注意使用正确的语气。如果信息中的内容是真实的，但写作者语气使用不当，读者便会产生抵触心理，不仅感染力实现不了，也不可能实现说服的终极目标。信函中使用一些礼貌用语、针对不同沟通对象使用或谐或庄、或直或曲的语言都是不错的选择。

例4-13：某保险公司推出了一款新险种，向顾客推销。

尊敬的客户：

您好！

××保险公司成立于××××年，至今已有50年的历史，目前在本地区拥有客户××××万人，是本地区实力最强、服务水平最高的保险公司。

在过去的发展过程中，我们公司一直致力于为客户提供高端优质的服务，根据客户需要先后开发了100多种适应不同客户需求的险种，赢得了客户的良好赞誉，在客户心目中树立了良好的形象。正是因为我们的不断努力，才有了顾客的肯定和支持。

现在国际经济形势变化多端，顾客都希望将自己剩余的资金置于安全的环境下。我们公司经过广泛的调查，现为顾客量身定制了一种融人身保险和投资理财于一体的新险种，您只要用很少的投入，就可以得到较多的收益。如果您有兴趣，可以联系我们（联系电话：××××××××，联系人：×××）。如果您没有时间，我们可以上门为您详细介绍本产品。期待着您的回复。

祝工作顺利！

××保险公司市场部
××××年×月×日

例4-14：某新员工入职试用即将满3个月，期间，他不仅一直努力工作，任劳任怨，积极配合领导和部门同事的工作，而且通过不断学习充实自己。虽然，他在试用期担任的是市场部助理一职，但是他想申请到人力资源部担任助理一职，以便更好地发挥自己的专业特长。

尊敬的公司领导：

您好！

时光匆匆，转眼间，3个月的试用期即将结束，我希望在以后的日子里能和公司共同发展，为公司的发展做更多的贡献。

在公司工作的这段时间，我一直很努力地做好自己的本职工作，并不断地努力学习新的知识和技能充实和提高自己。期间，我担任市场部助理职务。市场部的工作性质决定了助理工作的工作内容比较繁杂，需要有足够的耐心和细心来处理好日常事务。在工作中，我始终积极配合领导和部门同事的工作，一丝不苟、任劳任怨。在试用期内，我工作认真，服从安排，领导安排的每一项工作我都能按时按质按量地完成，得到了部门领导的肯定。

由于我在大学学习的专业是人力资源管理，因此现申请到人力资源部门从事人力资源助理工作。我想以自己的敬业精神和专业积累为公司的人事招募、考评和培训服务，为公司人力资源管理工作尽一份力。

感谢领导拨冗考虑我的申请，敬请领导批准！

此致

敬礼

申请人：××

202×年××月××日

有时说服性信函中涉及的事项已经很严重，则没有必要使用缓冲，可以直接要求对方按照信息中所提要求采取行动。

四种不同性质的信函不是截然分开的。告知性信息如果要求读者在知晓信息的同时采取行动，就是说服性信函；如果告知的是不好的信息就是消极性信函；而消极性信息在传递的同时还需要对方按照信息提示中的要求采取行动，则有了说服和劝导的意思；告知的是好消息则是积极性信函，所以四种信函是互有联系的。只是在具体写作时，根据信息传达的重点呈现出一定的差异性。认识到它们的联系和差异，是我们灵活运用，做好沟通的基础。

4.5 商务报告

4.5.1 商务报告的含义

在书面商务沟通中，报告一词的使用是非常广泛的，很多类型的文件都可以被称为报告。在有些公司或组织中，报告是指长篇的文件或是包含了大量信息数据的文件；而在有些公司或组织中，一两页的备忘录也可被称为报告。比如，计划、总结、市场调查和预测、可行性研究、财务分析、审计报告等，都可界定在“报告”的范畴中。

商务报告可以给公司内部的人员提供信息，帮助他们制订计划，解决商务活动中的各种问题，提出合理化的建议等。

根据报告本身的宽泛性和所起的作用，我们可以将报告理解成：报告是对经过搜集、整理、筛选、组织的信息进行编写，传达某种特定内容的书面文件。

4.5.2　商务报告的类型

由于商务报告本身具有宽泛性，根据不同内容、不同目的和不同形式，可对商务报告作以下分类：

① 从报告的篇幅和表现形式分，有正式报告和非正式报告。正式报告的要素较多，有封面、目录、主题页、摘要、正文、参考文献、附录等。非正式的报告较为简单，可以是备忘录形式的、信函形式的或一张生产、销售数据表。

② 从报告的内容和结构分，有信息型报告、分析型报告、建议型报告。具体特点和举例见表4-6。

表4-6　报告的类型、特点及举例

报告的类型	特点	举例
信息型报告	只向读者提供信息、数据	销售报告（每周或每月的销售数据） 季度报告（显示工厂每季度的生产率和利润数据）
分析型报告	对信息、数据加以分析，不给出具体的建议和解决方案	年度报告（过去一年中企业的财务数据以及成功展示等） 审计报告（对审计中发现的问题进行解释） 收益或回报率报告（新的投资项目回报率的计算过程）
建议型报告	在给出信息和分析的基础上，提出建议，给出解决问题的方案	可行性报告（对某种项目进行评估，并提出一种或几种可行的解决方案供选择） 论证性报告（论证投资、增加新的人事或工作流程调整的可行性） 问题解决型报告（分析识别公司问题产生的原因，给出解决建议）

③ 从篇幅上分，有长篇报告和短篇报告。一般正式报告的篇幅都较长，报告中论述的问题涉及面较广；非正式报告一般都是以短篇报告的形式出现的。

4.5.3　商务报告写作的步骤

商务报告能给企业内部提供信息，帮助企业解决问题，但一份成功报告的撰写需要资料、数据，所提出的问题要有针对性，所以优秀的报告产生要经历下面几步：

1）确定要研究的问题

现实工作中，会出现很多需要解决的问题，撰写者应该将商务活动中最重要、最真切、最具体的问题，作为报告关注的焦点，并且这个问题对写作者和阅读者来说都很重要。

2）进行调查，搜集信息

这是商务报告写作的第二步，也是很重要的一步。搜集信息的多少、质量如何都关系到报告最后的结论是否科学。撰写者搜集信息资料的渠道多种多样；阅读书籍、杂志等可以掌握第二手资料；更重要的是要亲自调查。在调查的过程中，要做好周密的部署，制订详细的调查方案，选择被调查对象，从而获得第一手资料。在整个调查过程中，要注意以下几点：

（1）确定好被调查的群体

群体指你想进行陈述说明的人群。它的定义准确与否对于是否能获得有价值的信息十分关键。作为被调查的群体样本有随机样本、方便样本和参考样本。在这些样本中，随机样本最有代表性，调查得来的资料可信度也较高。

（2）设计好调查问卷

问卷调查是最常用的手法之一。问卷的问题设计要合理，不能带有倾向性，注意开放性问题和封闭性问题相结合，问题的顺序是先易后难。

（3）列好采访提纲

如果是通过访谈进行调查，要列好采访的提纲，设计好访谈的问题。

（4）注意语言的客观性

使用语言要尽可能客观，不宜用“或许”“大概”等模糊性的词语。

3）整理分析信息资料

当通过问卷、访谈、考察、查阅资料等手段获取资料后，应该对已经掌握的资料进行整理和分析，筛选出有价值的信息。这是写好商务报告的基础，也是商务报告写作中很重要的一个环节。具体要做的工作是：

（1）了解来源

了解数据的获取来源有两点：一要看资料是亲自调查所得，还是借鉴他人的意见；二要看接受调查的主体是什么类型的人。了解数据资料来源可以在分析时进行取舍，这对分析的结果有重要意义。

（2）分析数字

分析数字是指设计问题时，可以根据设定，将答案从1到n按主次或轻重程度设成几个等级，然后在每一问题后都给出数字答案。调查者根据调查主体的选择，将数字相加除以被调查人数，得出“平均值”。每一问题的平均值都得出后，再比较各题平均值的大小，以此来判断问题在调查主体心目中的轻重程度。例如：

调查了50人选择公寓时，以下哪一点对他们来说最为重要。3=非常满意；2.5=平均值

来客的额外停车位	2.6	开派对的场所	2.3
游泳池	2.2	交通便利	2.2

显然在列出的几个选项中，“来客的额外停车位”高于平均值，显然这一项会对他们选择公寓产生重要影响，也就是“停车位”是他们最在乎的一个条件。

（3）分析表述

在设计问题和问卷时，要注意问题中一些词所包含的意义是什么。比如“惠而浦”做问卷调查时，被调查者说他们想要“干净的冰箱”，通过进一步询问才知道，被调查者所说的“干净的冰箱”是指冰箱看起来要干净，于是“惠而浦”设计出一种前面和侧面有纹理的冰箱，可以隐藏掉人的指纹。

（4）逻辑推敲

逻辑推敲一般来说有因果和并列关系两种。因果是一个事物的产生或变化是由另一个事物引起的；而并列是指两个事物同时发生，两者之间在一个问题中处于同等的地位，不存在因为一方的存在而引起另一方的变化。

4）撰写报告

撰写报告是在资料搜集整理的基础上，按照一定的方法将信息组织成文。

4.5.4　商务报告的写作结构

1）一般商务报告的基本结构

（1）标题

标题通常由报告的时间、范围、内容和文种等要素组成，也可以省略某些要素。比如：“202×年××市二手汽车市场分析调查报告”“隐形眼镜华南市场调查报告”。

（2）正文部分

①开头。整篇报告的开头，要求将读者引入到报告正文部分的阅读。内容上应该以简单清晰的语言，将报告的目的、主题、原因等方面介绍清楚，并介绍有助于理解报告目的的必要背景信息，以及简单的结论或建议等。

②主体部分。主体部分是报告的核心内容。正文部分应将调查得到的资料按照一定的组织策略充分展示出来，并分析材料所展示的事实，有层次、有条理、合乎逻辑地引导读者得出最后部分中的结论和建议。

在充分分析、阐述事实的基础上，简要、清楚、总结性地提出得到的结论和建议。结论应该是客观、严谨的，能够给读者留下深刻印象。

一般的结构模式是：情况（现状）-分析-建议（结论）。

③结尾部分。结尾部分用简单的语言对全文进行总结，或概括性地表达对未来的展望，或概括性地表明作者的观点等，也可以直接以建议结束报告。

资料4：海底捞

（3）署名和日期

在报告的最后，需要写明报告人和日期。

案例4-3　**2021年第四季度北京市2 000户城镇储户问卷调查报告**

一、收入感受指数

本季收入感受指数为46.8%，比上年同期及上季分别上升0.1、0.7个百分点。其中，10.7%的居民认为收入“增加”，比上季减少1.1个百分点，72.1%的居民认为收入“基本不变”，比上季增加3.5个百分点，17.2%的居民认为收入“减少”，比上季减少2.4个百分点。收入信心指数为45.5%，比上年同期和上季均上升0.9个百分点。

二、就业感受指数

本季就业感受指数为39.1%，比上年同期及上季分别上升2.1、0.6个百分点。其中，14%的居民认为“形势较好，就业容易”，43%的居民认为“一般”，43%的居民认为“形势严峻，就业难”或“看不准”。就业预期指数为42.9%，比上年同期和上季分别下降0.1、0.3个百分点。

三、物价和房价预期

对下季预期，物价预期指数为53.8%，比上年同期和上季分别上升0.5、1.7个百分点。其中，22.2%的居民预期下季物价将“上升”，50.4%的居民预期“基本不变”，15.6%的居民预期“下降”，11.8%的居民“看不准”。

对下季房价，14.9%的居民预期“上涨”，53.4%的居民预期“基本不变”，17.2%的居民预期“下降”，14.5%的居民“看不准”。

四、消费、储蓄和投资意愿

倾向于“更多消费”的居民占29.3%，比上年同期及上季分别上升5.3、2.6个百分点；倾向于“更多储蓄”的居民占51.4%，比上年同期下降2.2个百分点，比上季上升1.2个百分点；倾向于“更多投资”的居民占19.3%，比上年同期和上季分别下降3.2、3.8个百分点。居民偏爱的前三位投资方式依次为：“银行、证券、保险公司理财产品”、“基金信托产品”和“股票”，选择这三种投资方式的居民占比分别为43.7%、30.1%和16.9%。

被问及未来3个月准备增加支出的项目时，居民选择比例由高到低排序为：医疗保健（22.8%）、大额商品（21.8%）、旅游（18.8%）、教育（16.8%）、社交文化和娱乐（16.6%）、购房（16.2%）、保险（9.4%）。

（以下内容是解释说明上面的指数方式和计算方法，不是报告主体部分）

注：1.为保持和中国人民银行总行公布数据表述的一致性，自2021年第三季度起，报告中各指数统一由原来的点数表述方式调整为百分比表述方式，计算方法不变。

2.城镇储户问卷调查报告中的指数采用扩散指数法进行计算，所有指数取值范围在0～100%。指数在50%以上，反映该项指标处于向好或扩张状态；低于50%，反映该项指标处于变差或收缩状态。各指数计算方法简单介绍如下：

（1）物价预期指数：反映居民对下季物价判断的扩散指数。该指数的计算方法是，先扣除选择“看不准”的居民数，然后分别计算认为下季物价“上升”与“基本不变”的居民占比，再分别赋予权重1和0.5后求和得出。

（2）收入感受指数：反映居民对当期收入的扩散指数。该指数的计算方法是，先分别计算认为本季收入“增加”与“基本不变”的居民占比，再分别赋予权重1和0.5后求和得出。

（3）收入信心指数：反映居民对未来收入信心的扩散指数。该指数的计算方法是，先扣除选择“难以预计”的居民数，然后分别计算认为下季收入“增加”与“基本不变”的居民占比，再分别赋予权重1和0.5后求和得出。

(4) 就业感受指数：反映居民对当前就业情况感受的扩散指数。该指数的计算方法是，先扣除选择“看不准”的居民数，然后分别计算认为本季就业“增加”与“基本不变”的居民占比，再分别赋予权重1和0.5后求和得出。

(5) 就业预期指数：反映居民对未来就业预期的扩散指数。该指数的计算方法是，先扣除选择“看不准”的居民数，然后分别计算预计下季就业“好”与“一般”的居民占比，再分别赋予权重1和0.5后求和得出。

3.文中数据保留一位小数，与同期或与上季相减后的数据与之前报告有出入的，主要是由于四舍五入引起的。

资料来源：中国人民银行．2021年第四季度北京市2 000户城镇储户问卷调查报告［EB/OL］．［2022-01-17］．http：//bank.hexun.com/2022-01-17/205137043.html.

【简析】这是一篇非常简明的调查报告，报告内容主要是信息性的，阐述了收入感受指数、就业感受指数、物价和房价预期和消费、储蓄和投资意愿的具体指标，至于原因未作分析。

2）长篇正式商务报告的结构

长篇正式商务报告的结构图如图4-7所示。

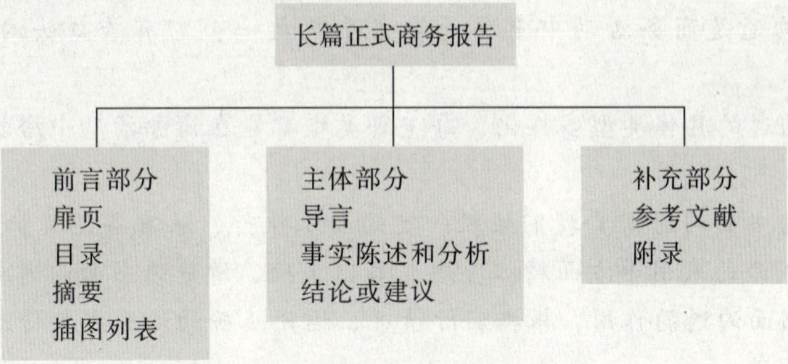

资料5：中国快餐发展形势分析报告

图4-7　长篇正式商务报告结构图

(1) 前言部分

①扉页。扉页是报告的开始，单页呈现，上面有标题、报告的撰写者、接收人、报告的完成时间等。扉页是读者阅读报告时首先接触到的内容，因此需要将布局设计得吸引人。

②目录。在目录中列出的小标题要与正文中出现的内容和页码完全相符。如果报告少于25页，需列出所有小标题，特别长的报告只列出两三个最高级次的标题即可。

③摘要。摘要是向读者介绍报告的主旨，总结报告中的建议和理由。摘要是一个报告的浓缩版，既要写得简明扼要又要重点突出。

④ 插图列表。该列表包括表格和图。这部分并非必需，但在图和表较多时，将这

些图和表按照一定的顺序排序，有助于读者阅读。

（2）主体部分

① 导言。导言主要介绍报告的目的，指明报告中所提出的问题、研究范围、研究方法、数据来源等。

② 事实陈述和分析。这一部分是报告的中心所在。如果报告中的问题与历史背景有关联，需要对问题涉及的背景进行简单的介绍，然后分析论证问题。在分析论述的过程中，应该运用大量的事实和数据以及有关图表进行系统分析。写作上要做到：结构严谨，逻辑严密，重点突出，条理清楚。

③ 结论或建议。在充分论述的基础上，对报告中所提问题的要点最后进行总结，并指出解决或部分解决问题的方法。

（3）补充部分

① 参考文献。如果报告中引用了别人的文章和著作，应在后面列出参考作者和参考文献信息。

② 附录。附录包括说明报告所需要的任何补充信息，比如，访谈原文、调查问卷副本、地图、其他参考表格、过去相关问题的报告等。

本章小结

1. 书面沟通是商务活动中重要的沟通手段之一，它有着口头沟通不可替代的优越性。

2. 书面沟通的具体类型多样化，每一种类型都能在商务活动中给我们的工作和交流带来便利。

3. 良好的书面沟通需要我们按照一定的要求执行，从准备、目标、信息接收对象、组织结构、词语的采用等方面精心考虑，写出正确、清楚的书面沟通文种。

4. 明确书面沟通的作用，根据实际情况，运用正确的沟通文种传递工作信息，树立自身良好的形象。

5. 熟悉常用信函、备忘录、报告的组织结构模式和语言表达技巧，利用这些沟通方式，促进商务工作的开展。

扫码同步测4

练习与实训

（一）选择题

□单项选择题

1. 下面不是书面沟通优点的是（　　）。

A. 可以存档备查　　B. 可以仔细斟酌修改

C. 可以得到及时反馈　　D. 可以清楚表达

2. 关于告知性信函的写作理解正确的是（　　）。

A. 告知性信函只要将事项通知清楚即可，无须提出具体要求

B.告知性信函与说服性信函的写作模式一样
C.告知性信函与积极性信函的写作模式一样
D.告知性信函一般都是通知
3.消极性信函写作模式中开头一般（　　）。
A.采用积极的开头　　B.采用消极的开头
C.可以任意使用　　D.根据情况决定
4.下面句子中体现了积极的表达方式的是（　　）。
A.我们又给你提供了一项健康保险
B.您订购的货物我们已经为您装船了，不久您就能收到货物
C.作为公司的员工，你又可以享受一项新的健康保险了
D.你的报告中没有提供必要的数据，所以说服力不够

□多项选择题

1.说服性信函的说服技巧有（　　）。
A.要营造感染力　　B.要使用诱导性的语言　　C.要真实可信
D.语气要正确　　E.使用赞美的方法
2.书面沟通使用正确的语言很重要，下面属于正确的语言使用方法的有（　　）。
A.避免使用消极词汇或隐含了负面意思的词汇　　B.使用简洁明了的语言
C.多使用你，少使用我　　D.使用清楚正确的语言　　E.使用缩略语
3.书面沟通中保证语言简洁明了的技巧有（　　）。
A.文章开头交待要点　　B.删除冗余的语言　　C.删除空洞的语言
D.使用正确的组织结构　　E.采用直接法
4.报告写作过程中要整理分析信息资料，具体的整理方法有（　　）。
A.了解资料的来源　　B.分析数字　　C.分析辞藻
D.逻辑推敲　　E.采用并列方法
5.书面沟通内容的组织结构模式有（　　）。
A.直接模式　　B.间接模式　　C.问题解决模式
D.空间模式　　E.重要性顺序
6.下面信函中属于积极性信函的有（　　）。
A.酒店预订成功的通知　　B.建议被采纳的回复函　　C.职位升迁的任命通知
D.产品价格上调的通知　　E.从教50年的贺信

（二）判断题

1.在信函中，有很多信函的内容有重合的地方。（　　）
2.“下午五点以后，银行停止办理一切业务。”这句话体现了为沟通对象考虑。（　　）
3.说服性信函在写作时为了让对方信服可以采用任何方法。（　　）
4.调查报告中任意调查样本，都能反映调查的真实性、科学性和代表性。（　　）

5. 商务信函的称谓很重要，应该根据不同对象、不同情况采用合适的称谓。（　　）

6. 为了保证信息传达全面准确，信函写作中应该不断地重复。（　　）

7. 调查报告的选题应该选择覆盖面广、值得研究的问题。（　　）

8. 调查报告中最主要的是要用数据反映问题，而且数据应该具体真实。（　　）

9. 备忘录既可以用于企业外部沟通，也可以用于企业内部沟通。（　　）

10. 说服性信函和负面信函在写作中都应根据具体情况注意用语得当。（　　）

（三）简答题

1. 书面沟通有什么作用？

2. 简析书面沟通的优缺点。

3. 书面沟通写作的要求有哪些？

4. 书面沟通的组织结构模式具体有几种？各是怎样的结构模式？

5. 一个完整的报告写作需要经历哪些步骤？

6. 怎样做才能使书面沟通的语言符合要求？

7. 书面沟通方式怎样增强文章的可读性？

8. 说服性信函有什么样的说服技巧？

（四）实务题

1. 黎明同学在天鹅湖大酒店为期两周的实习已经结束，请以天鹅湖大酒店客房部的名义给实习生所在的学校写一封该生实习期间的证明材料。

2. 李德教授接到天成贸易公司为员工举办团队合作和团队精神培养的邀请函后，回信表示可以为该公司培训员工。时间为2021年7月26日、27日两天。同时，他还提出要准备好投影仪、白板、白板笔、话筒等设备；笔记本电脑自带。请代李教授写一份确认函。

3. ××电器股份有限公司决定于2021年5月28日（具体时间：上午8：30—11：30；下午2：30—5：00）召开全体股东大会，地点在公司总部大型报告厅，会议主要讨论公司2021年度分配方案，修订公司章程，选举公司董事等，请各位股东准时参加。

4. ××公司产品的生产原料价格上涨，该公司决定自本年6月1日对产品实行提价。6月1日前订单按老价格，6月1日后执行新的价目表；并且公司产品需求旺盛，原料价格持续上涨，因此预计产品价格还将上涨，请合作伙伴尽早预订。请帮助该公司给合作伙伴写一份通知。

5. 你所在的酒店本周五上午因为500位会议代表需要结账，可能出现拥挤情况。尽管酒店已经增加了人手，但大家同时到前台结账还是会拥堵。为了避免大家因排队而耽误时间，产生抱怨，请在每间客房里提前写一封信，告知大家错开结账时间。

6. 某酒店维修部的徐惠师傅建议酒店给公用水龙头安装智能化开关。因为安装了智能化开关后，人们离开时再也不用关闭水阀，水龙头自然停水。频繁地关闭水阀会引起阀门的磨损，更换阀门长期造成的浪费比安装智能化开关费用多得多。现在该建议被公司董事会采纳了，请给徐惠师傅写封信，告知他所提建议被采纳，并且根据规定他可以获得500元奖金。

7.著名的数学大师苏步青先生有一次收到邀请他出席某位教授教学五十周年纪念会的函件，因为工作繁忙，实在没有时间赴会，于是请秘书拟写了一份谢绝电文。秘书起草的电文是："欣闻××先生教学五十周年纪念会召开，特驰电祝贺。因事不能前往，请谅解。"苏先生看后修改为："欣闻××先生教学五十周年纪念会召开，特驰电祝贺。因事未能躬临盛会为歉。"请分析修改前后的电文，对于沟通效果来说有什么不一样？为什么？

8.某电脑专卖店的营业员王丽把价值2万元的笔记本电脑以1万元的价格卖给了张先生，作为王丽的经理，请你写一封信给张先生，要回1万元。

9.某大学学生王佳佳获得了BRY珠宝公司提供的8 000元奖学金。暑假将至，珠宝公司人力资源部发邮件邀请王佳佳参加暑期实习项目。由于准备考研，王佳佳不能参加该项目。请以王佳佳的名义给珠宝公司人力资源部写一封拒绝的信函。

10.××大酒店财务部、营销部、客房部调查发现，2021年3月份入住酒店的客人比上个月增加了20%，但酒店的利润与2月份相比只增长了3%。经过调查分析，他们发现主要原因在于：酒店采用折扣优惠吸引了客人；3月份春季旅游的客人增加较多；而且酒店承接了4场大型的会议。这些原因致使虽然酒店客人数增加，但利润同比并未明显增长。请针对此情况，给酒店管理层写一份报告。

（五）实训题

1.学生4~5人为一个小组，模拟成立公司，确定公司的经营范围，分配好公司成员的职位。公司成立后，公司内部成员及公司之间因为工作的需要，拟写好相应的商务文书。每组内外部联系的文书不少于5件。然后请学生说明发生的业务及选择所使用文书的理由。

2.根据图4-8、图4-9、图4-10拟写商务报告提纲，并制作PPT在班级进行陈述。

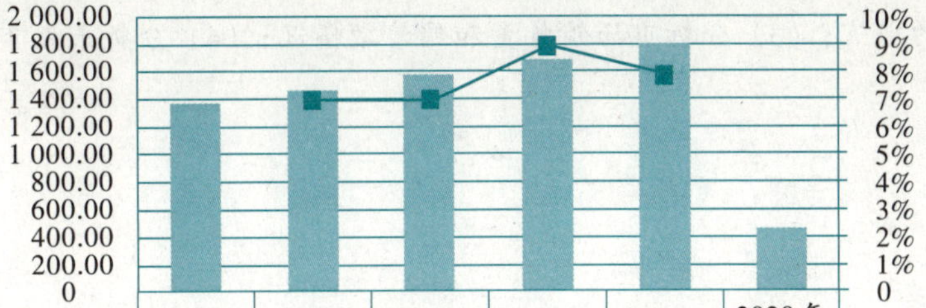

	2015年	2016年	2017年	2018年	2019年	2020年1—3月
销量（万吨）	1 358.65	1 452.95	1 568.63	1 674.84	1 781.19	453.89
增长率		6.96%	7.04%	8.93%	7.86%	

图4-8　2015—2020年3月中国烘焙市场销售量分析

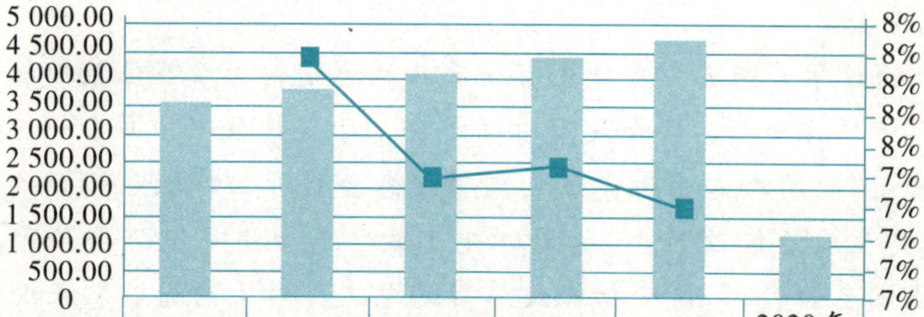

	2015年	2016年	2017年	2018年	2019年	2020年1—3月
销售额（亿元）	3 543.21	3 833.70	4 116.35	4 423.37	4 741.53	1 215.90
增长率		8.20%	7.37%	7.46%	7.19%	

图4-9 2015—2020年3月中国烘焙市场销售额分析

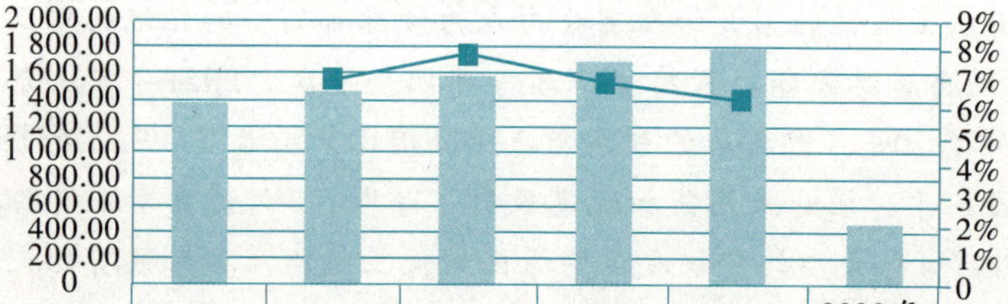

	2015年	2016年	2017年	2018年	2019年	2020年1—3月
需求量（万吨）	1 360.28	1 455.77	1 570.03	1 676.81	1 783.57	454.41
增长率		7.02%	7.85%	6.80%	6.37%	

图4-10 2015—2020年3月中国烘焙市场需求分析

图4-8、图4-9、图4-10为2015—2020年3月中国烘焙市场销售量、销售额和市场需求分析图，请对比三幅图，完成以下4项任务：（1）拟订商务报告的标题；（2）撰写商务报告的前言；（3）分析市场销售量和销售额情况；（4）分析未来市场发展趋势及其原因。

第5章

视图沟通

学习目标

知识目标

◇ 了解视图沟通的含义、特点

◇ 理解视图沟通的优缺点，知道视图沟通的类型

能力目标

◇ 掌握表格、图、视频等常见视图沟通形式

◇ 运用各种视图形式进行有效沟通

素养目标

◇ 结合具体经济统计数据的图示学习，培养认真严谨、诚实守信的职业精神，提升整体与局部、现象与本质的认知水平。

案例导读

总经理的要求

有位任职不久的总经理助理，花了几个晚上加班，写好了上个月的公司内部工作报告，第二天将报告提交给总经理看。总经理看了一下封面，然后随意翻了几页。接着，总经理语气严厉地对这位助理说："以后给我看的报告，10页的报告至少要有9页是数据和图表。"

请谈谈你对此案例的看法。

资料来源：作者根据相关资料整理.

【简析】作为企业管理人员，时间是很宝贵的。他们需要在最短的时间内掌握必要的、关键的信息，而数据和图表是最能直观反映信息内容的。

5.1 视图沟通的含义、特点、类型和作用

今天的职场，用数据说话、用图表说话，可以说是商务人士的标准做法。数据性图表以其直观形象的优点，能一目了然地反映数据的特点和内在规律，在较小的空间里承

载较多的信息，因此有“一图抵千言”的说法。特别是在追求效率的今天，显得更加重要和受欢迎。所谓“文不如表，表不如图”，也是指能用表格反映的就不要用文字，能用图反映的就不要用表格。在实际应用中创作出高质量、直观、易懂的图是十分重要的，将这些图有效地插入到网页、报告、重要资料或其他沟通文件中，其实用价值就更大了。

5.1.1 视图沟通的含义

视图沟通指的是在沟通的过程中，利用形象、直观的表格、各种图示以及多媒体等手段，来增加沟通的效果和效率，使得沟通双方能够准确表达彼此的思想和观点的一种沟通手段。一般来说，图表沟通不是猜谜游戏，不是单纯靠几个图表来表达信息传递者的全部意思，而是要结合语言、沟通者的其他非语言方式等，来加强沟通效果。它不是独立存在的，必须与口头沟通和书面沟通等其他方式结合使用。

5.1.2 视图沟通的特点

1）直观性

很多人在沟通的过程中，喜欢用语言加肢体展示来表达；可是面对大量信息时，我们的大脑有时可能来不及对接收的信息加以分析总结。也就是说，我们不一定能够理解对方所说的话。我们说话的时候，每分钟可以说180~200字，再加上肢体语言传递的信息，几分钟下来，交流的信息量是非常大的。而作为接收信息的一方，恐怕就很难完全理解传递者的意思了。这时候，借助于视图，比如，一幅图、一张表或者一段视频，就可以很轻松地呈现你想表达的意思了。其直观的程度，在任何时候都是非常高的，也是其他沟通方式无法比及的。

2）简洁性

视图沟通呈现出难以置信的简洁性特点。当然这种简洁性特点并不是说视图包含的信息少，恰恰相反，由于视图一般包含较为丰富的信息，同时其信息的组成内容容易被理解，所以不需要太多的语言，就能够表达充分的信息了。

3）加工性

这是视图一个重要的特点。很多沟通者以为给出一系列数据，或者用简单的一幅图就能准确表达想法了，其实并非如此。我们在选取图表的时候，没有现成的可用，只有经过加工，才能表达出自己的想法。杂乱无章的数据不能表达任何主题，但是经过数据分析，找出数据间的关系和规律，再加工成表格或图形，所要表达的思想就很清楚了。

5.1.3 视图沟通的类型

根据表现形式，视图沟通可分为表格、柱状图（又称条形图或直方图）、饼状图、线性图、象形图、PPT文件等类型，随着多媒体的发展，视频成为一个综合性更强的视图沟通类型。

1）表格

这是最常见的视图形式，只有在希望沟通对象关注某些数字时，才使用表格。表格传递的信息很具体，也很准确。表格重点突出，简单明了，即一张表一般表达一个中心内容，层次清楚，符合逻辑，便于分析比较，但是一般只能作为进一步分析的基础，众多的数据常常使人难以理解，见表5-1。

表5-1　　某公司主要财务指标

指标\日期	2018-12-31	2019-12-31	2020-12-31	2021-12-31
净利润（万元）	7 019.98	8 780.77	3 534.77	5 079.94
净利润增长率（%）	4.13	72.85	18.49	43.71
净资产收益率（%）	8.03	10.40	19.65	6.43
资产负债比率（%）	7.42	7.59	33.89	13.13
净利润现金含量（%）	10.69	57.77	121.57	102.05

2）直方图

直方图又称条状图，是一种统计报告图，由一系列等宽而高度不等的纵向条纹表示数据分布情况。一般用横轴表示数据类型，纵轴表示分布情况，多用于生产过程中的数量统计。其应用范围广，且绘制简单，看起来较为直观、形象，常用的有垂直直方图和水平直方图两种类型。分别如图5-1和图5-2所示。

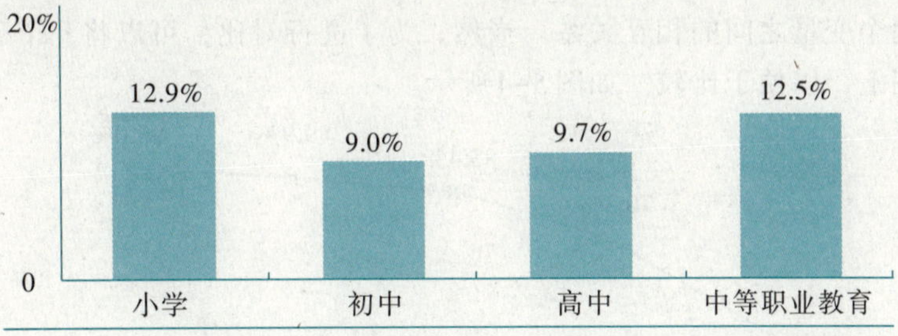

图5-1　不同学历段未成年网民认为上网对学习造成不良影响的比例垂直直方图

资料来源：中国互联网络信息中心发布的《2019年全国未成年人互联网使用情况研究报告》。

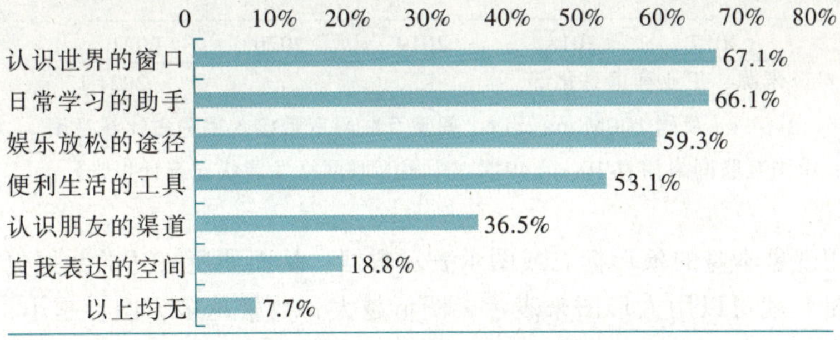

图5-2　互联网对未成年人的积极意义水平直方图

资料来源：中国互联网络信息中心发布的《2019年全国未成年人互联网使用情况研究报告》。

3）饼状图

饼状图以圆形的总面积代表100%，把面积按比例分成若干部分，用扇形的大小来表示数值大小的统计图。饼状图简单、易懂，并且便于比较，因此，饼状图的使用最为广泛。一般用于表示各部分所占比例，较为形象、直观，如图5-3所示。

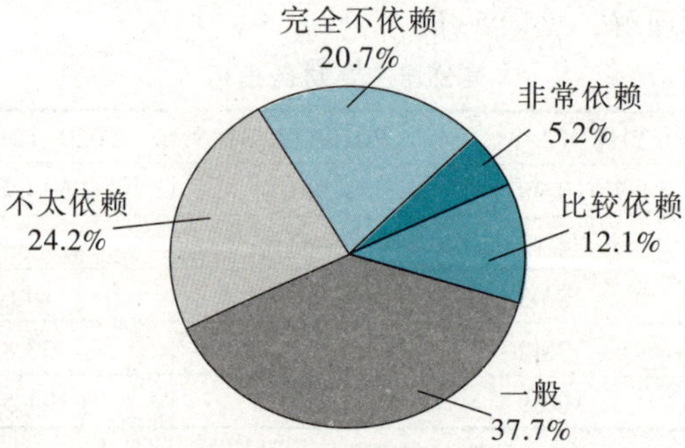

来源：CNNIC全国未成年人互联网使用情况调查　2019.12

图5-3　未成年网民对互联网的主观依赖程度饼状图

资料来源：中国互联网络信息中心发布的《2019年全国未成年人互联网使用情况研究报告》。

4）线性图

它是指由一系列点的集合组成的直线或曲线，常用于反映一段时间内某个对象的变化趋势或者两个变量之间的相互关系。当然，为了进行对比，可以将几个研究对象的曲线画在一张图上，以便于比较。如图5-4所示。

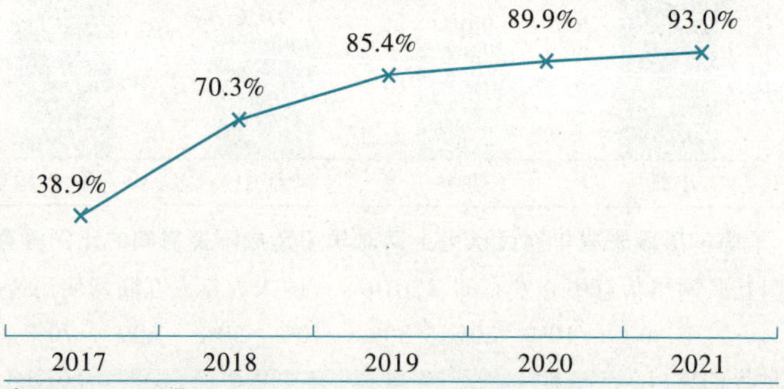

来源：工业和信息化部　2021.12

图5-4　我国100Mbps及以上固定互联网宽带接入用户占比线性图

资料来源：中国互联网络信息中心第49次《中国互联网络发展状况统计报告》。

5）象形图

它是利用现象本身的象形标志或图示表示数据，从而使所表达的数据更直观。如人口出生的数量，就可以用人形图来表示，图形越大，数量越多，图形越小，数量越少。由于图示种类繁多，可选择余地大，对于人们熟悉的对象，可以用象形图来表示，便于理解，如图5-5所示。

6）PPT文件

运用多媒体现代科技使得沟通的效果明显提高。目前，主要的多媒体形式为幻灯片及视频，但是随着计算机的发展，集成软件已经取代了传统的幻灯片。目前较为流行的

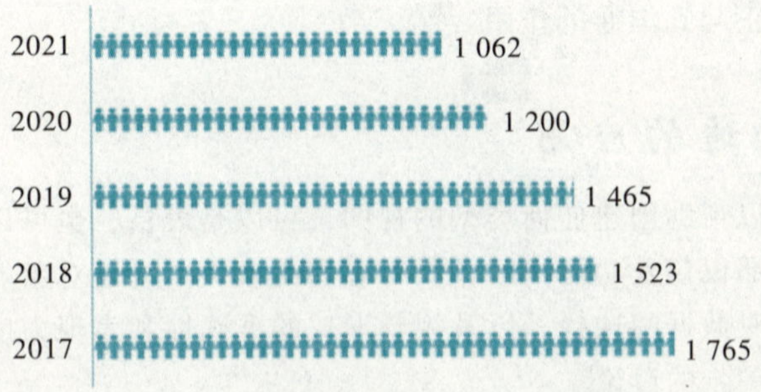

图5-5 近年中国人口出生数量象形图

数据来源：https://baijiahao.baidu.com/s?id=1722174932892607058&wfr=spider&for=pc.

是微软的PowerPoint，主要用于设计制作广告宣传、产品演示的电子版幻灯片，制作的演示文稿可以通过计算机屏幕或者投影仪、手机播放；利用PowerPoint，不但可以创建演示文稿，还可以给观众演示文稿。随着办公自动化的普及，PowerPoint的应用越来越广。在PowerPoint中，演示文稿和幻灯片这两个概念还是有些差别的，利用PowerPoint做出来的东西就叫演示文稿，它是一个文件。而演示文稿中的每一页就叫幻灯片，每张幻灯片都是演示文稿中既相互独立又相互联系的内容。利用它可以更生动、直观地表达内容，图表和文字都能够清晰、快速地呈现出来；还可以插入图片、动画、音频、视频、备注和讲义等丰富的内容。

除上述视图形式外，在职场中常用的还有结构图、流程图等图示。

5.1.4 视图沟通的作用

一份包含精心挑选的数据并用心进行加工的图表，在沟通中的作用非常明显。

1）有效传递信息，促进沟通

这是我们运用图表的首要目的。它可以揭示数据内在规律，帮助理解商业数据，有利于决策分析。多数情况下，数据可能是无意义的，只有在加工之后，才能显示它背后的成因，以及它所代表的价值。通过表格、图例及多媒体，受众能够更好地理解沟通者所要传递的主题信息。

2）塑造可信度

沟通中，繁杂的语言可能会让沟通对象充满疑惑，当他们理解困难时就可能认为沟通者是在玩文字游戏。如果他们能够看到更令人信服的数据或其他证据，则沟通的信任度就高多了。严谨、专业的图表会给人以信任感，提高数据和报告的可信度，可以为商务报告大大增色。精心制作的图表可以化繁杂的语言为直观的信息，变疑惑的问号为可信的叹号。

3）提高效率

当你费尽口舌去说服你的生意伙伴去接受你的产品时，他可能无动于衷，因为他会问道："你的产品真的这么好吗？"显然，这时候能够迅速清除他疑虑的就是视图了，准备充分且有序的图表，可以让他信服。比如，一张市场占有率的饼状图就比用语言说几分钟要有效得多。图表最好使用一些最基本的类型，避免复杂，去除多余的解释，任何人都能看懂才会真正起到沟通的作用。

5.2 视图沟通的应用

虽然计算机可以帮助创建任何类型的视图，可以是表格，也可以是任何图形，或者是多媒体，但是，那仅仅是功能而已，没有确切的含义。沟通对象能否正确理解数据的含义，还要取决于对数据的选择，以及视觉形式的准确性和表现力度。因此，对视图沟通的应用还需要进一步的讨论。

5.2.1 确定沟通主题及内容

准确界定主题，可以使搜集资料有的放矢，不至于找一些看似有价值其实对主题说明没有任何帮助的信息。主题通常可以用一句客观的话加以描述，比如："我们的产品市场占有率在提高"这样的主题简单、易懂，没什么歧义。下面要做的是搜集哪些资料来加以说明，当然不仅是加以证明的资料，还需要描述市场占有率提高的原因方面的资料，以及目前发生的变化和趋势方面的资料。有些情况下，我们沟通的主题可能无法被这么确切地描述出来，那么，你就要考虑了，我到底想说什么？为什么说它？该怎么说？顺着这个思路，把主题找出来。不要认为这是容易的事，真正做起来，可能你就会有不一样的感觉了。

当你的主题确定后，就要考虑用哪些内容加以充实。一个基本的原则是，内容不能是沟通对象都非常熟悉的，否则便不能引起他们的兴趣。通常以下一些内容可能效果较好：

①给人以惊喜，不曾想到的事实；

②揭示未被察觉的发展趋势和变化；

③有商业利益和社会意义的消息；

④与沟通对象息息相关。

为了达到上述效果，需要对沟通的主题及细节仔细发掘，找出可能产生效果的各环节及信息。

5.2.2 确定资料及数据来源

在沟通的过程中，必须确保资料及数据来源可信、可靠，不能是道听途说的，也不能是想当然或者臆造的。一旦沟通对象发现有一项数据不可信，他就会怀疑所有的数据，那么，可能要前功尽弃了。为了达到数据的可信与可靠，需要找到一些有效的数据源。

如果公司管理规范，公司生产部门的生产日志、销售部门的统计数据、财务部门的核算数据，这些数据完全可以使用，无须怀疑。如果是从网络搜集到的，或者从市场上通过小道消息打听到的，则坚决摒弃不用。

对于公司外部的数据，该从哪里获取呢？国家统计局发布的数据及统计年鉴是相当全面和权威的，行业协会的统计资料、政府的公开数据以及专业研究者发布的报告及成果，都可以作为有效数据来源。

当然，这些数据来源可靠，并不表示得来的数据也是准确无误的。由于数据统计方法及采集途径的不同，结果也可能不一样。还有些人为的因素，使得数据需要加以验证，确保数据是可信的。最好的办法就是交叉验证，比较不同的数据来源，看它们的一致性，如果不一致，则从第三方数据来源加以辨别。不同的数据来源都不一样时，则要慎用。

5.2.3 考虑是否需要视图帮助

当确定资料及数据无误后，接下来就是如何组织它们了。

可以通过以下一些问题加以确定：

①数据是否冗长繁杂，如果是，显然需要将其整理有序，简洁有效地展现。

②有无比较晦涩难懂的描述语言？如果有，考虑用图及多媒体呈现。

③有无进行对比的对象？如果有，显然需要视图帮助，效果会更好。

④对方是否有足够的时间及兴趣听你的长篇大论？如果没有，想着视图的好处，简洁是没人拒绝的。

⑤有无多媒体设备？如果有，它会让你事半功倍的。

⑥有无令人感兴趣或令人震惊的数据？如果有，借助于视图让它的效果更明显。

当考虑了以上问题后，是否使用视图，看来就很容易做决定了。当然，需要注意的是，视图的使用不是越多越好，视图也不是唯一有效的表达方式。人类的语言魅力是无穷的，你还是需要用语言加以解释，这样的视图会更丰满，更易懂。

5.2.4 创建视图的原则及要求

1）创建视图的原则

视图虽然有明显的优点，但不是任何视图都能达到直观、简洁的效果，创建视图需要遵循一定的原则和要求，才能改善沟通效果。

（1）必要原则

只有当使用图表可以比语言更清晰、更准确的时候，才考虑使用。如果语言可以轻松表达所要传递的意思，用视图可能是一种多余。

沟通课堂5-1

他是一个希腊人，试想如何用视图表达？

【提示】可以通过在视图中创建希腊的典型标志、服饰等体现。

（2）主题原则

任何一个视图，其主题应当很明确，不能产生歧义。围绕一个主题，可以采取多种手段，但目的就一个，使信息表达更清楚，让受众明白你想表达什么主题。

（3）准确原则

创建的视图，应该资料可靠，表达准确，结构合理，层次分明。对于数据不可信的，不予采用，来历不明的资料不引用。

2）创建视图的要求

除了上面共同的原则要求，在创建不同的视图时，还要针对具体的类型，遵循一些基本要求。一般来说，每个具有良好视觉效果的视图应包含以下一些基本要素：

①视图标题，用来说明主题内容。

②明确的数据来源。

③清晰的计量单位及图示。

④合理的色彩及线条，使表达对象更容易阅读。

⑤有效的编号，以方便查找。

而对于图和表，由于采用的表现结构不同，具体要求也不一样。

（1）表

希望关注某些数字时，可以使用表格。表的制作要求如下：

①有表头，一般居于表的上方，居中，用来说明表的内容，要简明、准确，清晰地表明表述资料的时间、分类和内容。

②有编号，如表1-1，方便对表的查找和分析，避免混乱。

③数字。表的上下行数据应位对数齐，同类数据小数点的有效位数应该一致。遇到相同的数据，不可用“同上”“同下”等不规范的表述，如实填写。

④项目排列。数据顺序应按时间顺序排列，如按年、月、日的顺序，也可按大小顺序或逆序排列，对于有数字或英文的，也可按数字及英文字母顺序排列。

⑤计量单位。表中的数字要表明计量单位。对于统一的计量单位，一般在表的上方标注，否则可在横标目或纵标目处标示。

⑥资料来源和脚注。资料来源一定要表明清楚，以示严谨，对于自己调研获得的数据，要加以说明。一般而言，脚注在表的下方。

具体表格举例见表5-2。

表5-2　　2021年1—12月份东中西部和东北地区房地产销售情况

地区	商品房销售面积		商品房销售额	
	绝对数（万平方米）	比上年增长（%）	绝对数（亿元）	比上年增长（%）
全国总计	179 433	1.9	181 930	4.8
东部地区	73 248	2.7	103 317	8.0
中部地区	51 748	5.4	38 157	6.4
西部地区	47 819	-1.7	35 241	-2.8
东部地区	6 618	-6.4	5 215	-10.3

资料来源：国家统计局网站.

另外，每个单元中尽量使用常见、易懂的文字，将信息简化。有必要时可以列出纵横平均值。将读者需要比较的栏目纵列，而非横排，因为这样可以方便加减乘除的运算。对于需要特别提示的一些数据项，可采用特殊符号，如下划线、星号等加以突出，当然数量不宜过多，否则便影响效果。

（2）饼状图

饼状图一般用于表示项目占总体的百分比。调研显示，人们对方位和长度（柱状图常作此用）的判断较面积的测度能力强很多。饼状图中包含的信息都可以转化到柱状图中。因此，只有在需要将部分同全部相比较时，才使用饼状图。如果是比较两个部分时，可以使用柱状图、线性图或地图中的任何一种，尽管信息可能是以百分比形式出现的。制作饼状图的要求：

①一般应从时钟12点的位置开始画最大的一部分，或者在该位置摆放想强调的部分。按顺时针顺序由大向小，或遵从一定的逻辑，顺序摆放好各部分。当然，这是为了阅读起来更容易明白，有些软件是自动绘制，可能不需要按照此要求。

②图形应为完美的圆形，不要用椭圆等形状，否则会损害信息的准确性。

③饼状图分割的块数不宜过多，一般将分块的数目控制在5~7块，最多不超过9块。如果资料中分类很细，可将较小的和不重要的合并为“其他”，一并列出。这是为了使饼状图看起来简洁、清晰，不至于繁杂、难辨。

④每部分加注的标识应放在图的外缘，因为加注在图上很难阅读。对于分块数量多的，可用引注的方式，用斜线引出饼状图外侧标注。

⑤图的说明及编号。一般图的说明是放在图的下方，并加以编号，如图1-1。

⑥图示。用来说明图的每一部分代表什么项目，标示于图的左边或右边，通常放在右边。

饼状图用来表示部分占总体的比例效果非常好，绘制也简单，因为同一个圆当中，面积的大小与角度成比例，也就是说，360度的角度，按照比例来分割，手工绘制起来也很方便。现在一般是软件自动绘制，更加准确、清晰。饼状图举例参看图5-3。

（3）条形图

条形图很好理解，因为它们运用的是人们较为擅长的一种技能——沿着轴线判断和比较长度。条形图在很多情况下好用，如两个因素相比较、同一事物在不同时间的情况相比较。

①将线条按照逻辑和时间顺序排列整齐。

②将对比的线条排列紧密，方便比较，使用不同的色彩标识。

③将纵横两个轴明确标识，每个线条宽度应一致。

（4）线性图

线性图也很好理解。它通常用来比较同一项目在不同时间的变化状况、分布状况以及相互关联等。例如，某企业的一年销售状况，根据销售额随时间的变化就可以绘制成一条连续变化的曲线。线性图的绘制有以下要求：

①纵横轴要清楚地标识。

②时间变量一般标在横轴上。

③两条曲线在一个图上时，要区别开来，如用不同的颜色或者粗细等作以标识。避免在同一图中出现3条以上的线。即使只有3条，假如它们相互交叉，也会显得过多。

④避免使用三维图，因为它会使数字很难阅读，从而使比较更难进行。

⑤编号及图的标题。图的编号及图的标题一般放在图的下方。如果是多条曲线，同样需要有图示说明。

（5）PPT文件

多媒体在当今的沟通中使用非常普遍，但是由于在制作多媒体时，很多人不能把握制作的要领，使得沟通的效果受到了影响。目前常见的多媒体形式为PPT文件，一般要把握两个原则，即简洁原则和清晰原则。以下是一些常见的注意事项：

①保持简洁。

PPT文件本身从来不是演示的主角，听众才是主角。PPT文件仅仅是人们用来帮助受众接受所传达信息的介质，所以不要让PPT文件喧宾夺主，不要制作得过于繁杂，应该力求简洁。

PPT文件应该留有大量的空白空间。不要用不必要的图形或文本框填充这些空白区域。PPT文件上的图案越少，它提供的视觉信息就越直观。

②要点与文本数量。

演示的对象是观众，但用一条又一条的要点令观众生厌并没有好处。应用文本也要遵循这一原则。最优秀的PPT文件可能根本没有文本。记住，PPT文件的目的在于支持解说者的叙述，而不是使解说者成为多余的人。

因此，除了PPT文件以外，最好准备一份书面资料，强调并详细说明演示中的内容。向观众发送说明PPT文件的详细书面宣传材料，比仅用PPT文件更利于观众理解演示的内容。在演示完成以后，再向观众发放一份详细的宣传材料或印刷物，这样，就不必用大量文本来填充PPT文件了。

③过渡与动画。

制作PPT文件的时候加入一些动画当然不错，但应坚持使用最精致、专业的动画。应该谨慎使用动画与幻灯片过渡，仅仅突出要点就可以了。

对于要点来说，使用简单的从左至右显示的动画就行了，但移动（Move）或飞动（Fly）动画会显得过于沉闷与缓慢。一帧接一帧的动画很快就会让听众感到厌烦。至于幻灯片之间的过渡，只需要使用2~3种特效即可，不要在所有幻灯片之间添加特效。

④使用高质量的图片。

使用高质量的图片，包括照片。在PPT文件中，尽量使用高质量的相片，购买专业图库，或使用网络上的优质图像资源。不要将小尺寸、低分辨率的相片简单拉伸，使它适合幻灯片的布局，这样做只会进一步降低图片的分辨率，使图片看起来模糊不清。

⑤视觉主题。

很明显，在整个演示中，需要一个一致的视觉主题，但PPT文件中的大多数模板观众已经看了无数次了。观众期待看到一个包含新鲜内容（至少对他们来说是这样）的独特演示；此外，观众为什么要观看演示呢？没有人会对千篇一律的演示感兴趣，因此我们必须避免使用辅助性的图片，如随处可见的PPT文件设计模板，它只能说明演示非常刻板，或提前就设计完成了。

针对这种情况，使用者可以制作自己的背景模板，使它能够更满足需要。如果将这个PPT文件保存为设计模板（扩展名为.pot），这个新模板就会出现在微软标准模板中，方便以后使用。当然，使用者还可以在线购买专业的模板。

⑥适当的图表。

经常问自己这个问题："我需要多少细节？"一般制作者害怕在PPT文件的图表中加入过多的图表和数据。过多的图表和数据，让人无法看清楚细节，增加了理解的难度。

⑦色彩搭配。

色彩激发情感，颜色传递感情。合适的颜色具有说服与促进效果。研究表明，色彩能够提高兴趣，改善理解与记忆能力。

颜色一般可分为两类：冷色（如蓝和绿）和暖色（如橙或红）。冷色最适合做背景色，因为它们不会引起我们的注意。暖色最适于用在显著位置的主题上（如文本），因为它可以营造扑面而来的效果。因此，绝大多数PPT文件的颜色方案都使用蓝色背景和黄色文字也就不足为奇了。但不必拘泥于使用一种颜色方案，也可以根据需要做一些改变，使用其他颜色方案。

如果在暗室（如大厅）中进行演示，使用深色背景（深蓝色、灰色等）再配上白或浅色文字可取得不错的效果。但如果计划将灯打开（这是相当明智的），白色背景配上深色文字处理会得到更好的效果。在灯光明亮的房间内，用深色背景配浅色文字效果不佳，但浅色背景配深色文字会带来更好的视觉效果。

在电脑上制作PPT文件的效果不同于投影，因此，要想达到最佳效果，要进行实际投影调试，因为电脑的分辨率远高于投影仪。

⑧字体。

字体可传递微妙的信息，所以我们要仔细选择字体及大小。在整个幻灯片演示中使用相同的字体设置，字体种类不要过多，两三种字体即可。中文字体常用的有宋体、隶书、黑体；英文字体常用的有Arial等。所采用的字体一定要更易于阅读，看起来更清晰。字体的大小要合适，一般字号不要小于36，否则，在屏幕上不容易识别。

⑨应用视频或音频。

适当的时候使用视频或音频。应用视频短片对具体的例子进行说明，可提高沟通效果。在PPT文件中，应用视频不仅可以更好地说明观点，还可以作为调节气氛的手段，因而能够激发观众的兴趣。

音视频一定要清晰、流畅，避免嘈杂和噪声，抖动的画面和令人昏眩的画面都是要不得的，除非出于特殊的需要。

5.2.5　色彩的使用

色彩可以使视觉效果更生动，但是也会带来一些问题。色彩在不同的沟通对象看来，意义是不一样的。比如，有的人将蓝色同IBM公司联系起来；将红色同可口可乐、共产主义或京东联系起来。某些人出于专业原因，对色彩有着另外一层理解。蓝色对财务经理意味着可靠，对工程师意味着水或寒冷。红色对于财务经理意味着破财，对于工程师意味着危险。

在使用色彩时，要考虑人们对于色彩的共同理解。例如，对于天气预报，蓝色意味着寒冷，红色代表炎热。沟通对象因职业和民族背景的差异，对于色彩内涵的理解也各不相同。

一般来说，使用色彩要注意以下事项：

①当色彩意义不大时，使用色彩数量不宜超过5种。同一幅图中，颜色要一致，不要深度不一，尤其是在表达相同的事物时。

②为了使色彩更加鲜亮，使用平光纸张，不要使用牛皮纸等。

③由于计算机能发光，屏幕上的色彩总比纸上印出来的色彩鲜亮。当使用纸张时，一定要看纸质的真实效果。

为了清楚起见，在同一视觉效果中，若无必要，应尽量少用阴影和线条，不要在视觉效果上增加多余的标注。当设计的是黑白图片时，不要用线条、波浪线和对勾等符号，最好用深浅不同的灰色区分不同部分或项目。不要为了使自己的视觉效果更有艺术性或更恰当，而把它创作得像一幅画或插入剪贴画。剪贴画是预先绘制好的，可以用在新闻期刊和板报中。

最后要注意的是，所采用的图像一定要清晰，不要模糊，否则，它会使沟通效果大打折扣。如果是采用现成的图片，要考虑像素及大小是否符合版面要求。如果不能清晰呈现，最好删除不用或者更换。

课外拓展阅读　一图读懂新修订的《中华人民共和国职业教育法》

不同赛道，同样精彩，职业教育与普通教育同等重要！新修订的《中华人民共和国职业教育法》自2022年5月1日起施行。让我们用图5-6来看一下新修订的职业教育法的亮点：

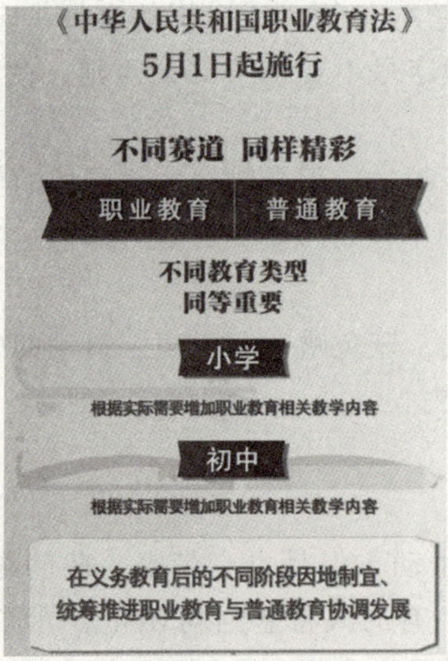

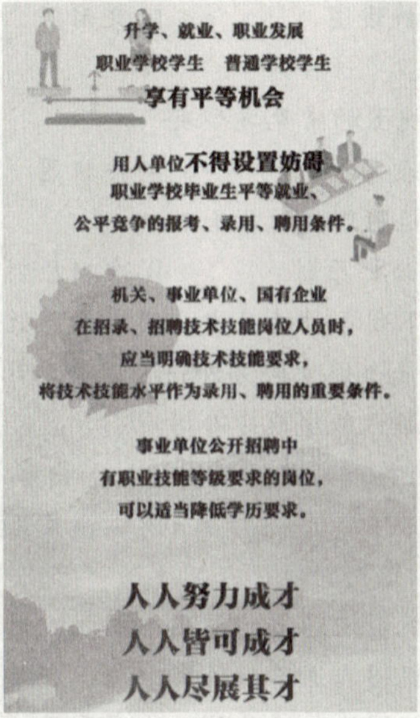

图5-6　一图详解新修订的职业教育法

资料来源：佚名．一图详解丨新修订职业教育法今起施行［EB/OL］．［2022-05-01］．https://baijiahao.baidu.com/s?id=1731584893994058320&wfr=spider&for=pc.

本章小结

1.视图沟通指的是在沟通的过程中，利用形象、直观的表格，各种图以及多媒体等手段，来增加沟通的效果和效率，使得沟通双方能够准确表达彼此的思想和观点。它具有直观性、间接性和加工性的特点。

2.视图沟通的类型有表、线性图、条状图、饼状图以及多媒体等，它们具有有效传递信息，促进沟通，提高效率和可信度的作用。

3.视图的采用遵循一定的程序，既确定主题、采集数据、决定是否采用视图、选择类型、设计加工、最终形成视图。

练习与实训

扫码同步测5

（一）选择题

□单项选择题

1.下面关于视图理解不正确的是（　　）。

A.视图更直观　　B.视图更形象　　C.视图更节省时间　　D.视图更客观

2.折线图适合表达的市场状况主要是（　　）。

A.反映市场发展趋势　　B.反映企业市场份额

C.反映新旧数据对比　　D.反映企业间竞争

3.关于不同手机某季度的价格对比最适合采用的视图是（　　）。

A.折线图　　B.象形图　　C.柱状图　　D.雷达图

□多项选择题

1.视图的常见类型有（　　）。

A.表　　B.条状图　　C.饼状图　　D.线性图

2.视图创建的原则有（　　）。

A.必要原则　　B.准确原则　　C.主题原则　　D.美观原则

3.下列各种情况中，用直方图效果较好的有（　　）。

A.一个因素同另外一个因素相比较时　　B.不同时期的同一因素自行比较时

C.显示频率或分布时　　D.表示变化的趋势时

4表格一般要有（　　）等内容。

A.表头　　B.纵横条目　　C.数据　　D.数据来源

（二）判断题

1.视图沟通就是画几个图表，用来展示给对方看看。（　　）

2.视图沟通不如语言准确、有效。（　　）

3.视图沟通只是辅助沟通手段。（　　）

4.只要有数据就适合用表来呈现。（　　）

5.表格承载的内容多，是非常高效的表达手段之一。（　　）

6.条状图可以用表代替，但对比起来用效果更好。（　　）

7.饼状图只能表示少数几个对象，所以它不是一种好的沟通形式。（　　）

8.多媒体包含了文字、表格、图片及视音频，所以它是最有效的沟通方式。（　　）

（三）简答题

1.视图沟通的作用是什么？视图的创建要遵循什么样的原则？

2.视图沟通的类型是否局限于上文所说的几点？

3.谈谈你对视图沟通的理解。

（四）实务题

下面的内容是202×年全国公共财政收入情况，请仔细阅读，选择合适的视图方式表现它们。

1.202×年全国一般公共预算收入183 352亿元，同比增长6.2%。其中，中央一般公共预算收入85 447亿元，同比增长5.3%；地方一般公共预算本级收入97 905亿元，同比增长7%。

2.202×年全国一般公共预算支出再创新高，达到220 906亿元，同比增长8.7%。其中，中央一般公共预算本级支出32 708亿元，同比增长8.8%；地方一般公共预算支出188 198亿元，同比增长8.7%。

3.全年国内增值税同比上涨9.1%，达61 529亿元；企业所得税同比上涨10%，达35 323亿元；个人所得税同比上涨15.9%，为13 872亿元；消费税上涨4%，为10 632

亿元；进口货物增值税、消费税同比上涨5.7%，为16 879亿元。

4.全国一般公共预算收入中的税收收入156 401亿元，同比增长8.3%；非税收入26 951亿元，同比下降4.7%。

5.受减税降费政策等影响，分税种看，国内增值税第一、二季度分别增长20.1%、13%，第三、四季度相继回落至2.2%、0.5%；关税第一季度增长6.3%，第二、三、四季度分别下降6.4%、2.1%、17%；个人所得税第一、二、三季度分别增长20.7%、19.9%、23%，第四季度转为下降2.7%。

6.202×年，在脱贫攻坚方面，全国扶贫支出达到4 770亿元，增长46.6%。其中，中央财政专项扶贫资金规模1 061亿元，增长23.2%。在污染防治方面，全国污染防治支出、自然生态保护支出分别增长29.6%、17.5%。中央财政支持污染防治及生态环境保护的资金约2 555亿元，增长13.9%。

（五）实训题

将班级学生分成若干小组，对上一年居民消费价格指数或周围的某一现象（如同学读书、班级出勤率、食堂饭菜价格等）进行调查，然后将调查结果制成图表，在班级进行陈述。

第6章

管理沟通

学习目标

知识目标

◇ 了解管理沟通的概念、类型和管理沟通的意义

◇ 熟悉并理解不同人际风格特点

◇ 熟悉并理解团队的特点及团队合作的意义

能力目标

◇ 掌握不同人际风格的沟通技巧

◇ 掌握职场中不同层级的沟通技巧

◇ 掌握团队合作的方法及成员间的沟通技巧

素养目标

◇ 结合对人际关系、人际冲突及管理的学习，树立诚信意识、团队合作意识

◇ 结合“为公司省了几百万”等案例的研讨，培养敬业乐业、关心集体、乐于奉献的职业精神

◇ 结合“主管安慰我‘没事，我们一起扛’”案例的研讨、不同层级关系沟通内容的学习和讨论，塑造作风严谨、尊重他人的优良职业品质，树立规则意识

案例导读　　腾讯公司的管理沟通

腾讯公司是国内最大的互联网沟通平台提供商之一，其用户超过两亿，同时在线人数有数千万，且绝大多数为“80后”。腾讯公司在8年的时间里发展到了3 000人的规模，从2002年开始，员工人数以每年100%的速度递增。在这3 000人中，有近一半是“80后”。这样一个庞大的群体，给腾讯公司带来了管理上的挑战。

因为在很多人眼里，“80后”不按常规做事，娇生惯养不能吃苦，自私自利只知道索取，玩世不恭对事情漠不关心，心理脆弱无法经受困难、挫折，非常容易走极端……一些管理者提起“80后”，总是一脸无奈，可谓爱恨交加。有公司高层曾感

叹："遇到'80后'，我十几年的管理经验要清零了！"但是在如今的企业里，一批"80后"成为中坚力量，作为管理者的"80前"们该如何行动呢？是继续固执己见，让这些小年轻们去适应自己，以捍卫得之不易的权威，还是敞开胸怀，忘记过去的一切，试着去理解一个完全不同的内心世界，在新的基础上建立自己的影响力？

腾讯的管理者明白，对这些年轻的"80后"，管理不能过于政治化和教条化，于是他们建立了内部便捷的电子化沟通平台：腾讯公司的企业版即时通信产品——公司内部的BBS。在BBS上，大家可以把各种问题在各个分论坛上抛出，总裁办公室成员或者公司某一领域的专家会进行答疑，从如何快速、有效地解决用户申诉到咖啡厅饮料味道不好等各种问题都有。公司还聘请了专门的健康顾问，不仅能解决员工平日里的头疼脑热问题，还可与员工交流谈心，进行心理沟通。不仅如此，公司还设有两周一次的"总办午餐交流日"，员工可自由报名，通过抽签选其中12人和总裁办公室成员代表一起吃饭。在腾讯公司办公室的每层楼里，都设有一个"总办信箱"，接受对逾越公司规定的"高压线"行为的检举和投诉。

腾讯公司深知自己的团队成员中有着一群个性鲜明的"80后"，于是想尽一切办法与他们建立沟通，让员工在保持激情的同时，成为可以胜任工作的职业人。他们甚至还抓住"80后"年轻活泼的特点，在前台、过道两侧，甚至大厦的电梯等公共空间进行宣传。比如，在电梯里张贴一组漫画，提醒员工注意不要逆向乘坐，出电梯时要向前面的人说"对不起"等细节。漫画的主角是只可爱的小企鹅。这种"润物细无声"的沟通比直接张贴规章制度要有效。

凭着公司的良苦用心，这批"80后"更加认同企业的文化和价值观，在相互的协调中沟通更加顺畅，一步步实现腾讯公司的腾飞。

资料来源：舒庆. 与"80后"沟通这样最有效［EB/OL］.［2013-12-17］. http: //m.renhe.cn/xiaozu/showtopic/393888.有删改.

【简析】腾讯公司作为一家崛起于20世纪90年代的互联网公司，其能快速成长和壮大离不开公司注重和善于内部管理沟通。针对企业员工年轻化、个性化的特点，公司管理者借助多种渠道，采用灵活有效的沟通方式，给员工以灵活的、人性化的关怀，助力公司腾飞。

6.1 管理沟通概述

进入信息时代，传统的由管理者做出决策并监督下级执行决策的管理模式已经难以适应变化的时代。随着环境的迅速变化，需要组织从上到下具备根据环境变化快速做出调整的能力。此时，决策就不仅是属于管理者的特权，每个组织的员工都可能在决策中发挥作用；上下级之间也不再是监督与被监督的关系，而是需要彼此尊重、沟通和合作，员工个人的工作热情、工作态度、对组织的认同是关系到企业发展的一个极为重要的因素。现代管理的过程是一个通过发挥各种管理功能，充分调动人的积极性，提高机构的效能，实现企业共同目标的过程。在这个过程中，管理的每一环节都离不开沟通，沟通是管理的核心职能，渗透于管理的各个方面。没有沟通，就没有管理。

管理沟通除了存在于组织或企业内部之外，更存在于组织或企业的外部。企业与相关机构、企业与相关供应商、企业与市场、企业与客户、企业与社区大众等等，存在着大量必要的、为实现企业管理目标的沟通行为和过程。与此同时，每家企业都可能潜藏着危机，当危机到来之时，它们能够运用沟通策略，克服危机所带来的负面影响，顺利渡过难关。

所以，无论是企业的内部管理，或者是企业的对外联络，还是企业危机的化解等，现代企业管理的任何一方面都离不开沟通。

6.1.1 管理沟通的概念

什么是管理沟通呢？简单地说，所谓管理沟通，是指用沟通交流的方式来完成管理的种种职能的一切活动。精确的定义是：管理沟通是指管理者与被管理者之间、管理者与管理者之间、被管理者与被管理者之间，即组织成员内部互相之间，或者组织成员与外部公众或社会组织之间发生的，旨在完成组织目标而进行的多种多样的形式、内容与层次的沟通行为。

管理的许多职能要真正实施，要发挥作用，不能没有沟通。

6.1.2 管理沟通的意义

1）沟通可以促使企业员工之间协调有效地工作

约翰·奈斯比特说："未来的竞争将是管理的竞争，竞争的焦点在于每个社会组织内部成员之间及其与外部组织的有效沟通。"这是因为组织或企业是由人群所组成的，而人群是有思想、感情、情绪、想法等智力活动能力的。而且，企业或组织的所有活动或任务都必须依赖于人的恰当活动才能完成。不同的人与人之间要共同完成任务或要传达思想、情感，就必须进行良好的沟通。没有沟通活动，就没有团队，更不会使人们达成共识、分工协作，正确地完成正确的事。

案例6-1　给公司省了几百万

李博文大学毕业后来到华为做硬件维护工作。5年的时间，工作中有失落、有迷茫，但他从未想过放弃。

2020年年初，公司遭受持续打压，控制器硬件供应也免不了受到波及，大量芯片断供，为了维系产品的最小功能集单板发货，必须进行改板。小李向LM毛遂自荐，向硬件开发领域发起挑战。

这是一场没有容错空间、真正的“不能重来”的战役，时间紧，任务重，小李马上投入“沉浸式”开发工作中。他搬到了硬件实验室，与改板项目FO（特性交付责任人）、硬件经理组成“铁三角”，座位紧挨在一起。硬件实验室没有隔板阻挡，有了问题或想法可以直接高效地讨论请教。在攻关的道路上，找到了问题的症结后，“铁三角”立即电话讨论，经过不断地探讨交流，不断地测试，他们终于大功告成。事后，产品线PDT经理开玩笑地说：“你们这可是给公司省了几百万元啊！”

BCM硬件改板单板的发货，象征着控制器摆脱了封锁的桎梏。而对小李他们来说，能够克服疫情影响，完成这个“不能重来”的任务，更是由衷地自豪。

2022年，公司在罗马尼亚的项目需要技术人员去服务，小李积极地报了名。到了罗马尼亚，技术支持中心（TAC）的负责人看到小李略显稚嫩的面孔，笑着说：“平台真是人才辈出啊，这么年轻已经能独当一面啦。”

工作没多久，小李遇到了一个紧急问题：T国整套控制器多块单板出现复位导致业务受损，客户质疑产品质量和可靠性，一线已经提ITR（管理升级），而且客户要求尽快给出问题根因。

ITR？多块单板复位？业务受损？海量信息涌入小李的脑海中。焦急了几秒钟，小李冷静了下来，思路瞬间清晰。他一方面有条不紊地组织排查，同时迅速与国内专家组成攻关团队，最后终于解决了这个问题。小李也在工作中练就了遇事不慌的心态和以客户为中心的工作信念。

每一场战役，每一次支援，小李感到收获的不只是软件技能的成长，更有难忘的“战友情”。

资料来源：佚名. 你们这可是给公司省了几百万［EB/OL］.［2022-07-26］. https://xinsheng.huawei.com/next/#/detail?tid=8773187.有改编.

【简析】工作中通过沟通可以解决问题，沟通使工作更顺畅。在职场中，小李不仅有较强的专业能力，更有着执着的“顾客利益至上”的职业信念和沉稳有度的处事能力，将自己的青春热情绽放在职场中，为公司节省了资金，赢得了声誉。

2）沟通有利于领导者激励下属，建立良好的人际关系和组织氛围，提高员工士气

企业内部，需要建立一种良好的工作氛围，只有在良好的环境氛围中，人们才能高效地完成既定目标。而良好的环境氛围的构建需要领导者了解员工的需要、关心他们的疾苦、在决策中考虑员工的需求，以提高他们的工作热情。例如，领导的表扬、认可，在布置工作时征求下属意见，给下属一定的自主权等，都会给员工带来一定的激励。感受到上级尊重、信任的下级会将内心的满足和感动化为工作上的动力，创造出更高效的工作业绩。

沟通窗6-1

稻盛和夫：调动员工积极性的7个关键

1.把员工当作经营伙伴

2.让员工爱戴你、迷恋你

3.阐述工作的意义

4.揭示企业的愿景目标（高目标）

5.明确企业的使命

6.不断讲述哲学

7.提升自己的心性

3）沟通有助于改进个人以及群众做出的决策

任何决策都会涉及干什么、怎么干、何时干等问题，每当遇到这些急需解决的问题，管理者需要从广泛的企业内部的沟通中获取大量的信息情报，然后进行决策，或建议有关人员作出决策，以迅速解决问题。下属也可以主动与上级管理者沟通，提出自己的建议，供领导者做决策时参考。

4）沟通有利于企业化解所遭遇的危机

企业在运行的过程中，随时都可能因为种种原因而遭遇意想不到的危机事件。公关危机的原则之一就是沟通原则。当企业遭遇危机事件时，如果企业能及时运用沟通手段，与来自内部和外部的质疑之声进行沟通，则会帮助企业渡过难关、化解危机，重塑企业形象，有的甚至能使企业的经营胜于危机之前。

案例6-2 “海底捞”危机事件的“闪电”回应

2017年8月25日上午，《法制晚报》以一篇“暗访海底捞：老鼠爬进食品柜 火锅漏勺掏下水道”的报道引爆网络，报道中指出，通过记者卧底调查，发现海底捞北京劲松店、太阳宫店存在后厨老鼠乱窜；扫帚、簸箕、抹布一同清洗；洗碗机油垢惊人；用汤勺捞下水道等一系列卫生问题。报道图文并茂，证据确凿，随即吸引各大媒体及自媒体纷纷加入转载的队伍。

海底捞——餐饮界的标杆，视顾客为上帝的服务模范，其服务的深度和广度在业界内是神话般的存在，但这次危机事件将海底捞推上了风口浪尖。当日下午14时许，海底捞官方微博就此事向顾客朋友发出“关于海底捞火锅北京劲松店、北京太阳宫店事件的致歉信”，在致歉信中海底捞主动承认媒体报道属实，并为此致歉。当日下午17时许，海底捞又发布了一则“处理通报”，内容主要涉及7大方面：（1）两店主动停业整顿、全面彻查；（2）组织所有门店立即排查；（3）欢迎顾客与媒体朋友继续监督；（4）迅速与第三方虫害治理公司一起从新技术的运用、门店设计等方面进行整改；（5）海外门店同步严查整改；（6）涉事停业的两家门店干部与职工无需恐慌，公司将从管理层面解决问题；（7）各门店依据法律法规进行整改。在这则“处理通报”中，海底捞还一一罗列了相关责任人，让公众看到了海底捞认真负责任的处理态度。并且，针对这则“处理通报”，有网友调侃其真的很“海底捞”，全面又温情，既解答了顾客所关心的几大问题，又照顾到了员工的情绪。甚至有网友对海底捞的处理方案做了一个总结：“这锅我背，这错我改，员工我养”！8月27日下午3时，海底捞官网发布“关于积极落实整改，主动接受社会监督的声明”，表示对北京食药监局的约谈内容全部接受；同时将媒体和社会公众指出的问题和建议，全部纳入整改措施。

至此，海底捞后厨卫生事件开始出现“神转折”，大部分网友公开站队，表示还会再去吃，因为迅速、诚恳的沟通比那些出现问题忙着逃避责任的企业，不知道好多少倍；这么有担当的企业，如果倒下就可惜了……

资料来源：鹤九．海底捞危机事件，究竟能给餐饮老板什么启发？[EB/OL]．[2017-08-30]．https：//www.163.com/dy/article/CT3J6LLS052287C5.html.有删改．

【简析】当企业出现危机时，对外，企业应该主动、坦诚地与媒体、消费者进行沟通，说明事实真相，赢得信任；对内，企业应该与员工进行沟通，消除员工的恐慌情绪，这样才能保证企业渡过危机，长远发展。

6.1.3 管理沟通的类型

管理沟通的类型由于渠道的不同、方式的不同、沟通对象的不同而有所区别，从企业的日常管理来看，管理沟通的具体类型主要有下面三种：

①从管理沟通的层级划分，有上级对下级的沟通（下行沟通）、下级对上级的沟通（上行沟通）和平级之间的沟通（平行沟通）。在企业管理工作中，这三种沟通类型是最主要、最常见、最频繁的。

②从管理沟通的渠道划分，有正式沟通渠道和非正式沟通渠道。正式沟通渠道，如组织之间的文件、信函往来，公司的规章颁布，会议的组织和召开等；非正式沟通渠道，如沟通对象之间的私下聊天、聚会、谈心等，这些渠道一般不受组织监督，沟通对象可以自由表达意见，可以起到对正式管理沟通的补充作用。

③从管理沟通的范围划分，有外部沟通和内部沟通。外部沟通，即企业利用大众传媒与政府职能部门、客户、消费者等利益相关者建立良好的关系，为企业的创造良好的发展氛围；同时企业导入企业形象识别系统，把企业理念、行为、视觉系统进行有效整合，树立良好的企业形象，提高企业的知名度、美誉度和资信度。内部沟通，即企业内部建立健全企业规章制度，或者利用会议、面谈、创办内部刊物以及其他沟通方式，使信息能上传下达，各部门、各成员之间相互协调，员工对企业有认同感，从而实现人企合一，提高工作效率和效能。

6.2 人际关系与管理沟通

6.2.1 人际关系及其内涵

1）人际关系的概念

20世纪初美国人事管理协会首先提出“人际关系”一词，人们关于人际关系概念的理解角度不同，观点各异。社会学将人际关系定义为人们在生产或生活活动过程中所建立的一种社会关系。心理学将人际关系定义为人与人在交往中建立的直接的心理上的联系。

人是社会动物，必然在社会生产或生活过程中与他人建立起相互的联系，从而形成一定的社会关系。这种关系会对人们的心理产生影响，会在人的心理上形成某种距离感。因此，人际关系可以定义为人们在社会交往中心理上的直接关系或距离。我们通常认为人际关系是人际交往关系的总称，也称“人际交往”，它包含亲属、朋友、雇佣、同事、领导与被领导等关系。

2）人际关系的内涵

人际关系的内涵包括：

①人际关系表明人与人相互交往过程中心理关系的亲密性、融洽性和协调性的程度。

②人际关系由认知、情感和行为三种心理成分组成。

③人际关系是在彼此交往的过程中建立和发展起来的。

6.2.2 人际关系的影响因素

人是群居动物，我们每天都要与人互动交流。在职场中，无论是位居高层的领导，还是身处基层的员工，都需要通过沟通构建起良好的人际关系。但是职场中良好人际关系的构建会受一些因素的影响，主要是：

1）人格品质

人格品质是影响人际关系的最稳定也是最重要的因素之一。每个人的个性是不同的，有的人木讷不善言辞，有的人则活泼开朗；前者朋友少，后者朋友就多。职场中的人格品质更是影响人际关系的构建和工作的开展。

沟通窗 6-2

最受欢迎的人格品质与最不受欢迎的个性特征有哪些呢？心理学家安德逊研究指出，在人际关系中最受欢迎的十项人格品质依次排列为：

（1）诚恳　（2）诚实　（3）理解　（4）忠诚　（5）守信

（6）可靠　（7）聪明　（8）关怀　（9）体谅　（10）热情

不受欢迎的个性特征是：不尊重他人、以自我为中心、过于功利、过于依赖，嫉妒心强、自卑、偏激、退缩、内向不合群、充满敌意等。

2）环境、地位的阻隔

在第1章“沟通的要素”中我们就知晓环境是影响沟通的重要因素之一。人际关系中原本可能亲密的朋友，随着双方环境的改变、地位升迁变化或者距离的阻隔，见面和交流的频次逐渐减少，久而久之，双方的感情容易变淡。在职场中，也因为双方的层级关系不同，考虑问题的角度和出发点有差异，容易形成人际关系的冲突。

3）认知差距

中国有句古话“话不投机半句多”。人与人之间因为文化、价值观、经历和个性的不同，再加上思维方式、兴趣爱好、解决问题的出发点等不同，较难形成共同的认知。认知有差距的两人共事，会形成“话不投机”的人际关系尴尬局面。

4）个性心理特征

开朗活泼、心胸坦荡、宽厚谦让的人，容易受到其他人的欢迎，也更容易与他人建立良好的人际关系；而不善言谈、自我封闭、孤芳自赏、盛气凌人、多疑、妒忌心强的人，他人唯恐避之不及，没有人愿意与心理特征如此偏执的人建立良好的人际关系。在团队中，个体不良的心理特征必然会影响团队的凝聚力，影响团队成员的协作，应格外加以重视。

5）仪表风度

容貌、体态、服饰、言谈举止、风度等个人外在因素在人际关系中也起着不可忽视的作用。得体的仪表风度既是一个人内在修养的外在表现，也会产生一种光环效应，尤其是接触初期的第一印象往往会成为人们决定是否继续交往甚至合作的基础。

6.2.3 人际冲突的形成原因及管理

人际冲突是指人际关系双方之间的紧张与对抗，人与人之间互不接纳、互不相容的现象，包括相互间的不理解、不信任、怀疑、敌意、拒绝、破坏等行为。人际冲突是一种普遍存在的社会现象，它有正反两方面的刺激作用。若企业员工内部关系紧张，互相拉帮结派，互不沟通，形成内耗，必然会影响企业的凝聚力和工作绩效，重者还会导致企业破产。但如果人际冲突作为个人或企业竞争的动力，那么它的消极影响就可能会压缩到最小，从而使企业的生产效率提高，竞争力增强。这样，人际冲突对企业的经营会带来积极的影响。职场中人际冲突带来的消极影响是很普遍的，因此，探寻冲突形成的原因并寻找解决冲突之道很有必要。

1）人际冲突形成的原因

（1）利益冲突

在职场中，每个人、每个部门都将绩效考核、职位升迁作为衡量工作表现的重要指标。在自己获得最佳绩效或最好表现的同时，很可能会不小心或无意识地侵害他人的利益导致冲突产生。而且有些资源有限，当同事之间、部门之间为争夺有限的资源，实现自身利益的最大化时，更容易形成利益冲突。因此，利益冲突是职场人际关系冲突最敏感的因素。

（2）层级差异

不同的层级考虑问题时都是从自己的角度出发，按照自己的思维方式去解决问题；上级只希望下级接受任务，认真执行，圆满完成任务；而下级希望在工作中，上级能关心他们，听取他们的合理化建议。一旦双方带着这样的思维差异去接触，人际关系就变得紧张而复杂，有时还会影响任务完成的进度和质量。

（3）缺乏合作精神

一个团队最需要的是相互合作。如果把整个企业看作一个大的团队，团队中的每个成员，上至董事长、总经理，中至各部门负责人，下到基层员工，都应该把团队目标作为自己的目标，全力以赴，共同协作，保证团队目标的实现。一旦团队成员采取不合作的态度，无论是哪个层级的，都会形成人际冲突，从而影响团队目标的实现。

（4）工作方式方法不同

在工作中，有的人总是先定计划，再按计划执行；有的人喜欢边干边摸索；同样的问题，有的领导喜欢下级按上级的意见处理，有的领导善于听取群众意见；一个通知，有的人倾向于口头传达，有的人觉得选择书面形式更正式。就算两个人在同样的工作中处在同样的地位，遇到同样的问题，也会因为工作方式方法的不同而产生工作冲突。

（5）负面情绪

人是有感情的动物，人的情感直接影响人的行为。封闭、猜疑、指责、妒忌、愤怒等都是负面情绪，如果一个人被负面情绪左右而又不能很好地控制它，并把这种负面情绪带到工作中，那么必然会形成人际冲突。

案例6-3 潘丽遇到的新难题

潘丽刚30岁出头，在一家保险公司工作。由于能力强，工作出色，不久前她被任命为公司理赔部经理。理赔部是公司重要的一个部门。走马上任后，潘丽了解到，在自己谋求这一职位的同时，公司另外两名业务能力很强的同事吴昊和芮华也曾申请过这个职位。她确信公司之所以安排她到这个岗位，部分原因也是为了避免在两个同等能力的员工中做出选择。

潘丽到理赔部后第一个月的业绩很不错，她对部门员工的素质和能力感到十分满意，与吴昊和芮华的合作也很愉快。于是潘丽信心十足地决定用培训员工和安装新计算机系统的计划来推动部门快速发展。

然而当潘丽提出实施这一计划时，芮华却埋怨她在还没有完全了解部门运作程序前就这样干，显然有些操之过急。潘丽认为芮华还没有完全接受她担任部门经理的事实；当吴昊来找潘丽时这一点似乎得到了印证。吴昊说，在面对即将到来的变革时，要关注一下员工的士气，他甚至对潘丽暗示说某些人正在考虑要调走。尽管吴昊没有具体说是谁，但潘丽仍然感觉芮华是问题的根源。

于是，潘丽一方面谨慎地推出新计划，另一方面对芮华的言行保持一定的警惕。在日后的工作中，芮华隐约地觉察到这位新经理正在逐渐地疏远自己，这使她陷入了苦恼之中。

资料来源：作者根据相关资料整理.

【简析】潘丽与芮华之间的人际冲突是因为随着潘丽职位的升迁，双方产生了层级差异，这种冲突在企业工作中属于常见现象。

2）人际冲突管理

虽然每个人都是有着自己的思想、个性、行为模式，团队中有利益、权力的争夺和观念的差异，但并不代表人际冲突不可化解。善用方法，可以管理好人际冲突。

（1）真诚、守信用

信任是建立良好人际关系的前提，而信任最本质的基础是做一个诚实守信的人。在工作中对人以诚相待、信守诺言，是一个人优良品德的表现，也是受人欢迎的品质特征。工作中，可以有分歧、有不同见解，但只要对事不对人，真诚地表达自己的想法并说明理由，就会得到同事或上级的理解。一旦接受了别人的意见，就不能出尔反尔。这样才能营造良好的人际关系，出现冲突也容易得到化解。

（2）主动沟通

当冲突发生后，不要抱怨、生闷气或抵触对方，要选择主动沟通。自己首先分析双方冲突的症结所在，然后选择合适的渠道。在与对方沟通时，可以先选择一个轻松的话题，比如赞美对方，讲一个幽默的小故事，营造轻松和谐的氛围，然后再清楚地表达自己的想法，向对方表明只针对事情而非针对个人，希望得到对方的理解。

（3）积极协作

工作中，避免冲突发生的好办法就是积极协作。领导布置的工作，尽力完成；同事提出要求，在不违背原则的前提下，尽自己所能予以协助。把自己的个人利益置于整个团队利益之中，以团队的目标为自己的目标，接受任务毫无怨言，遇到困难鼎力相助，和团队成员共同努力，实现工作的双赢局面。

（4）利用强权

强权主要是利用组织的力量、领导的地位和权力，或者利用联合阵线的力量，强制解决冲突。这种解决冲突的方法，往往可以利用较少的时间解决长期积累的矛盾，是目前部分企业解决久拖不决的矛盾的一种行之有效的办法。

（5）换位思考

换位思考就是设身处地地为他人着想，即想人所想、理解至上的一种处理人际关系的思考方式。换位思考是人与人之间交往的基础。孔子的“己所不欲，勿施于人”，西方的“你们愿意别人怎样待你，你们也要怎样待人”都是教人换位思考的名言。换位思考的结果就是多了一些理解和宽容，改善和拉近了人与人之间的关系。当然，换位思考不能无原则；再者，换位思考能做到者很少，更需要我们时时提醒自己。

案例6-4　　换位思考解决问题

一天，几位朋友聚在一起喝茶聊天，聊着聊着就聊到了为人处世的思维认知问题。朋友A举了一个例子：最近公司为项目开发一事发生了争议，高层与中层之间始终达不成统一的意见，主要矛盾的结点在于：中层多从现实出发，在考虑和分析项目时侧重微观的客户需求心理；而高层则从公司的发展壮大考虑，侧重宏观的市场发展。朋友W随口说道："既然都为公司好，何不换位思考，大家综合考虑一下，不就解决了嘛。" A回到公司后，私下跟中层谈心，把高层的想法传递给了中层；又跟高层领导沟通，谈了中层的想法。由于A从中斡旋沟通，高层和中层都理解到双方都是为公司的利益考虑，最终在项目开发上达成了共识。

资料来源：无锡勇志成. 换位思考难吗？经典故事解析［EB/OL］.［2015-05-14］. http://bbs.tianya.cn/post-449-42283-1.shtml.有删改.

【简析】换位思考，表面上看起来换的是位置和角度，其实换的是思考的维度和对关系的认知，正因如此，问题才得以解决。

（6）回避处理

回避处理是一种冷处理的方式。当一些矛盾并不突出、性质不太严重时，冲突双方可以采用对分歧不闻不问，避免矛盾进一步升级。这种处理方法看起来似乎是不作为，但在回避分歧的过程中，冲突各方可以冷静思考，在思考的过程中发现问题性质没那么严重，没有必要过于纠结。不过这个方法仅限于问题不严重时才可使用，而且也不可经常使用。

（7）专注倾听

关于专注倾听在第3章已有表述，可参看第3章。

6.2.4　人际沟通与管理沟通的关系

1）管理沟通建立在人际沟通的基础上

企业内的管理沟通就是管理者之间、管理者与被管理者之间相互的人际交流活动。每个人都有自己的个性特征和沟通风格，只有掌握人际沟通的特征，才能提高管理沟通的效果。

2）人际沟通效果影响管理沟通

人际关系通过沟通有和谐一致而达成共识的，也有双方话不投机而形成分歧或对立的。在管理工作中，只有达成共识才能提高工作绩效。所以说，人际沟通效果直接对管理沟通造成影响。

3）管理沟通重视人际关系也重视职位关系

管理沟通重视人际关系的和谐，因此管理者要做到以人为本，以人为先，注重情感的传递和交流，以人性化的方式赢得被管理者的认同感。同时，企业内部客观上存在职位不同、层级差别，为保证管理目标的实现，下级在沟通交流中，应服从上级工作安排，执行上级命令；上级也应倾听下级合理化的建议，关心下级的职业发展。

6.3 不同人际风格的沟通技巧

由于个体在心理、性格、言语、行为等方面存在差异，因此人际沟通有4种典型的类型（见表6-1），表现出不同的人际沟通特征及沟通技巧。

表6-1 不同人际沟通类型的沟通特征及沟通技巧

特征和技巧 类型	人际沟通特征	沟通技巧
分析型 （理性）	◇ 严肃认真，有条不紊 ◇ 有计划、有步骤 ◇ 沉默寡言，表情少 ◇ 逻辑性强，注重细节 ◇ 喜欢有较大的个人空间 ◇ 办事注重制度，引经据典	◇ 遵守时间，注重细节，尽快切入主题 ◇ 少用眼神交流，少用身体接触，尊重对方的个人空间 ◇ 沟通中多列举一些具体的数据，多作计划，使用图表；多使用专业术语 ◇ 沟通前最好给他们准备的时间
支配型 （理性）	◇ 锐利、果断、能力强 ◇ 注重事实，强调效率 ◇ 语言直接、快速且有说服力 ◇ 有目光接触但情感不外露 ◇ 气势咄咄逼人，能适应压力	◇ 沟通要直接，少寒暄，回答问题要准确、坚定、果断 ◇ 说话要声音洪亮，充满自信 ◇ 注意与对方的目光接触 ◇ 使用封闭式提问 ◇ 用战略、目标、行动计划、进程、解决办法之类的话题增强对他们的吸引力 ◇ 沟通时注重效率与业绩成果
表现型 （感性）	◇ 外向热情、冲动直率 ◇ 善于言辞，幽默活泼 ◇ 语调抑扬顿挫，有说服力 ◇ 动作、手势较快 ◇ 不注重细节	◇ 说话要直接，声音要洪亮 ◇ 注意使用非语言的手势和动作 ◇ 对他们给予关注和兴趣，认真倾听 ◇ 多赞美对方 ◇ 协议达成后最好用书面确认
随和型 （感性）	◇ 亲切、友好、有耐心 ◇ 面部表情和蔼可亲 ◇ 声音轻柔，说话慢条斯理 ◇ 注重大局，善于鼓励人 ◇ 目光接触频繁	◇ 创造友善的环境氛围，建立友好的关系 ◇ 用亲情、友情方面的话题吸引对方 ◇ 讲话时始终面带微笑 ◇ 鼓励他们多发表看法 ◇ 注意与对方频繁的目光接触

6.4　上级与下级的沟通

作为管理者，与组织内部成员的沟通就更加重要，有时往往会因为一些小小的误解而造成工作进展缓慢，或者降低组织内部的团队凝聚力，这对一个企业的长远发展是有严重影响的。

上级与下级的沟通（下行沟通）一般是组织中职位较高层次的人员向职位较低层次的工作人员发送信息，一般有明确的内部管理制度作为基础，发送的信息一般包括：上级的指令、政策，组织的规章制度，具体的工作任务布置，有关员工的绩效评估和反馈，上级对下级的表扬和批评等。

6.4.1　上级与下级沟通的原则

1）了解下级状况，分析下级类型

上级与下级沟通的目的是工作，是为了调动员工的工作积极性。因此，优秀的管理者在与下级沟通时，对下级的工作情况、工作能力、工作意愿、心理状况应有清晰的了解，分清下级的风格特点，有针对性地与之沟通，激发出员工的活力。

2）创造愉快的工作环境，发挥员工的个性特长

善于管理的领导者注重营造工作环境，会让员工在轻松、愉快的氛围中充分发挥自己的特长和潜能，将工作绩效提高。

3）多渠道加强与下级的感情

赢人须赢心，赢得下级的内心最重要。给下级写感谢的小便条，请员工吃饭、喝茶，表扬下级的每一个微小进步或努力，走访员工家庭，员工生日赠送小礼物或贺卡等都是增进感情的好方法。

4）信任下级，允许冒险

“士为知己者死”。下级得到上级的信任，会全身心地投入到工作中；信任下级包括允许下级在工作中出现小失误。一旦下级工作出现差错，领导应该帮助其分析原因，并提供解决问题的方法。

6.4.2　上级给下级布置工作

给下级布置工作、下达命令是高层管理者或中层管理者在管理工作中的一项重要工作内容，也是上级与下级沟通时认为可以使上级精神更好地贯彻执行的一种沟通方式。通常情况下，上级在布置工作、下达命令时会带有一定的强制性。但在现实中，上级如果持续地采用命令式沟通，指令下级做好这个，完成那个，看起来似乎工作完成了，但工作的品质未必能够提升。所以，上级在给下级布置工作、发布指令时，应注意沟通方式和方法。

1）正确传达工作的意图

如果上级在布置工作、下达命令时不将任务交代清楚，不能正确地传达工作的意图，下级就很难及时、准确地完成任务。上级正确地传达命令、交代工作很容易实现，只要表达清楚“5W2H”就可以达到顺利沟通的效果。

“5W2H”分别是指：时间（when），地点（where），执行者（who），目的（why），什么工作（what），怎样做（how），工作量（how-many）。比如：

“小刘，这次的投标书不仅关系到我们公司能不能争取到这次招标任务，也关系到我们公司下半年的利润能否按计划完成，你一定要好好写，不能有闪失。3天后你将写好的草稿打印3份，交给张经理、王总、鲁会计先看一下，然后我们再商量。辛苦你了！”

从上面的简单话语中，可以清楚地看出“5W2H”。

2）让下级明白工作的重要性

是否明白所布置工作的重要性关系到下属在执行任务的过程中投入的时间、精力和对待工作的态度；只有下级明白了工作的重要程度和领导对工作的重视程度，才会投入全力把工作按时、保质保量地完成。比如：

“小方，请通知一下各部门经理下午2点在二楼会议室开会，讨论卖场员工被顾客投诉的处理问题，要求各部门经理一定要参加。这次事件如果处理不当，不仅我们公司的声誉会受到影响，很可能还会使销售业绩大幅下滑。”

3）信任下级，给下级自主权

上下级沟通中很重要的一点是上级不要过分干涉下级的工作，应相信下级，给予下级一定的自主权，让其充分调动自己的能动性，发挥个人的创造性，这样才能实现管理目标。比如：

“小张，你把上个月酒店的入住情况总结一下，写一份书面报告，数据要翔实，下周一上午交给我。”

至于报告的具体内容、文字组织等则由小张自己掌握。有一定自主权的下级，会感觉被上级信任，其积极性会被充分激发出来。

4）鼓励下级参与决策

长期居于领导职位易使某些领导对自己的权威和地位非常在意，在工作中害怕自己的权威受到挑战，最直接的表现就是给下级下达命令、布置任务时，以自己的决策取代集体的意见，以个人的意志决定工作的目标，不允许下级提出任何质疑。比如：

“财务部李部长的报告大家都看了，也听了李部长的分析，有问题的可以提出来；有需要补充的也可以补充。”

而不应该是：

“公司的这次规定大家理解的要执行，不理解的也要执行。有想不通的就保留个人意见！”

当工作布置下去后，仍然要关注工作的进展，尤其是下级在工作进行中遇到了问题和困难，需要上级帮助解决问题时，应该与下级共同探讨解决问题的方法，提出积极的应对策略。

5）领导的态度应和善，语言要礼貌

由于双方地位的不对等，领导在与下级沟通时，往往习惯性地采取一种居高临下的姿态，最典型的就是反映在用词、语气和体态语上，这会造成下级内心的抵触。尽管这种抵触下级不会直接表现出来，但毕竟影响工作的积极性。所以，上级应该注意自己的态度和语气，“请”“谢谢”“麻烦”“辛苦”等礼貌用语需要常记常用。

作为领导者，在与下级沟通时，如果能做好上述5点，可以使下级在接受任务的同时，明白任务的重要性，认真工作，确保管理绩效的提高。

6.4.3 表扬和赞美下级

案例6-5　　主管安慰我“没事，我们一起扛”

2014年是我进入华为的第三年，因为公司在埃塞俄比亚的项目有所突破，但是项目很棘手，我便主动向领导请求去埃塞俄比亚工作。7月中旬，我凭着一股热情奔赴埃塞俄比亚现场。

一落地，项目经理就带我去见负责人。可能是看我太年轻，负责人问了我两个问题：“多少级？参与过哪些项目？”

“只有13级，也只参与过尼日利亚G项目。“我老老实实地回答，不知道自己的能力在负责人心里挂上了多少问号。

接着他介绍了客户现状：友商上线E运营商的项目5年还没拿到PAC（初验证明一般是上线后就能拿到的）。

当时我们刚开始交付，我也是无知者无畏，根本没有读懂项目经理的质疑之音，未曾意识到即将面临的挑战：在形势如此严峻，同时没有任何信任基础的情况下，如何与客户就验收策略和范围达成一致？我满心想的是只要努力，没啥干不成的事。

8月1日，第一次PAT评审开工，三个设计部门的项目经理都参加了会议。一碰头，我发现之前还在国内见过其中一位客户T，心想着后续工作该是好开展的，而现实却是一个个的投诉，直接“啪啪”打肿了我的脸。

第一个投诉我们的就是T客户，他直接发邮件给了客户CIO（首席信息官），对我们提交的PAT初稿反馈了几十个问题。比如，客户要求测试服务器设备风扇的转速（肉眼去数一分钟转了多少圈）、指示灯的告警（构造服务器设备异常时是否有告警）、电池寿命（假如电池寿命写的是5年，等5年后再回来看是否还能用）等。

看到这些问题，我们都懵了，在历史项目中从未遇到过这类验收，这怎么可能呢？我们不可能等5年后再验收，双方陷入僵持阶段，连续两次会议都是空对空，内容没有丝毫更新。

PAT进展缓慢，近半个月的时间连一个文档都没有谈完，而我们总共有167篇文档。我要怎么和项目组交代呢？我心里无比憋屈和郁闷。

这漫长的一天还未结束，晚上主管过来，我做好了挨批评的准备，没想到他却心平气和地让我还原现场，最后还不忘安慰我："我们这边大部分人都被客户投诉过，没事，明天我和你一起去找客户解释一下！"这一瞬间我如释重负，差点流出眼泪来。

第二天见到客户后，我们才了解到，客户之所以这么做，是出于谨慎，希望所有的内容都写得清清楚楚，但是这与我们的验收流程不符。知道问题就好办了，回来后我们开起了闭门会议，最后达成一致：确实在需求文档中有提到的，但是又无法验收的内容，就放在承诺函里，总算是推进了进程。

这之后虽然还有摩擦，但我们始终坚持明确原则，软化处理，承诺过的保证完成，哪怕奋战至半夜或通宵；任何问题改动先知会客户再修订，会议绝不迟到、缺席。慢慢地，客户被我们的诚实守信一点点感化，开始信任我们，遇到问题不再是一封"投诉邮件"，而是商量而行。

历时4个多月，经历大小会议80余次，最终统计的用例数量超过18 000个，逐一闭环解决客户提出的问题后，我们才算和客户签署完167篇验收文档。至此，客户对我们的信任与日俱增，也逐步认可了我们。

2015年2月14日这天，项目顺利完成移动割接。这次经历让我坚定了努力终能成事的信念，也学会了如何站在客户角度考虑问题、如何沟通、如何建立信任关系。很多次觉得快扛不下去时，"奋斗者坚信烧不死的鸟总有一天会变成凤凰！"这句话又让我燃起希望。那些打不倒我的，终究会让我变得更加强大。

资料来源：佚名. 被客户投诉后，主管安慰我"没事，我们一起扛"[EB/OL]. [2022-05-24]. https://xinsheng.huawei.com/next/#/detail?tid=8316463. 有删减.

【简析】优秀的领导能善于调动员工的积极性,在下级遇到困难时能伸出援助之手，在下级被客户批评时也能分清事实，鼓励下级，与下级共同承担责任。员工从最初被"投诉"到后来被认可，与主管的沟通艺术密不可分，上下级之间的和谐关系更增强了公司的凝聚力。

美国心理学家马斯洛的需求层次理论表明，每个人的需求都是从低层次向高层次发展的。尊重、荣誉感、成就感是一个人高层次的心理需求，当一个人的优点、业绩得到肯定、表扬和赞美时，其心理上的满足感会转化成为行为上的积极、努力，取得更大的业绩。在管理工作中，领导的赞美、鼓励和表扬，可以使部下变得通情达理、心情愉快，更乐于协作，也更自信。但领导的表扬和赞美不能乱用和滥用，要使用得法。

1）赞美的态度要真诚

赞美的话人人都爱听，但如果不是出于真诚的态度，反而会让人感觉到伪善。领导的表扬不真诚，就不能激起员工的主动性、积极性。中国有句古话："士为知己者死"，说明了在人与人的交往中，需要真诚相待，否则难以建立起良好的人际关系和上下级之间的和谐关系。“大多数人选择朋友都是以对方是否出于真诚而决定的。”真诚的赞美可以通过有声语言和非语言符号来体现。

2）赞美的内容要具体

最好的表扬不是空洞地说两句好听的话，在使用赞美之词外，再加上表扬的具体内容，不仅可以让被表扬的人知道自己优秀在什么地方，也可以让其他人心服口服。

“小王啊，你这个报告写得很好!”“小王啊，你这个报告写得不错，特别是第三部分的图表做得非常好!”对比这两句话，显然后一句表扬具体、可信。

案例6-6　士为“赞赏”者死

某跨国大型公司的一个清洁工，本来是一个容易被人忽视、被人看不起的角色。但就是这样一个人，却在一天晚上公司保险箱被窃时，与小偷进行了殊死搏斗。事后，有人为他请功并问他的动机，答案却出人意料。他说：平时公司总经理从他身旁经过时，总会不时地赞美他“你扫的地真干净”，清洁工记住了这句简单又真诚的话。

资料来源：作者根据相关资料整理.

【简析】一句表扬胜过十句批评，无论下级位居何职。领导者平时适时的表扬可以温暖下级的内心，这种温暖会化为员工行动的动力。总经理表扬的话语简短而又具体，既真诚又感人。

公司高层运用的激励方法，都是在一个年度或季度等比较长的时间内才实施一次，也就是具有较长的周期。而认可与赞美的激励措施应该是随时发现下级的可赞美之处，因而不存在周期，可以随时进行。

3）赞美的场合宜公开

公开的赞美对被表扬人的鼓励是最大的，其正面的影响力也很显著。正因为如此，一些先进事迹、先进人物的表彰活动都是采用通报、召开表彰大会等形式广泛宣传的，其目的就在于起到激励先进、扩大影响、表率示范作用。

4）适当运用间接赞美

间接赞美就是借第三者的话来赞美某人，或者被赞美人不在场时进行赞美。间接赞美比直接赞美所起的作用更大，效果更好。间接赞美可以反映赞美者的真诚态度，当赞美的语言传递到被赞美者处，他会心存感激，在感情上、心理上会更加靠近，也为以后的顺畅沟通奠定了基础。比如：

“小周啊，前天我见到你们局长，你们局长说你很能干；今天听你发言，真的感到你工作能力很强，思维清晰，看问题很独到啊!”

沟通课堂6-1

课堂讨论：分析下面赞美的话语是否合适。

1. 听人说，你是个能干的人。

2.你真年轻，年轻有为啊！

3.王部长是最能干的部长，每样工作都做得很好！

4.你的发言很精彩！

5.这个问题其他人没你处理得好！

6.听人说，你年轻有为，今天一见果不其然，后生可畏啊！

7.小王，你这一次在电话里和客户谈得很不错。

8.没关系，你的思路挺好，顺着这个思路干下去，工作肯定有起色。

【提示】在课堂演绎上述话语，然后从说话的语气、语调中所体现的态度以及赞美的内容等方面进行讨论分析。

6.4.4　上级批评下级

人们都喜欢听赞美之声，但工作中并非都是鲜花和掌声。当下属犯了错误时，需要及时提出批评，督促下属尽快地改正错误，不断进步，从而更优秀。反之，上级对下级的错误放任不管，只会阻碍员工的发展、团队的建设，甚至造成整体的工作业绩下滑。在批评下级时应该做到以下几点：

1）分清批评对象，做到有的放矢

批评的要领是抓住问题的实质，但必须注意根据批评对象的不同特点，采用不同的批评方式。不同的人由于年龄、阅历、文化程度、性格特征等方面的不同，接受批评的态度和方式也迥然不同。对于性格内向、善于思考的人，可采用提问诱导的批评方式，让被批评者通过回答问题来反思、认识自身的缺点和错误；对于脾气暴躁、否定性心理表现明显的人，可采取商量探讨的批评方式，使被批评者置身于一种平等的氛围中，在心平气和的条件下虚心地接受批评意见；对于性情大大咧咧、什么都不太在乎，心理承受能力特别强的人，可采取单刀直入的批评方式，一针见血地促其警醒。

2）以真诚的赞美作为批评的铺垫

领导在批评下属时，不宜开门见山或直截了当。领导首先应对下级工作的成绩予以肯定，在肯定以往成绩的基础上，用“但是”转折，指出其工作中的失误。由于赞美在前，在下属的内心留下了一个缓冲区，在此基础上再进行批评，下属的心理抵触情绪会有所弱化。比如：

“你在报告与报表方面做得相当不错，特别是你在每次报告中所提的几条建议，很中肯，也有新意，给了大家不少启发和帮助。但是，有两方面的不足阻碍了你取得更好的成绩，其中，新客户开拓得少可能是影响你今年成绩的一个重要因素。今年，你的新客户仅增加了15%，新客户为销售额所做的贡献为25%，大大低于年初你年度计划中的30%～50%的预期……”

3）尊重客观事实，以理服人

批评能不能奏效，关键在于批评者能否以理服人。有些上司总是好摆上司的架子，居高临下，盛气凌人，下属一旦有错，动辄训人。其实，有些人犯了错，在你没有批评他之前，他已有意识，也许还想好了弥补的措施。可面对官气十足者的训斥，他反而会产生逆反心理。如果上级晓之以理、动之以情、言辞恳切，把批评融进关切之中，既指出问题，也帮助其分析问题产生的原因，同时给予热情的勉励和殷切的期望，让下级从内心感到你是在关心他，爱护他，帮助他改正缺点、改正错误，他才能虚心接受，体现批评的真正效果。

沟通课堂 6-2

试比较分析下面句子的批评效果：

（1）——你今天怎么又迟到了！

——你今天迟到了30分钟，这是你本周第二次迟到了！

（2）——你办事可真够慢的！

——你现在做的工作在小组里面已经比别人落后了一周了，为了等你跟上进度，大家就要浪费一周来等你。

（3）——你怎么总是盯着别人的缺点！

——我们在5分钟的谈话里你已经3次提到了别人的缺点。

【提示】第二句比第一句好，因为有具体的时间、数量；通过摆事实来批评，批评者易于接受。

4）掌握火候，不伤下属自尊

人都是有自尊心的。上司在批评下属时，一定要注意把握好火候。几句话就能解决问题的，就不要多说，点到为止；一次批评已经奏效的，就不要再次提起；宜采用私下批评的，就不要采取公开批评的方式，要顾及被批评者的自尊心。当然，必须采取公开曝光式批评的也不能姑息迁就，以免问题发展成普遍性的通病而难以收拾。比如：

“关于拓展新客户，我当时和你说了好几次，你就是听不进去，一意孤行……”

这样的话语显然会伤害到下属的自尊和自信。

5）指出后果，找到解决的办法并友好地结束批评

领导在批评下属时，应指出下属的行为所带来的后果，以便让他认识到问题的严重性，最后还需要同其一起找到解决问题的方法，确认问题的解决。找到解决办法，是主管或基层经理和下属共同的责任，只有一起找到合适的解决办法，才能真正改正不足。同时，在指出不足之后，应对下属进行鼓励，表达你期望他有什么样的改进，或者对下属提出的改进计划加以肯定或指导。任何以友好方式来结束的批评都可以帮助下属振作精神。

案例 6-7 小陆再也不迟到了

主管：小陆，我今天是想和你谈谈你迟到的问题。我平时也不止一次提醒过你。

小陆：我知道，我有时是不大准时。

主管：你知道你的所谓“有时不大准时”，频率有多高吗？(拿出一张考勤表）上个月你有6次迟到，2次没能准时参加晨会。

小陆：看来我迟到的次数是不少，我以后注意。不过你也看到了，我并没有因迟到而影响工作呀。

主管：没有影响工作吗？那你说，如果公司的其他人也都每月有6次迟到，会不会影响到你的工作呢？

小陆：这个，会影响到我的工作。如果我去找他们，他们没在，我最少还要再跑一次。

主管：如果其他部门的人来找你，你偏偏不在，他们会如何评价我和咱们部门呢？

小陆：他们也许会说您管理不善，说我们部门有问题。看来迟到真是个大问题，我真的需要非常注意了。

主管：好，非常高兴你能进一步认识到这个问题。我相信你明天不会再迟到了。

资料来源：作者根据相关资料整理.

【简析】主管在批评小陆时就事论事，注意用事实说话，并且用换位思考的方式教育小陆，最后以积极的结尾鼓励小陆。这样的批评堪称艺术。

6）采用曲线沟通方式

有时候，因被批评对象身份的特殊性，不便进行直接批评，可采用借彼批此的手法，在不伤害被批评者自尊心的前提下，让其自我感悟，自纠其错。下面案例中女经理的做法值得推荐。

案例6-8 女经理的批评艺术

小秋毕业后进入到一家公司，在市场部工作。她的顶头上司是一位女经理。女经理平时待人随和。一次，女经理让小秋起草一个标书，投标一座写字楼的装修工程。接到任务后，小秋既兴奋，又紧张，因为这是她第一次独自制作标书，稍有闪失就会影响竞标成功，所以小秋加班加点，日夜不停，一周后终于完成了标书的起草。怀揣着这份20多页的标书，小秋来到女经理的办公室，女经理粗略看了一下，然后说：“标书先放在这里，你先回去吧！”

“标书制作得怎样？经理满意吗？”小秋内心忐忑不安。第二天早上，女经理仍然没有反应。小秋知道以前也有这种情况，同事做的标书交到上司那里没有了任何音讯，最终结果是被否决了。正当她胡思乱想时，一个经验丰富，也是市场部资格最老的男同事过来关切地说：“小秋，你的标书做得怎样了？需要我帮你看看吗？”小秋赶紧把自己备份的标书拿给他。他用红笔在标书上做了大量修改，有些数据和资料做了重新调整。用了整整一个下午的时间，两人将标书重新做了一次。当小秋再次把标书送到女经理手中时，她注意到女经理的脸上有一丝笑容闪过。后来，公司竞标成功，在庆功会上，女经理表扬小秋标书做得好，立了很大的功劳。

小秋心里更加感激那位男同事，主动约请他吃饭。饭局中，男同事告诉小秋，其实是那位女经理让他帮助小秋的，并且告诉他哪些地方需要改正和完善。男同事最后说："可能是女经理怕直接告诉你会打击你的积极性吧，所以采取了这种'曲线沟通'方式"此时，小秋才恍然大悟，对女经理充满了敬意。

资料来源：佚名. 行走职场不妨试试曲线沟通［EB/OL］.［2017-03-14］. https：//www.docin.com/p-1868009302.html.有删改.

【简析】上级批评下级有时采用"曲线"方式，这样既可以帮助下属改进工作，在不伤及下级面子、自尊的情况下，让下级自己悟出不足所在，更能让下级心悦诚服。

7）选择适当的场所

与表扬的公开性、宣传性不同，批评恰恰需要单独的、私密的场所。比如，独立的办公室、安静的会议室、员工的休息室等都是批评下级较理想的场所。

6.5 下级与上级的沟通

与上级对下级的沟通相比，下级与上级的沟通相对困难一些，传统的管理风格趋于专制，而现代管理方式则是下行沟通与上行沟通并重，强调信息反馈，以增加员工参与管理的机会。

6.5.1 下级与上级沟通的原则

微课6：上行沟通的原则

因为下级所处的地位，下级与上级的沟通（上行沟通）有时需要考虑的方面比较多，如果不掌握一定的沟通技巧，可能出现事与愿违的情况。所以，作为下级，想要得到领导的欣赏，使工作开展得如鱼得水，应该掌握的原则是：

1）心中有上级，服从第一

上级最在乎的就是下级心中到底有没有上级的存在，所以下级和上级沟通时必须心中存有上级，让上级自己感觉出来，即使在一些小的细节上都应注意。这是与上级沟通最有效的基础。

2）要有敬业精神

作为下属，要善于动脑筋想办法，对工作要有耐心、恒心和毅力，做好自己分内的工作。如果你工作用心且成绩出色，上级就一定会注意到你并逐渐接近你、帮助你、认可你。因此，恪守本职，踏踏实实地工作是我们和领导顺利沟通的基本条件。

3）工作努力勤报告

在工作中，下级向上级请示汇报是一种常态。作为下属，应该认真努力地做好本职工作，尤其是做好别人不愿意做的工作；同时在工作进行的过程中，应该做好汇报，特别是关键的事情，不可自己独自做决定。下属要有独当一面的工作能力，但工作中关键的地方请示报告是必需的。

4）态度谦逊显尊重

领导也是人，也有自尊心。因此，作为下属应该注意与领导相处的态度。在领导工作、决策有误时不要当面纠正；要给领导留有台阶下；不要冲撞领导的喜好和忌讳，尤其是职场新人，年轻气盛、没有经验，最容易心直口快毫无遮拦。要学会藏匿锋芒，不要让领导难堪，时时事事处处显示对领导的尊重。

案例 6-9

都是称呼惹的祸

30岁的王明在某重点大学学习MBA课程，毕业后应聘到某国企工作，从事人事行政工作。他的直属上级是李辉，29岁，但在公司已经工作近6年了。王明入职后工作得心应手，可是面对比自己小的上级不知道该怎么称呼。周围年长的同事都比李辉的职位要高，可以直接称呼他小李，而年轻的同事则称他为李哥。王明觉得自己比李辉年龄大，因此也称呼他为小李。

王明发现，李辉刚听此称呼时，只是一愣，也没说什么。但过了没多久，王明渐渐发现，在工作上李辉和他有些别扭了。

请思考：王明做错了吗？

资料来源：佚名. 沟通方式——与上级沟通讲解［EB/OL］.［2016-05-03］. https://max.book118.com/html/2016/0501/41742547.shtm.有删改.

【简析】每个人都有自尊心，尤其在职场中。王明的错误就在于没有分清自己与李辉的职场关系，也没有考虑称呼的场合，结果伤及了上级的自尊。所以，我们应该记住，上下级之间沟通，有时一个小小的称呼都要注意。

5）提出问题更应解决问题

上级欣赏的下级不仅能发现问题、提出问题，更能解决问题。在工作中，下级能提出和解决问题，既显示了自己工作的积极主动，更展现了自己的独立工作能力。

6）留意上级的领导风格

领导由于性格、经验、心理、领导方法等的差异，其领导风格必然呈现出差异性。有的领导亲切友善，愿意聆听部下的要求，善于营造融洽、宽松的工作氛围；有的领导善于理性思考，注重细节，按自己的标准要求下属；还有的领导说一不二，不允许部下违背自己的意志。在与上级沟通时，一定要摸准领导的风格特征，采用相应的沟通策略，实现顺利沟通。

6.5.2 下级向上级请示汇报及提出建议的技巧

在日常管理中，下级与上级的沟通主要是工作上的请示汇报，或者下级主动提出建设性的意见，希望提高工作绩效。基于下级与上级的层级关系，以及上行沟通的内容和性质，可以运用以下沟通技巧。

1）明确目标，拟订计划，充分准备

下级与上级沟通，首先应该清楚地考虑好请示汇报或提出建议的目标是什么，在目标清晰的基础上，有针对性地制订计划。计划中要阐述清楚行动的方案，对目标执行的具体时间和方法要明确，以便于领导审批。对于工作中可能出现的困难要有预估，并拿出解决办法，办法最好是两个以上，并分析其中的利弊，以便于上级决策。下级还要弄清楚沟通内容的每一个细节，以便随时能够答出上级的疑问。只有这样，下级才能取得领导的信任和赏识，也才能保证沟通的有效性。

2）工作中及结束后及时总结汇报

下级工作中一个很重要的任务就是向上级及时报告。上级交代一个任务，或者下级有新的工作思路，创新了工作方法，都要及时向领导汇报，让领导了解工作开展的情况、任务完成的进度，并听取领导的意见和建议。尤其是工作全部完成后，下级对其中的成功经验和存在的不足更应该采用书面和口头并用的方式汇报。

不要忽视请示和汇报的作用，它是下级和上级进行沟通的主要方式，应该把每一次请示汇报工作都做得完美无缺。

3）利用极具说服力的资讯及数据

事实胜过雄辩。向领导提建议，一定要花时间将掌握的信息资料、数据等核实清楚，这样说服起来底气足，说服力自然就增强了。如果在口头建议的同时，提供书面的文字材料，视觉和听觉相结合，效果会更好。

4）选择恰当的建议场合和时机

下级向领导汇报工作，提出建议，最希望领导能感兴趣并接受，而领导是否接受建议不仅在于下属的表达是否清楚，还与领导此时的心情、空闲时间等有关。如果不知上级何时有时间？——不妨先给他发条信息或邮件，写明问题要点，再与他约定时间。如果不知上级何时心情好？——不妨事先向其秘书或助理打听上级的心情，再选择适宜的时机约见。正常的情况下，每天上午10点前后是最佳时间，所以也被誉为“黄金10点”。

上级办公室是最佳沟通地点；与上级同乘电梯也是不错的沟通场合；如果上级主动到下级的办公地点察看，此时应抓住时机，提出成熟的合理建议。

5）说话简明扼要，重点突出

向上级请示汇报或提建议忌长篇大论。上级一般都对长篇大论感到不耐烦，如果你能在1分钟内说完你的意见，他就会感觉轻松，也会比较容易接受意见；即使上级不赞同你的意见，你也没有浪费他的时间。

6）面带微笑，充满自信

“微笑是天使”。一个人如果对自己的计划和建议充满信心，无论面对的是谁，都会表情自然。微笑在己是自信、有修养的表现，给对方的是尊重、有礼貌的感受。即使领导对你所提建议未必感兴趣和采纳，但他的抵触心理会被淡化。

7）学会换位思考

换位思考适用于我们工作的各方面。其在说服领导方面也是很奏效的一种方法。因为下级与上级存在着角色差异，所以看问题的角度会有差异和分歧；如果站在领导的角度考察问题、思考问题和分析问题，就比较容易说服领导了。当领导提出让自己难以接受和认同的观点时，首先要自问“他为什么要提出这种观点和要求？如果是我会怎么做？”这样换位思考，沟通成效会大大提高。

8）建立个人信用，尊重领导

如果下级日常工作稳重、谨慎，并且在工作中曾多次提出一些合理化的建议，领导和同事心中自然会对其产生信任和佩服。建立在个人良好形象基础上的建议，其说服领导的把握就大。同时，下级还应该尊重领导，不要给领导被强迫的感觉；无论针对的是关键的、尖锐的问题，还是普通的、非原则性的问题，表达方式都要委婉；即使领导不接受所提建议，也不要纠缠不休。

6.5.3　下级请示汇报、建议的态度

1）主动而不越权

下级在工作中要积极主动，但忌讳过分主动，自以为是，自作聪明，置领导的意见和决策于不顾，完全按照自己的意图行事。下级最忌自恃高明，与上级对着干。这样的下属不仅不能协助上级工作，长此以往还会威胁到公司的生存。

资料6：读懂领导的行为

案例6-10　　**刘秘书哪里做错了？**

刘颖在一家企业做秘书。有一次，因为供应商报价过高，经理一怒之下，让刘颖写信断绝业务往来。事情过去十几天之后，经理发现还是原来的供应商性价比较合适。经理马上叫刘颖再写一封道歉信，并要求恢复业务往来。

刘颖却不慌不忙地说：“经理，不用写了，那封信我根本没有发。”

“没发？”“对。”刘颖笑着说。“哦……”经理松了一口气，过了一会儿，突然抬起头说：“我当时不是让你立刻发出去吗？”

“是的！但是您当时在气头上，我想您冷静之后，一定不会让发的，所以就没发。”

“压了半个多月？”经理问道。刘颖依然笑着点点头。经理突然在这个时候神情一变：“我叫你给客户发的信件都发了吗？”

“都发了，都发了！”刘颖兴奋地说，“我知道什么该发，什么不该发。”经理站起来：“是你当家还是我当家？”

刘颖愣住了，眼眶一下就湿了，结巴着说：“经理，我，我做错了吗？”

“你做错了！”经理生气地说。

请思考：刘秘书究竟错在哪儿了呢？

资料来源：佚名. 如何与上级、同事沟通［EB/OL］.［2019-12-30］. https：//www.docin.com/p-2290786477.html.有删改.

【简析】刘秘书看似拯救了经理，但结果适得其反。在工作中，下级对于上级的命令和布置的任务要认真执行，如果上级的命令存在错误，也应该及时地与上级沟通，提醒上级多加权衡和考虑，而不是违背上级意志，自己擅自做主。没有哪个领导欣赏下级擅自做决定。

2）尊重而不吹捧

领导也有自尊，下级在请示汇报时应充分尊重领导，在各方面维护领导的权威，支持和配合领导工作。当领导处于矛盾焦点时，下级应主动积极承担责任，帮领导排忧解难。这些都是尊重领导的最好体现。

比如，领导正为公司销量下滑、利润减少而苦恼，作为下属此时在向领导汇报时可以说："刘总，上个季度我们公司的产品销量同比减少了10%，公司利润也减少了。经过调查，我们发现了一些问题。这是我们写的调查报告，请您指导一下，看看是不是有不足的地方。"

3）请示而不依赖

请示是工作中必需的，但并非事事都要等待领导下命令，应该在关键工作、关键问题上请示汇报。工作中最忌"大事干不了，小事干不好"的人，没有一个领导欣赏坐等领导指令的员工。

6.5.4 请示汇报的三大忌讳

第一，不要跨级带帽，也就是说在向某一领导请示工作的时候，不要说"××领导已经同意"，这样会引起所面对领导的反感。

第二，不要通过多种渠道，也就是说不要把一个工作向多个领导请示；多渠道的请示一旦发生领导意见不统一反而耽误工作进程，或给自己在领导心目中的形象带来负面影响。

第三，不要只讲成绩，这样领导会认为你没有开拓精神，只干容易的事情，把难的事情都留给别人。

6.5.5 与各种风格的领导沟通

每个领导因为各自的性格、心理、文化及阅历等因素的影响，其领导风格也不完全相同。下级在与领导沟通时，如能根据每个领导的风格采用相应的沟通策略，沟通的有效性会大大提高。表6-2中列举了几种领导风格的特点及沟通策略。

6.5.6 挽救与上级矛盾的5大原则

工作中由于各自的见解和工作性质的不同，会出现下级与上级意见不一致的情况，有时双方各执己见会产生工作上的矛盾，严重时会因此而影响私人感情，给双方带来不

表6-2 各种领导风格的特点及沟通策略

领导风格类型	特　点	沟通策略
自负控制型	办事果断干脆，对琐事不感兴趣 竞争心强，凡事争强好胜 刚愎自用，要求下级绝对服从 喜欢指出下级错误，认为“上级总是对的”	请示汇报要开门见山，直截了当 内容上简明扼要，干脆利落 避免正面争辩，委婉提出建议 称赞他们的成就而不是个性
互动温和型	喜交际，善于与人交流，喜听赞美之声 脾气温和，体谅下属，能发挥下属的长处 喜欢参与具体事务	公开赞美，真心诚意 有不同意见开诚布公地交流 注意肢体语言的反馈
实事求是型	理性重于感性，缺乏想象力 讲逻辑而不讲感情 对事追究来龙去脉、前因后果 为人处世有自己的标准	回答问题直截了当 注意细节、关键点的说明 汇报工作直奔实质性内容 注意阐述工作的依据和标准

快。为避免这种情况，一旦因工作上的意见分歧产生矛盾，应遵循以下原则，积极化解上下级之间的工作分歧。

1）反躬自省不诉苦

进行自我分析，要明白他人没办法裁决，诉苦也不能解决问题，甚至居心不良者还可能挑拨离间。所以最好的策略就是：在公开场合掩盖矛盾，以免事态扩大；自己厘清问题的症结，找出解决方法。

2）主动沟通求补救

戴尔·卡内基说过：“如果你是对的，要试着温和地、有技巧地让对方同意你；如果你错了，就要迅速而热诚地承认。这要比为自己争辩有效和有趣得多。”与上级沟通的过程中，难免会有误会、有委屈。自怨自艾不仅于事无补，而且容易使问题扩大化，甚至影响工作；不妨主动和上司作一些沟通，弄清楚上级误解的原因，耐心解释你的真实想法，这样不仅有助于工作进展，而且有利于建立信任。

3）不以恩怨误工作

如果你与上级的矛盾一时难以化解，那么，在思想上要面对现实，控制情绪，防止矛盾激化；把注意力转移到工作上，等待沟通时机；在行动上，即使上级刁难工作，也不要消极怠工；要始终如一，加倍努力，日久见人心。

4）上级有难帮一把

上级因为没有采纳下级合理化的建议，一意孤行，结果工作出现了问题。这时，你不能以幸灾乐祸的心理看笑话。应该摒弃前嫌，主动帮助上级渡过难关。

案例6-11　　摒弃前嫌化僵局

董丽最近在工作上有些不顺心，新来的上级张经理说话有些冲，同事们对他大多有些抵触，作为助理的她也总是被张经理当成整治的对象。

有一天开会，张经理提出的方案遭到几个同事的强烈反对，双方各不相让，会议陷入了僵局，领导显得有些下不来台，脸色十分难看。张经理看了董丽一眼，意思是想让她站出来调解一下。董丽想到领导平时总是拿自己出气，就不想参与此事，但转念一想，领导提出的方案也是为部门效益着想，尽管有不合理之处，也不至于遭到这么激烈的反对。董丽权衡再三，还是站出来，笑着说："我认为刚才大家的意见都很有道理，但是张经理提的方案也是为我们部门的效益着想，大家都是为了部门向着更好的方向发展，只是看问题的角度不同罢了。"董丽又向大家详细分析了方案的利弊得失，双方的对立情绪逐渐得到了缓和。最后，她自我批评道："作为助理，我没有向张经理详细交代公司情况，以至于这次方案出现了一些小偏差，这是我的失职。"

张经理听后，终于露出了笑容，从此不仅不再刁难董丽，而且非常器重她。

资料来源：作者根据相关资料整理.

【简析】上下级之间因为各种原因产生矛盾在职场中在所难免。董丽虽有怨言，但在关键时刻，她读懂领导的非语言暗示，能从大局出发，积极主动地帮助领导与参会人员进行沟通，说出的话有理有据，并主动帮助经理承担过失，救经理于尴尬之中，显示了她高超的沟通技巧。

5）时时处处表尊重

即使上下级有工作上的不同见解，下级还是应该尊重领导的地位，不要因为工作分歧而损害领导形象。在公开场合，见面应该主动打招呼，不管上级的反应如何，都要微笑着与他讲话，使他意识到你的尊重，误解慢慢就会有所消除。下级还可以在背后时时褒扬上司，最好能够通过别人之口替自己表白真心，误解自然逐渐消除。

6.6 平行沟通

6.6.1 平行沟通的概念

平行沟通（Horizontal Communication），又称横向沟通，是指组织内同层级或部门间的沟通，如员工之间或管理者之间进行的与完成工作有关的交流。

6.6.2 平行沟通的优缺点

1）优点

平行沟通具有很多优点：第一，它可以使办事程序和手续简化，节省工序和时间，提高工作效率；第二，它可以使企业各个部门之间相互了解和协调，消除相互之间的冲突、扯皮，有助于培养整体观念和合作精神，克服本位主义和个人主义的弊病；第三，它可以使员工之间互谅互让，培养员工之间的友谊，满足员工的社会需要，提高员工的工作兴趣，改善员工的工作态度。

2）缺点

平行沟通的缺点是：沟通头绪过多、信息量大，易于造成混乱。此外，平行沟通尤其是个体之间的沟通也可能成为员工发牢骚、传播小道消息的一条途径，造成涣散团体士气的消极影响。

在上行沟通、下行沟通、平行沟通三种沟通中，平行沟通是最为困难的。在公司里面，让老总们非常头疼的一件事就是部门之间的不协调：拿着公司的钱，还互相不配合，却把精力用在互相扯皮、互相推诿上。平行沟通中最大的问题是部门之间和个人之间不直接交流，而是向其他部门抱怨和倾诉。比如，某部门与财务部有矛盾，却向采购部和营销部讲，和别人都讲，就是不和当事人讲；或者即便是讲了，对方也不积极响应，不买你的账。采购部的人员需要财务部办理报销，财务部以账上没钱为由不给报销。因此大家感觉部门之间的沟通最困难。

6.6.3 平行沟通的原则

1）沟通从工作出发

如果需要沟通，一定是自己感到对方对正在进行的工作重视不够，或者是对上级的安排理解不够，妨碍了工作顺利进行。如果你认为只要和对方进行一次沟通就能解决问题，应该首先选择互相沟通，以求问题得到迅速、圆满的解决；沟通失败，才考虑报告上级。因此，沟通一定要着眼于工作。

案例6-12　　张丹枫的苦恼

张丹枫刚刚从名校管理学硕士毕业，出任某大型企业的制造部门经理。张丹枫一上任，就对制造部门进行改造。张丹枫发现生产现场的数据很难及时反馈上来，于是决定从生产报表的改造入手。借鉴跨国公司的生产报表，张丹枫设计了一份非常完美的生产报表，从报表中可以看出生产中的任何一个细节。

每天早上，所有的生产数据都会及时地放在张丹枫的桌子上，张丹枫很高兴，认为他拿到了生产的第一手数据。没过几天，出现了一次大的品质事故，但报表上根本没有反映出来，张丹枫这才知道，报表的数据都是随意填写上去的。

为了这件事情，张丹枫多次开会强调，认真填写报表的重要性，但每次开完会后，刚开始几天可以起到一定的效果，但过不了几天又回到了原来的状态。张丹枫怎么也想不通。

请思考：张丹枫的苦恼在哪儿？

资料来源：佚名．沟通技巧经典案例［EB/OL］．［2012-04-16］．https：//wenku.baidu.com/view/fd6d84c2bb4cf7ec4afed061.html.有删改．

【简析】张丹枫的苦恼源于缺少沟通和理解。他只是按照学校所学的知识对生产数据设计了一个漂亮的表格，而没有深入地与制造人员和制造部门进行沟通，别人无法理解其目的和要求。当出现问题时才开会强调，缺乏长期性。所以，长期有效的沟通、深入实际工作的沟通是企业部门之间维系良性关系的保证。

2）沟通遵循制度和流程

你正在进行的工作遇到了阻碍，问题出在哪个环节，谁是这个环节的负责人，公司的制度或流程一定是有规定的。因此我们必须遵循各司其职、各负其责的原则开展工作。如果你找一个不相干的人进行沟通，一是对方会认为你无事找事，二是你的目的根本达不到。

3）开门见山

找准对象，首先征询对方是否有空。如果人家手中正忙于一个上司交办的紧急工作，或正在思考一个创意方案，你贸然打断别人，会让对方感到很突兀。一旦确定对方时间上方便，你就可以直截了当地提出自己的沟通议题、自己的期盼，然后等候对方回应。这里特别要注意的是拐弯抹角、废话连篇，浪费自己时间不说，也给对方留下一个不好的印象。

4）征询对方意见，听取对方反馈

既然找对方沟通，一定是自己觉得对方在解决问题上不可或缺，那么就必须虚心听取对方的意见，了解对方对沟通的想法和工作中遇到的困难，或者听取对方更好的创意。

案例6-13　　善于沟通赢共识

某总部要求分公司从6月起，月结必须从7天缩短到5天。月结的完成涉及生产、工程、采供、人事和财务部。5天月结要取得成功的前提是参加月结的所有部门和人员必须思想统一、目标一致、各司其职、紧密配合。如何达到这个目标呢？生产部主管和财务部同事采用了与参加月结人员逐个交谈的办法，了解他们的想法和困难并把新的目标解释清楚，做到每个人都了然于胸。之后，根据所有谈定的事项将月结的各个事项编订成表格，让所有参与人员和部门负责人签名，最后交总经理签字批准。经过6月月结的实践，达到了预期的目标，实现了5天内月结。

资料来源：作者根据相关资料整理.

【简析】在工作中，由于沟通的同事、部门之间选择了口头沟通加书面沟通，既达到了部门间的相互理解，也明确了工作责任，使复杂的工作变得简单明了，一目了然。

5）提出个人建议

待对方陈述个人意见之后，你如果觉得对方言之有理，除了完全接受之外，别忘了表示感谢。沟通目的达到了，工作可以继续进行。如果对方提出的建议在你看来只有部分可取，那也是一个不错的开端。即便对方的建议在你看来没有一条可行，这也不可怕，你要充分陈述自己的建议并阐明理由。

比如，财务部经理为了保证提前统计出总经理指示的本月的财务报表，找到销售部的肖经理让他交出一份汇总表。肖经理的答复是：“我希望能够把销售汇总表按时交给你，但我们以前交报表都没有这么急，恐怕各个办事处都没有准备，我们试一下再答复你。”

6）双方求同存异

由于所处的位置不同、个人经历经验不同，同事间在工作方式上存在不同态度、不同观点是再正常不过的事情。第一，不必大惊小怪；第二，换个角度从对方的立场考虑，求同存异，同时保证工作正常进行。

7）问题解决为宜，否则报告上级

是不是所有的沟通都能圆满解决问题呢？显然不是。碰到本位主义严重的，以自我为中心的人，很简单的问题都可能被复杂化。当沟通不畅的时候，除了保持冷静之外，你必须立即报告你俩共同的上级，由上级协调解决。注意，企业内部有分歧很正常，关键要学会运用沟通解决矛盾和分歧。

6.6.4 平行沟通策略

1）坚持原则，积极主动

主动是消除平行沟通障碍必需的态度。在平行沟通中，70%的障碍是由双方的退缩引起的，“井水不犯河水”，表面上好像化解了矛盾，实际上却是把矛盾积压了下来。要获得积极的沟通，首先就要在坚持原则的同时积极主动。沟通过程中表现积极的人对自己的权利非常清楚。因为如果不明确自己的权利，就无从表明维护自己权利的立场。

案例6-14　积极主动的王经理

网管部王经理找到人力资源部的任经理，要求对网管部小陈的工资调整幅度一事重新考虑。王经理拿出小陈一年的工作业绩评估表说道：“任经理，是否可以重新考虑一下我们部门小陈的加薪问题。她去年工作干得十分出色，可是她加薪的幅度却低于公司的平均加薪幅度。”任经理对王经理解释道：“考虑到她的薪水在同级人中已属高薪，所以这次年度加薪才没有同意你们网管部提出的要求。”王经理说：“小陈的工作大家有目共睹，肯定是高于公司的平均水平的，理应加薪幅度更大些，但工资的基数问题是公司当时同人家讲好的，不能把这个带入加薪幅度的问题中，这不符合公司的薪资制度……”王经理很清楚公司的制度，明白员工的权利，认为人力资源部的决定已经侵犯到了自己员工的权利，而自己有责任和权利为员工争取。

试想一想，如果王经理不清楚自己的责任和权利，小陈找到他抱怨的时候他可能会“和稀泥”，进行安抚，而不知道应不应该为自己的员工和人力资源部进行交涉。而这种犹豫，在自己的员工眼中，就会被视为不能为员工做主的软弱表现。

资料来源：佚名.职业经理MBA实战经验讲义13［EB/OL］.［2019-06-07］. https://wenku.so.com/d/8306ddb58817407eab9d8b5aa63aab34.有删改.

【简析】上述案例中，王经理就是根据公司的加薪制度，坚持原则，积极与相关的部门进行沟通，为自己的下属争取到了应得的报酬。

2）开诚布公，体谅谦让

良好的沟通是双方能够坦诚相对，明确地表明各自的态度、观点，最忌互相猜疑。只要双方从工作出发，开诚布公地提出个人的意见及理由，经过相互协商，最终总能找到解决问题的办法。

工作中遇到利益相争、意见相左，应该多站在对方的立场考虑问题，懂得体谅谦让。特别是对于有一定工作经验的前辈，更应该学会谦让。在日本，凡是先进企业的人，都是前辈，他们有一种称呼叫“先进”。无论谁进入企业工作，面对其他部门的同事都要谦虚，多称他们为“先进”或“前辈”。一个人只有学会了谦虚，在需要帮助的时候才会得到别人对你的支持。

3）关心协作，互利双赢

部门与部门、成员与成员之间在沟通中还需要关心协作。在一个团队中，团队成员能够相互协作，一定会达到双赢的局面。中国有句古话：“人敬我一分，我敬人一丈。”别人能帮助自己，自己也应该帮助别人，甚至有时别人给自己提供的帮助是建立在自己先帮助别人基础之上的。

沟通双方能够共利双赢是沟通的终极目标。但在沟通中如何表达、表达中留给对方的印象和感受则关系到沟通目标是否能实现。在与别人沟通的时候，如果单纯地对他说这东西对他很有帮助，对方未必会相信；应该说“WIN TO WIN”（双赢）。在与别的部门进行平行沟通时，以双赢为前提同样重要。

联合国教科文组织在“国际21世纪教育委员会”报告《学习：内在的财富》中指出：“学会共处”是对现代人最基本的要求之一。学会共处，就要学会平等对话，相互交流。平等对话是互相尊重的体现，相互交流是彼此了解的前提，这不但是人与人之间、国与国之间和谐共处的基础，也是平行沟通的重要特征。

课外拓展阅读　向上级领导汇报工作一定要注意的5点原则

众所周知，华为创始人任正非，极度重视华为的人均效率。在这种思想的指导下，华为非常注重培养员工的汇报意识与汇报习惯。任正非本人也经常在内部会议上主动做工作汇报和总结。他还倡导其他人和自己一样，定期进行总结和规划，以确保发展方向，同时发现自身存在的问题和不足。

华为规定，每一位员工都必须做好每周、每月、每季度以及年终的工作汇报总结。如果有人延迟或忘记报告，公司会直接扣除奖金，力度可见一斑。

1.第一时间汇报

实时实地，将信息和问题反馈给上级，这是华为员工的基本工作要求。华为明确规定，下属向上级汇报工作的时间不能拖得太久，重要事情要立即向上反映；日常工作汇报，在未经上级同意的情况下，不能拖到第二天。

比如，在华为拓展国际市场时，市场部一线员工，每天都及时汇报成百上千条的信息，以确保公司高层能在第一时间了解全球市场的最新动向。这些事情包括：工作计划做好之后立即向领导汇报，请领导提出合理化建议或意见，避免大方向出问题。工作出现意外情况和突发问题时，第一时间向上级领导汇报，请示领导意见，寻求帮助。

2. 主动汇报

有些员工总是等到上级提出要求，才想起要去汇报工作，这种被动的态度常常让上级感到员工不够积极。同样是汇报工作，被动汇报表明员工缺乏工作积极性，以及对相关工作和信息不够重视。主动汇报，能显示出员工的责任感。所以，华为明确规定：员工必须在规定时间内主动向上级汇报工作。

在华为，每周、每月、每个季度都有专门的工作汇报时间，一旦错过了汇报时间，或者等到上级通知时才提交总结，都要受到明确的惩罚。

3. 实事求是

汇报工作切记不能夸大事实或隐瞒事实，这会让领导做出错误判断，甚至错误决策。

华为规定，员工在汇报工作时，一定要坚持按事实说话，不能无中生有，也不能刻意隐瞒实情，对的就是对的，错的就要说错的，不能颠倒是非。

任正非多次要求员工，汇报工作时必须将自己的工作成绩和缺点写出来。而且，所有管理人员手中都有相关的档案和数据，一旦说出来的事情与现实不符，员工们就必须重新总结。

比如，小军是新人，与同事协作时出现了问题。他这样向领导汇报问题：参与这个项目时，我有时感到力不从心。作为新人的我，不知怎么调动大家的积极性，并按时提交材料。每次都是我去催促，其他科室不耐烦地加以回复。这是目前项目执行的过程中，我遇到的最大困惑。

这样汇报工作，领导会认为小军善于发现和思考问题，提出的问题也相对恰当，领导能感觉到小军对项目很用心。

4. 有目的性

有些员工的汇报内容杂乱无章，既缺乏条理也缺乏说服力，因此不被上级重视。出现这种情况，很可能是工作缺乏目的性，员工不清楚自己汇报的目的，所以汇报中没有聚焦的重点。

华为员工汇报工作，并不是原原本本地告诉上司发生了什么，或者自己做了什么。而是事先制订一个明确的汇报方案：写下自己要说的事，明确汇报目的以及所要达到的效果。

比如，以解决问题为目的的汇报，在提问题时，必须想好方案，最好有两到三个方案，并分析说明每个方案的优缺点，发表自己的看法和建议。让领导从中选择，而不是让领导自己解答。

5.突出重点

做汇报最忌讳长篇大论，内容枯燥，汇报一定要注意抓住重点。华为规定，员工汇报要言简意赅，简洁明了。同时，根据汇报的目的，事先进行认真准备，列出提纲或文字材料。如果汇报的内容较多，要用数字列出一、二、三……层次分明，重点内容可以标粗。此外，要先说结果，再说理由和依据，这样上级才能够快速捕捉到重点。

以上就是华为提倡的向上级领导汇报工作的5条原则。

汇报的本质是沟通！既是传递工作成果，也是为了寻求明确的上级支持。千万不要抵触工作汇报，如果一个人无法和上级沟通，将很难真正成长。

资料来源：清澜茶馆．向上级领导汇报工作，一定要注意的5点原则［EB/OL］.（2018-12-31）. http://www.360doc.com/content/18/1231/17/10982719_805677009.shtml.

本章小结

1.管理沟通是加强企业管理、提高工作绩效、化解企业危机、形成团队凝聚力的一个重要手段。

2.人际沟通是管理沟通的基础和前提。良好人际关系的构建与人品、心理、环境、认知和个人外在仪表有关；人际冲突的产生有原因，也有消除冲突的办法。

3.分析型、支配型、表现型和随和型是四种典型的人际沟通风格，我们应根据不同风格采用不同的沟通策略。

4.管理沟通中有上级对下级、下级对上级、平行部门和员工之间等三种沟通类型，每一种沟通类型都要遵循一定的原则，运用相应的策略。

5.平行沟通是三种沟通类型中最难的，只有做到了开诚布公、积极主动、彼此协作、相互谦让，才能实现双赢的沟通效果。

扫码同步测6

练习与实训

（一）选择题

□单项选择题

1.下面对管理沟通理解不正确的是（　　）。

A.管理上实行沟通有助于企业提高工作绩效

B.管理沟通有助于企业化解所遭遇的危机

C.管理沟通有助于加强团队的合作和凝聚力

D.管理沟通可以发现企业需要的理想人才

2.下列各因素中不会对良好人际关系的构建产生影响的是（　　）。

A.个人的认知　　B.人格品质　　C.外在仪表　　D.陌生的关系

3.下列各项中不是上对下沟通内容的是（　　）。

A.给下级下达命令　B.表扬下级　C.批评下级　D.说服下级

4.下列各项中不是与权威型领导沟通的技巧是（　　）。

A.有不同意见直接提出　B.内容上简明扼要，干脆利落

C.请示汇报开门见山　D.可以与领导据理力争

5.人际冲突的解决办法不包括（　　）。

A.换位思考　B.主动协作　C.争取自己的利益　D.回避

□多项选择题

1.下级与上级沟通的态度有（　　）。

A.主动而不越权　B.尊重而不吹捧　C.请示而不依赖

D.亲近而不疏远　E.等待不敢越级

2.上级给下级布置工作的方式方法有（　　）。

A.正确地传达5W2H　B.让下级明白工作的重要性

C.敢于让下级质疑　D.不能让部下质疑

E.态度、语言要和善礼貌

3.下级向上级请示汇报，提出建议时的沟通技巧有（　　）。

A.利用有说服力的资讯及数据　B.明确目标，制订计划，充分准备

C.选择恰当的场合和时机　D.及时总结与汇报

E.说话简明扼要，重点突出

4.与表现型的人进行沟通的技巧有（　　）。

A.说话要直接，声音要洪亮　B.注意使用非语言的手势和动作

C.对他们给予关注和兴趣，认真倾听　D.协议达成后最好再书面确认

E.多赞美对方

5.平行沟通中应采用的策略有（　　）。

A.坚持原则，积极主动　B.开诚布公，体谅谦让　C.关心协作，互利双赢

D.寻找隐蔽场所交流　E.意见相左，说服对方

6.人际冲突产生的原因有（　　）。

A.权势和利益不对等　B.团队成员的不合作　C.团队成员的凝聚力差

D.负面情绪　E.工作的方式和方法不同

7.向上级提建议，说服上级的沟通技巧有（　　）。

A.尊重上级，不伤领导自尊　B.提供有说服力的数据资料

C.面带微笑，充满自信　D.选择黄金10点

E.提出问题并解决问题

（二）判断题

1.因为地位、身份的差异，下级对上级的沟通是管理沟通中最难的。（　　）

2.上级批评下级为了让大家引以为戒应该选择在公开场合。（　　）

3.下级向上级请示汇报时，可以对领导说："××领导已经同意。"（　　）

4.无论与哪种风格的领导沟通，都可以赞美他们的风格。（ ）

5.向领导提出建议时应该提供有说服力的资讯。（ ）

6.曲线沟通方式在上级对下级、下级对上级、平行沟通中都适用。（ ）

7.无论哪种管理沟通，换位思考都是有效的沟通方式。（ ）

8.在向领导提出建议说服领导时，应该以赞美开头。（ ）

9.人际冲突是因为不会沟通造成的。（ ）

10.没有人际沟通，就没有管理沟通。（ ）

11.与支配型的人沟通宜直接，少寒暄。（ ）

12.与随和型的人沟通，最后应该用书面形式进行确认。（ ）

（三）简答题

1.什么是管理沟通？管理沟通的意义表现在哪些方面？

2.人际关系的构建受哪些因素的影响？

3.人际冲突形成的原因及化解策略是什么？

4.上级给下级布置工作时要注意什么样的沟通技巧？

5.上级表扬或者批评下级时要注意哪些要点？

6.下级对上级沟通时的原则是什么？

7.下级与上级沟通时发生了矛盾如何挽救？

8.常见的领导风格有哪些类型？各有什么特点？下级应采用何种策略与之沟通？

9.平行沟通应坚持什么原则？平行沟通的策略有哪些？

10.不同人际沟通风格的特点是什么？应该如何有针对性地进行沟通？

（四）实务题

1.下面的资料反映的是企业上下级之间在工作中因为沟通不畅造成的困境。仔细阅读材料，并完成下面的任务：

（1）分析梁萧在沟通中存在的问题。

（2）仔细分析公司总经理在沟通中存在的问题。

（3）分别帮助梁萧和总经理提出改进的计划。

资料：2018年12月，作为分管公司生产经营的副总经理梁萧，得知一较大工程项目即将进行招标，他给总经理打电话简单汇报后未能得到明确答复，这使他误以为被默许，在情急之下便组织业务小组投入相关时间和经费跟踪该项目，最终因准备不充分而成为泡影。事后，在总经理办公会上陈述有关情况时，总经理认为梁萧“汇报不详，擅自决策，组织资源运用不当”，并当着部门人员的面给予他严厉批评。梁萧反驳认为“已经汇报、领导重视不够、故意刁难，是由于责任逃避所致”。由于双方信息传递、角色定位、有效沟通、团队配合、认知角度等存在意见分歧，致使企业内部人际关系紧张，工作被动，形成恶性循环，公司业务难以稳定发展。

2.阅读下面的材料，试分析佩佩与领导沟通不成功的原因，并帮助佩佩提出解决问题的办法。

佩佩年轻干练，入行才几年，职位“蹭蹭”地往上升，很快成为单位里的主力干将。几天前，新老板刚走马上任，就把佩佩叫过去：“佩佩，你经验丰富，能力又强，公司里的新项目，你就多费心盯一盯吧！”

受到新老板的重用，佩佩欢欣鼓舞。恰好这天要去另一个城市谈判，佩佩一合计：一行好几个人，坐公交车不方便，人也受累，会影响谈判效果；打车吧，一辆坐不下，两辆费用又太高，还是包一辆车好，经济又实惠。主意定了之后佩佩没有直接去办理。几年的职场生涯让她懂得，遇事向老板汇报一声是绝对必要的。于是，佩佩来到老板跟前，把几种方案的利弊分析了一番，接着说：“所以呢，我们决定包一辆车去。”汇报完毕，佩佩发现老板的脸不知道什么时候黑下来了。他生硬地说：“是吗？可是我认为这个方案不太好，你们还是买票坐长途车去吧！”

（五）实训题

1. 让班级学生分成若干小组，每组人数10人左右，以小组为工作场所，小组成员可以分成不同层次、不同部门的角色，设计1～3个发生在工作过程中的沟通情境进行沟通，并对本组沟通活动进行总结。

2. 角色扮演：学生10人一组，1人扮演分管市场的副总经理，1人扮演市场部经理，2人扮演市场部的副经理，其他人扮演市场部员工。大家共同讨论如何在节日（任选节日）期间举办促销活动，产品自定。

3. 建议学生课后观看电视剧版《杜拉拉升职记》。

第7章

求职沟通

学习目标

知识目标

◇ 了解求职的准备和求职简历、求职信的写作重点

◇ 熟悉求职面试的种类及回答问题的技巧

◇ 了解求职面试的礼仪规范

能力目标

◇ 掌握求职简历、求职信的写作

◇ 掌握求职面试时回答问题的技巧

素养目标

◇ 通过对导读案例、“开电梯的小伙儿”和“一份感谢信让他得到了工作”等案例的学习和讨论，培养诚实守信、谦逊务实的优良品德

◇ 结合对求职简历、求职信、求职面试的学习和训练，培养诚信守信、文明礼貌的良好素养

案例导读　　学历造假，劳动关系被解除

张某以河南某大学企业管理专业的毕业生身份，到上海某催化剂公司应聘行政助理职务，经面试考核等程序，张某成功被录用为公司员工。同月，张某被公司通知到生产技术部操作岗锻炼。公司对张某在公司的表现基本满意。到了这个阶段，张某认为自己已经达到了成为该公司正式员工的目的。

公司准备正式录用张某时，根据其提供的个人简历“受教育情况”中注明的1998—2002年在“河南某大学”读企业管理专业，获学位证、英语六级证，在教育部指定的网站查询，却没有找到张某所称的“河南某大学”。张某提供的学历有问题，公司马上和张某联系，张某辩称其简历写错了，应该是另一所院校。根据查询，张某重新提供的毕业院校是存在的，但是公司去该校查询张某情况时，却发现

该校并没有张某所称的企业管理专业，也没有张某所提供的毕业证书编号，核对该校毕业生查无此人。由此，张某以假学历进行应聘被证明是事实。公司毫不犹豫地解除了和张某的劳动关系。

资料来源：佚名.成功求职故事：诚信助大学生成功就业［EB/OL］.［2021-01-09］. https://www.cnrencai.com/qiuzhigushi/83409.html.有删减.

【简析】面对严峻的就业形势，很多人都希望找到理想的工作，这无可厚非。但是诚信乃做人之本！张某利用假学历进行求职，从根本上违背了做人的基本原则，也降低了自己的人格品质，自然得不到用人单位的雇佣。坚持诚信，是我们今后工作、待人、处事必须恪守的最基本的原则。

7.1 求职准备

作为即将完成学业，从校园人身份过渡为社会职业人身份的大学生，其内心世界会发生种种变化。了解影响就业的心理因素，自觉加强就业心理准备，努力提高自我的就业心理调适能力，能为顺利就业做好准备。

7.1.1 求职的心理准备

求职不同于学习期间的社会实践，它是要找到一个适合自己的工作岗位，并能在这个岗位上充分发挥自己的作用，实现自我发展，体现自我价值。充分的心理准备是影响求职的重要因素之一。求职者应该从以下几个方面做好心理准备。

1）做好角色转换的心理准备，并进行合理的角色定位

对于绝大多数学生来说，大学阶段过的是一种相对单纯而有保障的生活，学习、生活、交往等都有稳定性、规律性，但这样的生活与社会现实存在一定的距离。大学生转变为一个现实的求职者，需要抛开幻想，及时进行角色调整。只有这样，才能有充分的心理准备去应对激烈的就业竞争。

2）正确的自我认知

世界上没有两片相同的树叶。每个人都有自己特定的气质、性格、兴趣、爱好、能力、特长，全面了解自己的特点是选择职业的重要前提。作为一名求职者，只有在知己的基础上才能扬长避短，从而做出适合自己的求职决策。科学地认识自己最有效的方式是通过科学的心理测试、测量。当然，通过与其他人的交流，得到他们对自己的客观评价也是一个有效的渠道。

3）正确的职业认识和评价

正像不同的人适合不同职业一样，职业对适合从事的人群也有要求。如从事推销、公关性质的职业，需要性格外向、多血质或胆汁质的人，而在流水线上工作的人最好

具有黏液质的气质特征。作为一名毕业生，要根据社会需要和自己的特点，选择适合自己的职业，从而拓宽就业渠道。

4）对严峻就业形势的心理准备

作为一名求职者，对就业形势要有充分的认识，做好应对求职道路上可能遇到艰辛和曲折的心理准备。

5）遭遇挫折的心理准备

求职过程也是一个竞争的过程，有竞争就会有失败。当与别人竞争失败时容易出现逃避心理、消极心理，严重的话还会出现报复心理，这些都是心理准备不足造成的。作为求职者应该对自己和就业形势有清醒的认识，预想到可能出现的障碍和挫折，不怕失败，及时总结经验和教训，愈挫愈坚强，直到择业成功。

6）就业后现实与期望值有差距的心理准备

大多数毕业生是怀着对未来的美好期望离开学校而走向工作岗位的，梦想着在社会这个大舞台一展身手。但职业意识的缺乏和工作经验的不足，可能导致来自领导或同事的批评或冷遇，从而失去心理平衡。对于每一个人来说，以往的成败得失只能代表过去，新的起点需要以自己的实际表现来赢得别人的尊重和信任。

古人云：凡事预则立，不预则废。只有未雨绸缪，才能临阵不乱。只有做好充分的心理准备，正确面对求职过程中的诸多困难，每一个人才能找到自己满意的工作并在自己的实际岗位上做出一番成绩。

案例7-1　开电梯的小伙儿

第一次见到他时，挺阳光的一个小伙儿，下身穿牛仔裤，洁白的衬衣把那张圆圆的娃娃脸映衬得青春逼人。当时，我刚从招聘会上回来，准备乘电梯上楼，大厅里也在招人，是物业公司。高管等岗位被求职的大学生“哄抢”，还剩下一个电梯操作工和几个勤杂工的岗位。主管笑吟吟地问剩下的求职者：“开电梯谁干？文凭可以低点，但待遇也低一些。”“住筒子楼，睡通铺，不管吃，每月给600元。”求职者追问主管后，一哄而散，还有人临走时又补了一句“开电梯能学到什么”并嗤之以鼻。

静静地思考了一会儿，一个小伙子上前揭了榜：“我想试试。”主管看了看他的简历，笑逐颜开：“文凭还可以嘛！如果嫌枯燥乏味想辞工，得提前一周打招呼。现在签合同，明天就可以上岗。”

出入这幢恢宏气派的写字楼的大都是年轻的白领，他们中不少是名校生，整幢大楼里“驻扎”着世界驰名公司和大银行的办事处，更多的是贸易商行。开电梯的操作工好像经常“变脸”，听说有大学生签了合同就有了悔意，甚至不辞而别。

第二天上班时，我正纳闷那个小伙子会不会如期到岗，出乎意料的是，他不仅熟练地操作电梯，还穿了身笔挺的西装，一口标准的普通话报着楼层，听上去让人神清气爽。

这以后，我就更多地注意起小伙子来。有时他帮人搬物件进电梯，有时热情给人“指路”。不知从什么时候起，电梯里的背景音乐变得柔和、舒缓。直到那天下雨，看到有人从安放在电梯一角的小木架上取出备用伞，向小伙子道声谢谢时，我心中一动，蓦地升腾起一股暖意。

那天，我又从招聘会返回，在电梯口遇到老板，我给他作着简单的汇报，我们一起进了电梯，随后有一位外国人跟着进来。小伙子见状，就用流利的英语报着所到的楼层，还告诉外国人那家公司的房号。

整个过程老板都看到了，他面露惊喜。出了电梯，老板问我，助理招到没有？我摇头。老板兴奋地说：“我看这个开电梯的小伙子不错。这些天我多次留意过他。如此敬业，难能可贵。如果他愿意，我乐意让他正式成为公司的一员。”

小伙子成了我的同事。他姓郝，是大学生，学工商管理，现在是公司物流部经理。他以低姿态求职，迂回找到了发挥自己专业特长的好岗位。

资料来源：佚名.开电梯的小伙儿[EB/OL].（2021-12-23）.https://www.xiaogushi.cn/article/chengbai/20101220145307.htm.

【简析】小伙子在求职过程中，能正确地给自己定位，有清醒的自我认知，工作中务实勤奋，认真努力，最后凭借自己的能力开启了职业生涯的新篇章。

7.1.2　求职的信息准备

求职的信息准备需要从以下两方面入手：

1）就业信息采集的要求

①早。早就是采集信息要及时，要早做准备。

②广。广就是信息面不能太窄，要广泛采集各个方面、不同层次的就业信息。

③实。实就是采集的信息要具体，用人单位的地点、工作性质、人员规模、环境待遇、发展前景、对新进人员的基本要求、联系电话等信息掌握得越具体越好。

④准。准就是要做到内容准确无误，跟实地考察没有出入。

2）就业信息的处理

广泛收集到信息后，要对所拥有的信息进行甄别，筛选出有价值的、自己感兴趣并且适合自己的岗位招聘信息，这样可以做到有的放矢，提高求职成功率。

7.1.3　设定求职目标

1）按照SMART系统要求来设立个人的求职目标

S——明确的(Specific)：有方向性的、清晰的、具体的职业目标。

M——可量度的(Measurable)：可以量化、有数据衡量该目标。

A——可达到的(Attainable)：有一定的挑战性，并能够实现一定的职业追求。

R——相关联的(Relevant)：行动、成果配合职业目标的实现。

T——有检视点的(Trackable)：有明确的时间检视目标、成果、行动的进度。

2）职业目标设定的原则

（1）找出目标与核心

你必须有明确的目标，也就是自己一心一意想达到的职业目标。

（2）保持积极的信念

信念对自己的感受和成就的影响非常大。分析自己的信念，确定信念是积极的、正向的，并和自己想做的事保持一贯性。

（3）目标必须切合实际，有挑战性

你的目标要结合你现实的环境，要长短结合；如果定得太高，往往会中途流产。有句话说得好，目标要踮踮脚尖就能够得着，才是合理的；如果不用踮脚尖就能够到，那就没有挑战性；跳起来都够不到，那就不是目标。

（4）目标应是平衡、和谐的

每个人制定的目标可能有很多个，包括职业、岗位、事业、财富收入、家庭生活、学习成长、健康及人际关系等。这些目标要相互间不能冲突。

7.1.4 SWOT分析法自我评估

SWOT的4个英文字母分别代表：优势（Strength）、劣势（Weakness）、机会（Opportunity）、威胁（Threat）。运用SWOT分析法，可以对研究对象所处的情景进行全面、系统、准确的研究，从而根据研究结果制定相应的对策、计划和发展战略等。

自我评估就是对自己做全面分析，通过自我分析，认识自己。只有认识了自己，才能对自己的职业做出正确的选择，才能选定适合自己发展的职业生涯路线，才能对自己的职业生涯目标做出最佳抉择。自我评估包括特长、性格、智慧、情商、管理能力等。

7.1.5 确定自己的职业方向

资料7：择业方向选择的依据是什么

要找到自己的职业方向，通常会采用5个“W”的归零思考模式，从提出“你是谁？”的问题开始，一路追问下去，一共有5个问题：

Who are you?

What do you want?

What can you do?

What can support you?

What can you be in the end?

回答了这5个问题，找到了它们的最大共同点，也就有了自己的职业生涯规划。

下面是一个大学生的自我SWOT分析，我们不妨按照这种分析方法，自我测试一下。

沟通窗7-1

一位大学生的SWOT分析：机遇与挑战并存!

我就读于一所普通高职院校，我有一些缺点，当然也有优点。但这些都不重要，重要的是分析自我，认清自我，扬长避短，做好规划，不断完善自我。

1.缺点：缺乏自信，胆小，与人沟通能力不强，处事能力不强，自制力不好，口才不好，实践不多，不够风趣。

2.优点：上进，态度认真，积极主动，注意兴趣培养，善于思考，聪明，童心犹存，崇尚自然，追求独立，洒脱，比较有危机感，能够不断完善自我。

我要采用的是WO策略和SO策略。

1.WO策略：使劣势减到最少，使机会增加到最大。针对存在弱点的领域，或者从内部发展，或者从外界获得所需要的能力，从而利用环境中存在的良机。

大学几年里，我要克服这些缺点：胆小，那就去推销，这是一个锻炼胆量的好方法，同时也可以锻炼我的口才！在与人交往的过程中逐渐建立自信，多与他人沟通！处事能力不强，可以利用暑假到外面去实习！多一些实践，多一些锻炼！至于不够风趣，这是性格原因，不必刻意改变，多一些微笑就好！按计划进行，加强自我监督机制，在克服以上缺点的同时提高自制力！

2.SO策略：运用自身的优势去利用环境中的机会。我也有很多优点可以好好利用一下！

第一，上进，态度认真，积极主动。这至少说明我的心态不错，态度端正。这点很重要！有一句话：一个人的态度决定其高度！利用这些来克服缺点。

第二，我也很聪明的，只是我的聪明总要经过初期的适应才体现得出来。

第三，我也追求独立，我们是新时代的大学生，对社会是有责任的，而承担责任的基础是独立。

第四，我也比较洒脱，总是很会自我调节，也算有点阿Q精神吧！

第五，我性格上还有其他一些优点，也许称不上优点，不过自己很喜欢：童心犹存，崇尚自然，矛盾明显。这其中，矛盾表现得最为明显，我有时很活泼，有时又很文静。

资料来源：肖建中. 职业规划就业指导［M］. 北京：北京大学出版社，2006.

7.2 求职简历

求职时，第一个步骤就是向招聘单位递交自己的应聘材料。求职材料是求职者提供给用人单位的个人名片，它能给用人单位留下第一印象。求职材料对应聘成败起着不可低估的作用，所以求职者要认真准备求职材料。一般来说，求职材料包括封面、个人简历、求职信（自荐信）、学校的推荐信、获奖证书、资格证书和必要的证明材料等。

7.2.1 准备求职材料时应遵循的原则

1）真实性

求职材料在内容上必须真实，切忌为了赢得用人单位的好感而弄虚作假。像篡改成绩、杜撰社会实践活动、夸大业绩、夸大能力等内容都是不诚实的典型表现。在面试时，面试者只需要进行一些提问，就会知道求职者是否诚实。一个人的真实水平，通过专业面试一般都可以判断出来。

2）规范性

规范性是对求职者所有文字材料的基本要求，求职材料是对自己的一个全面总结，在材料中既要全面反映自身的基本情况，如姓名、性别、出生日期、政治面貌、籍贯、学习成绩等，又要反映自身优势、特长、爱好；不仅要突出自己的优点、成绩，也要说明自身存在的缺点；不仅要说明自己对用人单位职位感兴趣的原因，还要表达自己努力工作的决心。求职材料不仅格式要规范，而且填写术语也要规范。简历、自荐信等都有各自相应的格式，应该规范写作。

3）富有个性

个性原则主要要求求职材料体现求职者的个性，不能“千人一面”，更不能“张冠李戴”，要体现求职者的独特性。由于不同用人单位对人才的要求不尽相同，求职材料的准备也应根据不同的单位有所差异。比如，你想去应聘沿海地区“三资”企业的职位，最好要准备中英文对照的材料。求职材料在体现你的个性和创意的同时，要尽量贴近应聘职位的要求。

4）突出重点

求职材料必须要简明扼要，突出重点，使想了解你的人能很快地、明确地看到你的基本情况。有些毕业生的求职材料做工精巧、设计美观，但是重点不突出，前面很多页全是一些无关紧要的东西，如学校简介、院系简介、人生格言等。当有些用人单位收到的求职材料比较多时，这样的求职材料很可能就会被直接过滤掉。

5）全面展示

一份好的求职材料是在突出重点的同时全面展示自己。一份全面的材料至少应包括以下几个方面的内容：封面（写有姓名和联系电话）、照片、个人简历、求职信、推荐表、成绩单、外语等级证书复印件、技能证书复印件、获奖证书复印件。其中个人简历、成绩单、资格证书复印件是必需的材料。

6）设计美观

准备求职材料的目的之一是吸引用人单位对自己的注意力或者让用人单位对自己感兴趣。因此，求职材料的设计就显得尤其重要。一般来说，求职材料，无论是文字的还是表格的，都应采用A4纸打印或复印，并进行必要的版面设计。理工类的毕业生，求职材料的版面要讲究自然、朴实、理性、洁净的风格；文学、艺术、管理、软件设计等专业的毕业生，求职材料要富有创意。

7）杜绝错误

所有材料要杜绝任何错误，无论是语法错误、错别字、标点符号或是印刷错误，都要避免。试想，一个连求职材料都错误连篇、漏洞百出的人，还会是一位工作认真的员工吗？

整理求职材料时还应注意做到分门别类，井然有序，条目明确清晰。一般都要求有一份材料清单，使人一目了然。各种材料的纸张规格要相同，纸张大小不一会给人以凌乱的感觉。

7.2.2 制作个人简历

求职时要做的第一件事就是投递简历，简历是一种重要的自我推销文件，它是沟通求职者和用人单位的第一座桥梁。一份好的简历能充分展现自己的才能，能让自己在众多求职简历中脱颖而出，吸引招聘人员的注意力，从而给自己赢得面试机会。

1）撰写简历应注意的事项

求职简历没有固定的格式，毕业生可根据自己的求职目标、招聘单位的条件和要求以及自己的强项和弱项等不同情况进行设计，注意有的放矢，展现优势，兼顾简洁扼要、合体适用等几个原则。在撰写时，要注意以下事项：

（1）有的放矢，量身定做

撰写简历的目的就是让招聘单位了解你，进而聘用你。求职者应从自己的兴趣志向转到招聘单位的立场和需求上来，以自己的长处来迎合、满足未来雇主或招聘单位的需要，使他们看到自己对他们的价值，即“自己能为他们做什么”。这就要求在撰写简历时，针对的是对方的要求，而不是向对方传递自己的兴趣志向。

在应聘不同单位、不同职位和不同职业时要根据各自的特点和要求，突出相应的重点，有针对性地突出个人特长，不能用相同的一份简历去应聘，要根据不同的单位、不同的职位和不同的职业制作多份不同的简历。

（2）扬长避短，突出优势

在撰写简历时，切记要突出与所申请职位相关的知识、经验与技能。对于应届毕业生而言，由于没有工作经验，简历的重点应放在学习成绩，以及参加过的社会活动、实习经历上。

（3）措辞得体，适度表意

简历属于应用文体，不仅措辞表意有习惯要求，而且应得体适度。简历用词应尽可能精练，使用短语表达，以使简历短小精悍，通俗易懂。

行文应秉持客观的态度，用具体的事实和准确的数据说话，避免使用抽象、空洞的措辞，避免使用带有强烈色彩的修饰语、带有个人看法的字眼和强调性用语。简历不仅应使阅读者了解每句话的字面含义，而且应能让阅读者悟出言外之意，进而了解求职者的能力、专长、所取得的成就。行文时既不要用第三人称，也不要用第一人称，最好是省略主语，应选用具体、明确的动词性短语、名词性短语和形容词短语，使句子显得活泼、轻快。

（4）格式恰当，篇幅适宜

毕业生要根据自身情况，选择最能体现自身优势，最适合自己各方面任职资格的简历格式。

简历篇幅以一页A4纸为宜，即使经历丰富，也不能超过两页。当编写简历时，要根据寄送简历的目的，结合对方的要求，精心筛选和编排有关素材。行文时要字斟句酌，惜墨如金，使整个简历的篇幅精简，达到适宜的程度。

（5）精心编排、打印

简历的优劣，关键在于给人的印象如何，必须对写好的简历进行必要的加工。简历的排版打印要精心设计，四周必须留出足够的空白，显得有空间美。每行之间要有一定的间距便于阅读。

各项目的名称应使用较粗较大的字体与字号，以便同正文有所区别。切忌简历中出现跳字、文字高低不平以及用改正液涂改的痕迹。千万不能把多次复印模糊不清的简历四处发放，容易给人造成“求职专业户”的印象。

2）简历的主要内容

简历就是用最简练的语言向用人单位介绍自己，所以简历要层次分明、简洁明了、重点突出。一份完整的简历一般包括以下几个方面的内容：个人资料、求职目标、学历、本人经历、获得的荣誉和本人特长、自我评价等。概括起来可以分为下面三个部分：

（1）个人基本信息

个人基本信息包括：姓名、性别、出生日期（或年龄）、出生地点、身高、体重、健康状况、兴趣爱好、联系方式（常用电话、邮箱）和照片，以及求职目标。个人基本信息要写在开头的醒目处，做到让招聘单位过目不忘。

（2）个人能力

这一部分主要包括学历和本人经历。学历既能体现个人的教育背景，也能展示个人的专业特长。学历一般只需写较突出的几项，列出所获得的最高学历和学位以及获得的时间，然后回溯到高中阶段即可。在学校名称后面要写出专业的名称和主修的课程，如果有些辅修的课程与应聘的职位相关，也要列出来。学历部分还应包括学习期间发表的著作、论文和研究成果，以及参加的业务培训等。

个人经历是用人单位最关注的部分，它反映了毕业生的工作经历、实习经历和参加社会实践的情况。说明本人经历时应写出最主要的和能表明能力的工作经历，并且要出具具体的工作和能力的证明材料。在描述工作经验时一般采用逆时写作，即先写近期的，然后按时间自后向前倒序写出来。如果没有实际工作经验，这部分应写出本人的实习经历和参加的社会实践情况。

（3）相关证明材料

这部分内容是对第一、第二部分内容进行补充和佐证，可以将自己的学历证书、获奖证明、相关资格证书以及实习单位评价等情况进行说明。在简历后面可附上学历证书、获奖证书、英语等级证书、计算机等级证书、职业资格证书等的复印件。

获得的荣誉主要包括三好学生、优秀学生干部、优秀团员和奖学金等，同时要列出获得荣誉的时间。相关证书包括职业资格证书和其他能证明自己能力的证书。自我评价应该用精练的语言描述自己与求职岗位相匹配的特点、能力、经历等。

3）个人简历封面的设计

求职简历封面是个人求职材料的脸面，封面设计既要美观、有个性，又要突出主要内容，不可过于花哨。成功的设计，会给用人单位留下一个良好的第一印象；若设计不成功，可能直接影响用人单位对求职者能力的评价。封面的设计是丰富的，但其基本原则是美观、大方、醒目、整洁。

封面设计要有一个主题或标题。一个好的主题，往往能够一下子引起用人单位注意，促使招聘者想进一步了解自荐材料的具体内容。而且，封面的设计风格与自荐材料内部主体风格要一致，具有统一性、整体性，同时，封面设计中最好体现出求职者的姓名、专业、年级、学校等基本信息。在自荐材料的装订中最好采用A4标准纸，用计算机打印，不要用繁体字（有特殊要求除外），装帧不要太华丽，保持整洁、明快是最重要的。

为了不显得单调，可以在封面上设计一些简单的图案，但切不可把图案当成封面的主体，否则就会喧宾夺主。

简历封面应包括以下内容：

- 学校名称（可附上学校的徽标）
- 专业名称
- “个人（求职）简历”字样
- 个人姓名
- 联系地址（附上邮编）
- 联系电话（附上区域号码）
- 手机号码
- 邮箱

具体图示如图7-1所示。

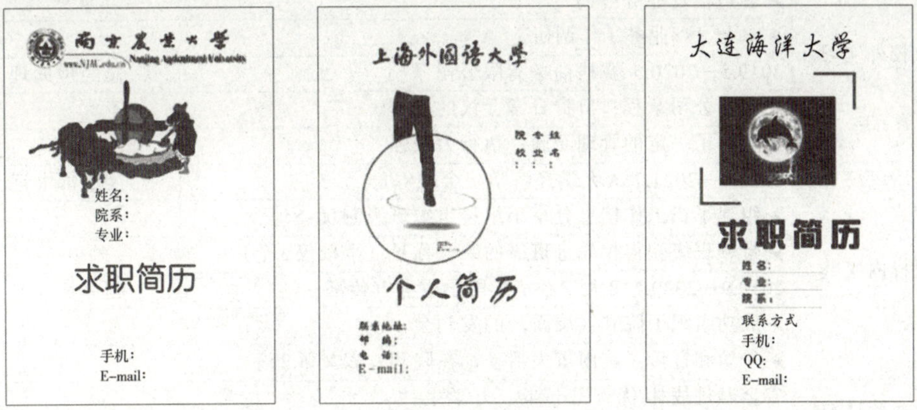

图7-1　个人简历封面样本

求职简历表是求职者个人信息和能力的集中反映，其设计和制作对于吸引用人单位注意、突出个人特点非常重要，因此要特别注意。

表7-1、表7-2是两种包含了常见基本项目的求职简历表模板。

表 7-1　　　　　　　　**求职简历表（模板1）**

姓名		性别		出生年月		贴照片处
政治面貌		民族		入学时间		
籍贯		学制		学历		
专业名称		健康状况		联系电话		
个人特长				兴趣爱好		
通信地址					E-mail	
家庭住址					邮政编码	
求职意向						
教育背景						
工作经历						
社会实践						
获奖情况						
资格证书						
自我评价						

表 7-2　　　　　　　　**求职简历表（模板2）**

姓名	李华 （字体稍大，吸引注意）	贴照片处
基本信息	毕业院校：A大学　　学历：研究生 24岁·女·中共党员　专业：金融学 电话： 邮箱：	
2次校外实习	2021.7—2021.8 ××银行×分行×分理处	大堂副经理
	➢客户信贷业务咨询	
	➢参与 ×××业务工作调研	
	2019.5—2020.5 赛格商务有限公司	总经理助理
	➢起草公司章程；负责日常会议的安排	
	➢积累了一定的管理经验；执行力较强	
2段校内实践	2020.9—2021.7 A大学经济学院金融×班	团支部书记
	➢组建了找工作信息分享小组；组织班级游玩××地	
	➢带领班级获得校先进班级的荣誉称号（全校仅3个）	
	2019.9—2020.7 B大学经济学院学生会宣传部	副部长
	➢成功组织了院刊《晨露》的发刊会	
	➢采访和宣传了院内重大活动，在院刊发表文章2篇	
3次获奖情况	省金融挑战杯/优秀团干部/三好学生	
	（略）	
3种职场技能	计算机/证券/英语	
	（略）	
2个兴趣爱好	旅游/羽毛球	

在个人简历的设计上，还可以通过栏目颜色、字体大小、量化的数字等来展示自己的与众不同，给用人单位留下深刻印象，以便在竞争中取胜。

资料8：英文简历

案例7-2　好的简历是成功打开职场大门的钥匙

蒋先生一直心仪某公司的销售代表一职，为实现这一目标，他做了长期充分的准备工作，包括一份生动得体的简历。对于应聘销售代表而言，这份简历近乎完美无瑕，看得出蒋先生是个聪明人，做简历的功夫也很深，尤其是在业绩的描述方面，数字的运用极为老练，几乎达到多一个字浪费，少一个字不足的程度。但在近一年的时间里，他先后两次向该公司投递简历，应聘销售代表职位，均毫无反应。百思不得其解的蒋先生通过朋友找到了职场专家。蒋先生向专家声明，他只应聘该公司的销售代表，并已经对该公司的产品和服务有了全面了解，而且其在目前公司的业绩和经历都足以支持他应聘该职位。职场专家看了蒋先生的简历，发现有一个至关重要的细节被他忽略掉了，那就是简历中只提及了他现在任职公司的名称，没有涉及公司的规模和行业地位，这就使得他那些原来很能打动人心的业绩数字失去了参照的基准。虽然他对业绩的描述很有说服力，但从人力资源经理的亲身体验来看，每个销售代表都会描述自己的业绩如何如何优秀，问题是你的优秀与他人的优秀相比，怎么知道你的优秀是招聘公司想要的优秀呢？职场专家在蒋先生的简历上增加了该公司的注册资金、雇员人数和前一年的销售总额等十几个字，这十几个字把蒋先生的业绩衬托得十分令人信服。同时，他还告诉蒋先生一个投简历的技巧，对于销售代表的录用，起决定作用的是销售部经理而不是人力资源经理。专家让他除了用电子邮件向该公司发送一份简历外，又向该公司发了份简历的传真件，在传真上注明了销售部经理收。后来确实是该公司的销售部经理第一个给蒋先生打了电话，蒋先生对该公司的透彻了解使双方谈得很投机，最后蒋先生如愿进入该公司。

资料来源：李仁山.大学生就业指导范例［M］. 北京：首都经济贸易大学出版社，2004.

【简析】要提高简历的命中率，还必须学会替看简历的人着想，知己知彼，永远都是制胜的关键。

7.3　求职信函

简历是向用人单位介绍求职者的基本信息、经验和特长，求职信则是向用人单位推介自己过去的经验和技能，说服用人单位考虑自己的申请，两者发挥各自不同的作用。写好求职信是敲开就业大门的又一个重要步骤。

7.3.1　求职信的内容

一封好的求职信要突出自己的特点，将自己的长处展示给用人单位，以增加获得面试的机会。求职信的主要内容一般包括开头、正文与结尾。

1）开头

开头部分主要是称呼。称呼要写明收信人的姓名、称谓或职务，如×××先生、×××女士或×××经理等。求职信如果知道具体的收信人，称呼可以写得具体一些，一般是姓加职衔或官衔；如果收信人既有职衔又有官衔，一般以其高者、尊者称呼；当求职方向不太明确时，可以用泛称，如“尊敬的领导”来称呼。

2）正文

正文是求职信的重点，要简洁而有针对性地概述自己简历的内容；要突出自己的长处和优势，尤其是与招聘岗位和要求相吻合的知识、技能，使对方觉得你各方面情况与招聘要求相一致，与有关职位的要求、特点相吻合。具体内容可以概括为如下3个方面：

① 说明个人的基本情况和用人消息的来源。首先说明用人消息的来源，这样用人单位看后是比较愉快的，因为其广告费没有白花。假如你没有广告作为依据，也不知道对方是否需要招聘新职员，你可写一封自荐信投石问路，但一定要说明你对该单位的印象，表示希望到该单位从事某种工作的愿望。其次，要介绍个人的基本情况，为使对方加深印象，最好附有近期照片。

②说明胜任某项工作的条件。这是自荐信的核心部分，主要是向对方说明你的知识、经验、专业技能、与工作相符合的特长、性格和能力。总之，无论从哪个角度，都要突出适合于所求职业的特长和个性。

③ 介绍自己的潜能。通过向对方介绍自己曾经担任过的各种社会工作及取得的成绩，表示自己有管理方面的才能，有发展和培养的前途。例如，在谋求会计工作时，介绍自己现在的专业技能如会使用计算机、懂得某些会计软件的操作等，表明可以承担会计办公自动化方面的工作；又如，向宣传部门推荐自己时，介绍自己具有文艺、绘画、摄影或书法等特长，表明能承担相关工作任务。

3）结尾

求职信的结尾要令人回味而记忆深刻。要把你想得到工作的迫切心情表达出来，请用人单位能尽快答复你，以恰当恳切的方式请求安排面试。内容要具体简明、语气要热情、诚恳、有礼貌，别忘了向对方表达感谢。要写清楚自己的详细通信地址、邮政编码和联系方式，必要时还应该注明何时打电话较合适等，以便互相联络。最后不要忘记加上“此致”“敬礼”，并在右下角写上自己的名字和日期。

4）附件

求职信上可说明会附有关资料文件，如各种证书的影印件、学校的推荐信、履历表、近照及有关证明等，给对方以办事认真、考虑周全的印象。

沟通窗 7-2

尊敬的××经理：

您好！

特写此信应聘贵公司的经理助理职位。我很幸运地在招聘网站得知贵公司的招聘信息，因为我一直期望能有机会加盟贵公司。

两年前我毕业于××财贸职业学院国际贸易专业，在校期间学习了多门专业课程，如国际贸易、国际贸易实务、国际商务谈判、海商法、外贸英语等，掌握了一定的专业知识。毕业后，我就职于一家外贸公司，从事市场助理工作，主要是协助经理制订工作计划，负责一些外联工作和文件、档案的管理工作。我认为自身具备一定的管理和策划能力，熟悉各种办公软件的操作，英语熟练，略懂日语。我相信自己可以胜任贵公司经理助理之职。

个人简历及相关材料一并附上，希望您认为我是该职位的有力竞争者，并希望能尽快收到面试通知，我的联系电话是：139××××××××。

感谢您阅读此信并考虑我的应聘要求！

此致

敬礼

××

××××年××月××日

附：（略）

【简析】这是一封针对招聘信息而写的恳求型求职信。信中开头部分写明招聘信息的来源，提出自己的请求；中间部分简要介绍了受教育的情况、毕业后的工作情况以及个人能力，表达了自己对求职成功的自信；信的最后以礼貌的语言提出期待。整个信函条理清楚，逻辑严密，言简意赅。

7.3.2 求职信写作的注意事项

1）言简意赅，引人入胜

求职信的功用只是为你争取一个参加面试的机会。招聘人员工作量很大，时间宝贵，求职信过长会使其效度大大降低。通常，招聘人员对与其企业有关的信息最敏感，所以要把你与企业、职位之间最重要的信息表达清楚。

1992年哈佛人力资源研究所的一份测试报告的数据证明：一封求职信如果内容超过400个单词，则其效度只有25%，即阅读者只会对1/4的内容留下印象。

2）不宜有文字上的错讹

一封好的求职信不仅能体现出求职者清晰的思路和良好的表达能力，还能考察出性格特征和职业化程度。因此一定要注意措辞和语言，精雕细琢，切忌有错字、别字、病句及逻辑欠通顺的现象发生。否则，就很可能使求职信“黯然无光”甚至带来负面的影响。

3）切忌过分吹嘘

招聘者从求职信中看到的不只是求职者的经历，还有求职者的品格。

4）针对性和个性化会让你的求职信脱颖而出

不少人事经理反映，现在求职信中最常见的问题是“千人一面”。毕业生这种千篇一律、没有任何针对性的求职信，招聘人员看得太多了，因此求职命中率很低。此时，针对性已成为求职信奏效与否的“生命线”。同时，个性化也很重要。有的求职信没有任何豪言壮语，也没有使用任何华丽的词汇，却让人读来觉得亲切、自然、实实在在。

7.4 求职面试

面试是招聘单位与求职者面对面的交流和考核，招聘单位通过面试能多维地、动态地、直接地考察求职者的综合能力和表现。求职者也可以通过面试进一步了解招聘单位的情况，考察其是否能满足自己的求职目标。作为求职者，要想得到职位一定要注意面试时的各个细节。

7.4.1 面试的类型

求职面试是招聘单位在众多求职者中挑选最合适的人选的常规做法。面试的类型和形式有很多种。

1）结构化面试与非结构化面试

根据面试的结构化（标准化）程度，面试可以分为结构化面试、半结构化面试和非结构化面试3种。

所谓结构化面试，是指面试题目、面试实施程序、面试评价、考官构成等方面都有统一、明确、规范的面试；半结构化面试，是指只对面试的部分因素有统一要求的面试，如规定有统一的程序和评价标准，但面试题目可以根据面试对象而随意变化；非结构化面试，是对与面试有关的因素不作任何限定的面试，也就是通常没有任何规范的随意性面试。

正规的面试一般都为结构化面试，公务员录用面试即为结构化面试。结构化面试从面试目的、试题准备到评判标准等都有相应的规定，众考官按照统一尺度衡量应聘人员，保证面试的公平、公正。

在非结构化的面试条件下，面试的组织非常“随意”。对面试过程的把握、面试中要提出的问题、面试的评分角度与面试结果的处理办法等，主考官事前都没有精心准备与系统设计。非结构化面试类似于人们日常非正式的交谈。非结构化可以将面试者放在一种放松的状态下，考察面试者的个人品德和能力。

2）单独面试与集体面试

根据面试对象的多少，面试可分为单独面试和集体面试。

所谓单独面试，指主考官与应试者单独面谈。这是最普遍、最基本的一种面试方式。单独面试的优点是能提供一个面对面的机会，让面试双方较深入地交流。这也是现在常用的一种面试类型。

集体面试又叫小组面试，指多位应试者同时面对面试考官的情况。在集体面试中，通常要求应试者做小组讨论，相互协作解决某一问题，或者让应试者轮流担任领导主持会议、发表演说等。这种面试方法主要用于考察应试者的人际沟通能力、洞察与把握环境的能力、领导能力等。无领导小组讨论是最常见的一种集体面试法。在不指定召集人、主考官也不直接参与的情况下，应试者自由讨论主考官给定的讨论题目，这一题目一般取自于拟任工作岗位的专业需要，或是现实生活中的热点问题，具有很强的岗位特殊性、情景逼真性和典型性。在讨论中，众考官坐于离应试者有一定距离的地方，不参加提问或讨论，而是通过观察、倾听为应试者进行评分。无领导小组讨论现在成为很多用人单位选拔人才的一种常用面试方法。

3）压力性面试与非压力性面试

根据面试目的的不同，可以将面试区分为压力性面试和非压力性面试。

压力性面试是将应试者置于一种人为的紧张气氛中，面试官以穷究不舍的方式连续就某事向应试者发问，且问题刁钻棘手，甚至逼得应试者穷于应付，面试官以此种“压力发问”方式逼迫应试者充分表现出对待难题的机智灵活性、应变能力、思考判断能力、气质性格和修养等方面的素质。

非压力性面试是在没有压力的情景下试察应试者有关方面的素质。

4）一次性面试与分阶段面试

根据面试的进程来分，可以将面试分为一次性面试和分阶段面试。

所谓一次性面试，是指用人单位对应试者的面试集中于一次进行。在一次性面试中，面试考官的阵容一般都比较“强大”，应试者是否能面试过关，甚至被最终录用，就取决于这一次面试的表现。

分阶段面试又可分为两种类型：一种叫“依序面试”；另一种叫“逐步面试”。依序面试一般分为初试、复试与综合评定3步。初试的目的在于从众多应试者中筛选出较好的人选。初试一般由用人单位的人力资源部门主持，主要考察应试者的仪表风度、工作态度、上进心、进取精神等，将明显不合格者予以淘汰。初试合格者则进入复试，复试一般由用人部门主管主持，以考察应试者的专业知识和业务技能为主，衡量应试者对拟任工作岗位是否合适。复试结束后再由人事部门会同用人部门综合评定每位应试者的成绩，确定最终合格人选。

逐步面试，一般是由用人单位的主管领导以及一般工作人员组成面试小组，按照小组成员的层次，由低到高，依次对应试者进行面试。面试的内容依层次各有侧重，低层一般以考察专业及业务知识为主，中层以考察能力为主，高层则实施全面考察与最终把关。逐步面试实行逐层淘汰筛选，越往后越严。

5）常规面试、情景面试与综合性面试

根据面试内容设计的重点不同，可将面试分为常规面试、情景面试和综合性面试3类。

所谓常规面试，就是主考官和应试者面对面以问答形式为主的面试。在这种面试条件下，主考官提出问题，应试者根据主考官的提问做出回答，展示自己的知识、能力和经验。主考官根据应试者对问题的回答以及应试者的仪表仪态、身体语言、在面试过程中的情绪反应等对应试者的综合素质做出评价。

情景面试突破了常规面试一问一答的模式，引入了无领导小组讨论、公文处理、角色扮演、演讲、答辩、案例分析等人员甄选中的情景模拟方法。情景面试是面试形式发展的新趋势。在这种面试形式下，面试的具体方法灵活多样，面试的模拟性、逼真性强，应试者的才华能得到更充分、更全面的展现，主考官对应试者的素质也能做出更全面、更深入、更准确的评价。

综合性面试兼有前两种面试的特点，而且是结构化的，内容主要集中在与工作职位相关的知识技能和其他素质上。

面试类型还有很多，目前社会录用人员常见的主要是上面几种。

沟通窗7-3

常见的面试问题按题目功能和题目性质可分为8大类：

1.背景性问题

在面试开始时，面试官往往用3～5分钟的时间来了解应聘者工作和生活方面的一些情况、教育和工作背景等问题。此类问题不仅可以让应聘者放松，自然进入面试情境，形成融洽的面试气氛，还可以验证和澄清简历上的个人信息，为后续的面试提供引导，便于深入面试。

例如：（1）请你用3分钟时间简单介绍自己。

（2）谈谈你的个性、兴趣、特长或优缺点。

（3）谈谈你参加过的社团或担任的职务，你从中学到了什么？

答题思路：在短短的几分钟内尽量多展示自己的优势，要做到简明扼要、重点突出。

2.知识性问题

知识性问题主要考察应聘者对所要从事职业的一般性和专业性知识的了解和掌握程度。知识性的问题包括一些常识和专业知识。常识是从事该工作的人都应具备的一些知识。专业性知识是专业领域的知识。

例如：（1）说说电磁炉与红外线加热原理。（机电专业）

（2）解释“ISO”的含义。（财经专业）

答题思路：思路要清晰，抓住问题的本质，充分发挥平时积累和掌握的专业知识。

3.智能性问题

智能性问题是考察应聘者对一些事物或现象的理解能力和分析判断能力。面试官通常会选一些较复杂的社会热点问题。

例如：（1）最近什么社会现象引起了你的注意？为什么？

（2）你怎么看待垃圾分类这个问题？

答题思路：思路要开阔，考虑问题要全面、深入。这类问题主要看应聘者是否言之有理。

4.意愿性问题

意愿性问题考察应聘者的求职动机与招聘职位是否匹配，内容涉及应聘者的价值取向和生活态度等方面。

例如：为什么选择应聘这个岗位？如果没有应聘上将如何打算？

答题思路：实事求是地回答，把自己的想法表达出来即可，有时主考官可能会追问。

5.情境性问题

情境性问题是设计一种假设的情境，询问应聘者如何去做，进而考察应聘者的应变能力、计划协调能力、情绪稳定性能力和个性特征。

例如：假设你的工作负担已经很重了，领导又给你安排另一项任务。你觉得已经没有精力再承担更多的工作，但又不想与领导冲突，你会怎样处理这个问题？

答题思路：首先要了解自己的角色，把自己置身于假设的情境中，然后提出全面的行为对策。

6.行为性问题

行为性问题关注应聘者的过去行为，考察应聘者的人际交往能力、组织协调能力、解决实际问题能力等。

例如：在过去的学习和生活过程中，你遇到最难打交道的两个人是谁？为了把事情办成，你做了哪些努力？结果如何？

答题思路：回答要实事求是，如实回答自己以前经历过的相关事件。

7.压力性问题

压力性问题是故意给应聘者施加一定的压力，考察其应变能力和忍耐性。

例如：通过以上问题的回答，我觉得你的面试表现并不理想，你如何看待对你的评价？

答题思路：应聘者应有快速的反应能力。要保持情绪稳定，心平气和，提出两全其美的措施。

8.连串性问题

连串性问题也是考察应聘者的承压能力，包括在有压力的情境中思维的逻辑性、条理性。同时，连串性问题也可以考察应聘者的注意力、瞬时记忆力、情绪稳定性、分析判断力和综合判断力等。

例如：我想问三个问题：第一，你为什么想到我们单位来？第二，到我们单位来后有何打算？第三，你上班后发现实际情况与你想象的情况不一致，你会怎么办？

答题思路：应聘者应该有思想准备，要如实反映对于自己的选择究竟是怎么考虑的，要从自己的价值观和志向等方面对自己进行剖析。

7.4.2 面试前的准备

1）心理准备

面试就好比是一场考试，既在测试每个人的能力，也在测试每个人的心理素质和临场发挥。因此，要成功面试，首先要充满信心。“天高任鸟飞，海阔凭鱼跃”。保持良好的状态、快乐的心情，会大有好处。其次要抓住招聘者的心。面带微笑，给自己积极的心理暗示，是消除面试紧张的最好方法。

2）充分了解应聘单位

对用人单位的性质、地址、业务范围、经营业绩、企业文化、发展前景、应聘岗位职务及其所需的专业知识和技能等要有一个全面的了解。单位的性质不同，对求职者面试的侧重点也不同。一位资深人力资源专家说：“面试时，我们都会问求职者对我们公司了解多少，如果他能很详细地回答出我们公司的历史、现状、主要产品，我们会很高兴，认为他很重视我们公司，对我们公司也有信心。”

3）业务知识准备

求职者要熟知与应聘岗位相关的专业知识、业务技能等。多备几份求职材料，供招聘者参考。准备当天可能用到的个人资料或作品，携带相关证件，以便在面试过程中进一步向招聘者提供有关自己个人的相关资料。参加面试时，通过展示对知识的掌握和理解来表达希望获得这一职位的愿望。

4）对可能遇到的问题进行准备

这项准备是指对面试时可能被问的问题作事先的预判，有助于认清自己真正的想法，有助于在面试的现场能够沉着应答。

5）准备一系列问题，向面试者请教

向面试者请教是对组织面试的招聘单位情况进行了解，或对你不太熟悉的情况以及求职机会进行了解。

6）面试情况的准备

一旦被约定面试，就应该马上进行准备。可以询问一些情况，如面试当天的时间安排、面试流程、面试要求等。当然，除此之外还有面试的确切地点、面试的方式等。

7）仪表准备

面试前应注意修饰自己的仪表，使穿着打扮等与年龄、身份、个性等相协调，与应聘的职业岗位相一致。正装是面试着装永恒不变的主题，穿正装总是可以传递对别人的一种尊重。

7.4.3 面试时的注意事项

面试是整个求职过程中最重要的阶段，求职的成败取决于面试时短短一瞬间的表现。在面试时如何表现自己，这与是否能够得到这份工作有很大的关系。

1）面试前

面试前的注意事项包括：

①提前达到。至少应在面试开始前10分钟到达。尽一切可能准时。

②把所有的证明材料带上，如推荐信、毕业证书、出版物和完成的课题等。多带几份简历分发给与面试有关的人员，面试你的人可能不止一个，预先料到这一点并准备好会显得你做事正规、细致。

③用缓解紧张的技巧来减少你的不安，舒缓你的压力。譬如，放慢语速，深呼吸以使自己冷静下来。

④准备好问题及答案，清楚潜在雇主的一般情况等。

2）面试中

面试中的注意事项包括：

①充满自信，富于热情。人们都喜欢聘请容易相处且为公司自豪的人。既要沉着稳重，也要表现出你的精力和兴趣。

②留心自己的身体语言，对主考人全神贯注，注意用眼神交流；握手要表现得自然；面试过程中不要东张西望，不要随便地打断别人，要耐心地聆听对方的意见。

③沉着回答所问问题。不要对面试人员提出的问题表现出难以接受的样子，即使对方提出的问题比较尖锐，也不要针锋相对。

④切忌喋喋不休，口若悬河。不要让双方谈论的话题成为自己演讲的题目而使双方的角色转换。

⑤清楚自己的交际用语。不要只用“是的”“不是”来回答问题；在交谈过程中，也不要使用一些类似“啊”“哇”“嘿”等语气词，以免给人一种大惊小怪的感觉。

⑥要充分展示自己的能力。例如，你勤奋工作追求团体目标的能力、你的组织协调能力、你的创造能力等。

3）面试后

面试后的注意事项包括：

①尽量把你参加面试的所有细节记下。一定要记下面试时与你交谈的人的名字和职位。

②起身表示告辞时要轻声起立并将坐椅轻轻推至原位置。如果有必要或者场合合适，可以用“同您谈话我感到很荣幸”“感谢您给我这次面试机会”“谢谢各位考官”等话语礼貌地与面试人员告别。

③离开面试现场时，可以一并向面试辅助人员表示感谢。

④一周之内，向面试者或其他有关人员写一封感谢信。感谢信是整个面试过程的最后一步，它会给大多数用人单位留下很深的印象。

⑤面试一结束，你应该对你在面试时遇到的难题进行回顾。

案例 7-3　一封感谢信让他得到工作机会

大学毕业后，小何进入了一家公司工作。说起来，当初和小何一起进入面试的还有一个同学，但最终，只有小何一人被录取了。“一封E-mail让我得到了一个工作机会。”面对师弟师妹，小何这样介绍经验。

在面试过程中，小何和他的同学都给面试官留下了深刻的印象。面试结束后，他们焦急地等待着结果，但两个星期过去了，他们始终没有接到通知。“即使没录取我，也该发封邮件、打个电话说一下啊！”在抱怨中，小何的同学放弃了等待，转而寻找新的工作机会。

同学的决定让小何产生了动摇，但思前想后，他还是有些不甘心。于是，小何按照面试官名片上的邮箱地址发了封E-mail。在信中，他感谢这家公司给了他面试的机会，也表示期待得到进一步通知。没想到，第二天，小何就接到了这家公司人力资源部的录取电话。

进入公司半年后，在一个偶然的机会下，小何问那位面试官，也是他现在的上司：“能告诉我您当初录用我的原因吗?”上司笑了：“你很有实力，而且更为重要的是，在所有的求职者中，你是唯一写感谢信的人，虽然那封信来得有些迟。”

资料来源：作者根据相关资料整理.

【简析】面试结束后对面试官以及组织面试的人员表示感谢，既可以表达自己的真挚谢意，又可以给面试企业留下良好的印象。一个懂得感谢的人，总是会让人心生暖意。

资料9：面试着装“六大禁忌”

7.4.4 面试时的礼仪

这部分内容将在第9章相关章节做详细介绍，此处从略。

7.5 网上求职

随着信息时代的到来，我国就业信息化进程的加快，网络求职已成为当代大学毕业生最常用的求职手段之一。网上求职的最大优势是用人单位和毕业生将招聘信息和求职信息上网公开，跨越了时空的界限，突破了人才信息与招聘信息难以沟通的限制，打破了传统单向选择的人才交流格局。有调查显示，中国网络招聘市场呈稳定增长趋势：2016年中国网络招聘行业雇主规模达到428.2万，增长率为29.1%。2016年中国网络招聘行业求职者规模达到14 449.5万人，增长率为12.1%。2017年上半年中国网络招聘市场规模为27.1亿元，同比增长率为18.9%。2017年上半年在中国网络招聘市场中，前程无忧和智联招聘仍然领跑招聘行业，其中前程无忧营收份额最高，占比31.8%；智联招聘紧随其后，占比30.7%（数据来源于搜狐网·艾瑞咨询）。

毕业生不仅可以从互联网上获取各种就业信息，而且还能将自己的个人信息发布到网上，这增加了供需双方通过网络互相选择，直接交流的机会。作为当代大学毕业生，要充分利用网络传递信息的信息量大、反馈速度快、简洁方便和节省人力物力等特点，为自己的求职工作服务。

网上求职与其说是一种求职方式，不如说是一种获得面试机会的求职途径。网上求职要注意的事项有以下三点：

1）要明确自己的求职目标

网上求职不必是唯一的岗位目标，但一定要有一个方向。毕业生不妨将其写在纸上，比如，机电类可以包括机械工程师、电气工程师、维修工程师、机电设备销售代表等岗位。毕业生应当根据自己的专业特点、工作经验、个人兴趣专长等情况确定自己的求职方向，同时还要明确求职区域，不然再好的机会也会因为距离过远而不能赶去，白白浪费自己的求职时间。

2）要有一个稳定的通信方式

网上求职主要是通过电子邮箱进行联系的，毕业生一定要选择一个性能稳定的邮箱，性能不稳定的邮箱可能会影响你的求职。比如，发出的求职信无法到达企业邮箱，或者被企业邮箱认定是垃圾邮件，以致于毕业生无法收到企业回复的邮件，从而错过机会。还要注意的是，多数企业在看到求职的电子邮件后，会通过电话与毕业生联系，因此毕业生一定要留一个可以随时联系到自己的电话号码。

3）通过合适的网站搜集招聘信息

毕业生明确了自己的求职方向，也准备好了相应的求职资料后，就要找到相应的招聘网站寻找合适的职位信息，这是网上求职的一个重要环节。找到一个合适的网站求职，可以获得比较高的成功率。从1997年智联公司开通了我国第一家招聘网站开始，到今天，中国各类招聘网站总数已经达到上千家，有一定影响力的网站也达到上百家之多，如何从众多的人才网站中找到适合自己的职位信息，这是一个值得毕业生重视的问题。

招聘网站按网站的服务区域可分为全国性招聘网站、地区性招聘网站；按网站的职位种类可以分为综合性招聘网站、行业性招聘网站；按网站的功能可以分为完全招聘类网站和为招聘进行配套服务的网站，比如一些网站并不提供职位信息，而是提供求职技巧、求职指南、网址导航方面的信息；按网站的独立性可以分为专门的招聘网站、门户网站的招聘频道、普通企业网站的招聘栏目。

对于毕业生而言，应该根据自己的实际情况，选择相应的招聘网站。对于一个对求职不是太熟悉的应届生，应先多浏览一些求职指南类的网站，或看一些招聘网站里面关于求职的技巧介绍方面的内容。

毕业生寻找招聘网站有多种途径。首先，可以通过搜索引擎的分类查找，如通过新浪、搜狐、腾讯等网站分类搜索。这些搜索引擎的招聘网站分类里通常都收录了上百甚至上千个与招聘相关的网站，毕业生如果有时间可以去逐一了解。其次，可以通过网址导航类网站，网址导航类网站类似于搜索引擎的招聘网站分类，但是网址导航网站里的招聘网站通常都是网上最常用的，数量一般只有几十个，界面简洁，使用方便。目前国内一些门户网站均增加了网址导航这方面的内容，毕业生可以登录相应网站去了解。最后，可以通过一些其他途径，如网站里的友情链接、媒体报道、朋友推荐等，有时间的毕业生还可以登录一些与求职相关的论坛。毕业生应该立体式选择合适的招聘网站，如全国性招聘网站、区域性招聘网站、行业性招聘网站，这样通常可以保证毕业生获得足够的招聘信息。毕业生还可以直接到企业自己的网站上去查询是否有招聘信息。

课外拓展阅读　一位资深人力资源部门专家的感言——面试过程步步是考场

三年前，我在一家大型知名企业任人力资源部门的负责人。公司当时处于快速发展时期，需要大量的人才。我们在《深圳商报》打了一次广告，求职信和简历雪片般飞来。我得承认，我们都挑花眼了！

其中一个职位是董事长秘书。秘书是一个司空见惯的职位，没有什么太特别的。但我们的董事长是国内一位非常知名的企业家，做他的秘书就是一件令人期待的事了。

不少人挖空心思地修饰简历，有人寄来了自己美丽的照片，有人打电话来用英语、日语等多种语言介绍自己，甚至有人告诉我们他懂武术和射击，并且酒量特别大！而我们的董事长对性别、相貌，甚至外语都没有特别的要求，他只要求秘书做人和做事都能够令人信赖。

在对简历进行了初步筛选之后，我们通知了15位候选人来面试。面试约定在上午10点钟开始，其实在面试前我们还安排了笔试，但我们并没有在电话中提醒应聘者。笔试也没有设监考人员，由应聘者自行答题。结果，有5位没有带笔的应聘者首先被淘汰出局，因为秘书要为他人提供服务，意想不到的情况会经常发生，而不习惯于做多种准备的人不会是个好秘书。

我们在笔试考场入口处准备了签到表，由各人签上自己的名字和到达的时间，旁边仍然无人监督。结果有4人因签了与实际情况不符的虚假到达时间而被淘汰，2人因迟到被淘汰，还有2人因在考试期间跟外界通电话被淘汰。余下的3人，我仔细阅读了他们的试卷和求职的资料。一人试卷答得不错，但字体棱角分明，卷面不够干净；一人试卷答得不理想，但所带来的以前写的作品不错；最后一人试卷答得中规中矩但字体俊秀，虽然没有带来以前发表的作品，但在答题时十分有条理。

秘书不应该是个棱角太过分明的人；条理比文采更重要，而且要看现场的作品而不是以前的。因此，我们最终选择了最后的那位应聘者。后来的事实表明我们没有看错人，他的工作得到了董事长的好评，而我与他也成了私下里聊得来的好朋友。

资料来源：佚名.面试过程步步是考场［EB/OL］.［2021-05-30］. https://wenku.baidu.com/view/c4ae5feab81aa8114431b90d6c85ec3a86c28b33.html.有删改.

本章小结

1.求职者要做好求职前的心理准备，围绕职业目标，采集就业信息、分析和处理信息、进行自我评估并做SWOT分析，确定自己的职业方向和人生目标。

2.求职材料包括封面、个人简历、求职信（自荐信）、学校的推荐信、获奖证书、资格证书和必要的证明材料；宜真实、规范、有个性、重点突出、材料全面、设计美观，忌书写错误。

3.面试的类型多种多样，每种面试类型都有其特点，面试前要做好相关准备，求职的成败取决于面试时短短一瞬间的表现，面试时要戒禁忌，努力表现自己。

4.毕业生通过网络来求职的人越来越多，要寻找合适的网站发布自己的信息；网络求职具有信息量大、反馈速度快、简洁方便和节省人力物力等优点，但要学会甄别虚假信息。

练习与实训

扫码同步测7

（一）选择题

□单项选择题

1.求职准备中不包括（　　）。

A.心理准备　　B.信息准备　　C.目标准备　　D.场地准备

2.下面关于求职简历理解正确的是（　　）。

A.写好求职简历，求职一定会成功　　B.求职简历重在突出自己各方面的能力

C.求职简历的制作可以个性化　　D.求职简历与求职信是一回事

3.求职简历的内容不包括（　　）。

A.求职者的知识和技能　　B.对所求职位的认知

C.求职者的社会实践　　D.求职者的兴趣爱好

4.求职面试时需要注意的地方不包括（　　）。

A.对自己知道的问题可以多回答，对不知道的少回答

B.开门、出门都要轻手轻脚

C.面试时回答问题声音要清晰

D.要注意自己的言行举止

5.下面关于网络招聘理解正确的是（　　）。

A.网络招聘更有利于求职者找到工作

B.网络招聘的信息都是可靠的

C.网络招聘能节省时间、人力，是目前企业采用的主要招聘方式

D.网络招聘需要选择正规网站

6.下面关于求职理解不正确的是（　　）。

A.求职面试时要注意礼仪规范　　B.求职时可以适当夸大自己的能力

C.求职目标一定要明确　　D.做好个人的SWOT分析

□多项选择题

1.无论是传统招聘还是新兴的招聘方式，作为应聘人员需要做好的准备有（　　）。

A.心理准备　　B.就业信息的采集准备

C.个人资料的准备　　D.求职信写作的准备

2.求职者个人SWOT分析是指（　　）。

A.个人优势分析　　B.个人劣势分析

C.个人机会分析　　D.个人品德分析

3.求职材料中包括（　　）。

A.求职简历　　B.个人文凭

C.相关证书　　D.感谢信

4.求职面试时，需要注意的行为礼仪主要包含（　　）等方面。

A.服饰礼仪　　B.见面礼仪

C.交谈礼仪　　D.结束礼仪

5.求职信息采集要求（　　）。

A.尽可能早　　B.尽可能广

C.尽可能准　　D.尽可能实

（二）判断题

1.由于网络的虚拟性，因此网络招聘信息是不可信的。（　　）

2.为了保证求职成功，求职简历和求职信中可以只讲自己的能力。（　　）

3.求职信息越多越有利于求职成功。（　　）

4.为了保证面试时不惊慌，应提前30分钟以上到达面试现场。（　　）

5.面试前可以将到达面试现场的线路提前思考或考察一下。（　　）

6.求职简历的封面设计只要注意美观即可。（　　）

（三）简答题

1.求职前要做哪些准备？

2.什么是面试？你能举出几种面试形式？

3.面试时遵循的原则和技巧有哪些？

4.求职信函如何写作？

5.求职简历包含哪几方面的内容？

6.求职面试时应注意的礼仪要求具体内容有哪些？

（四）实训题

1.班级学生分成若干小组，每组8～10人，分别扮演求职者和企业招聘人员，模拟组织企业招聘活动。

要求：（1）确定企业性质和经营产品的类型；

（2）确定要招聘的人数、岗位及条件要求；

（3）招聘人员要确定角色身份及工作任务；

（4）招聘活动最后要宣布结果并说明理由。

2. 无领导小组讨论活动。

以班级为单位，抽出若干名学生分成评委和讨论小组成员两组，组织无领导小组讨论。教师给出讨论题，讨论小组成员进行讨论，评委同学点评并说明理由。

第8章

会议沟通

学习目标

知识目标

◇ 了解会议类型、会议目的和会议的组织原则

◇ 了解会议准备的内容和会议日程安排的内容

◇ 熟悉会议人员的沟通技巧

能力目标

◇ 掌握会议的组织准备

◇ 掌握会议日程安排表的制作

◇ 掌握会议人员的沟通技巧

素养目标

◇ 结合会议组织、日程安排的学习，培养学生勤俭节约的意识，弘扬中华民族传统美德

◇ 结合会议秘书素质内容的学习，培养学生立场坚定、坚持原则、团结协作的意识

案例导读　　**群体会议提高工作绩效**

某服装公司决定加快工艺流程改造，并进行工艺重组。但以前在进行工艺重组时，工人的反应非常强烈，对工艺的改动持敌对态度。为了实施改革计划，公司管理层采用了三种不同的策略：

策略一，与第一组工人采取谈话的方式，向他们解释将要实行的新标准、工艺改革的目的及这么做的必要性和必然性，然后，给他们规定一个反馈的期限。

策略二，告诉第二组工人有关现在工艺流程中存在的问题，然后进行讨论，得出解决的办法，最后派出代表来制定新的标准和流程。

策略三，对第三组工人，要求每个人都讨论并参与建立、实施新标准和新流

程，每个成员都参与，如同一个团队一样。结果令人惊奇。虽然第一组工人的任务最为简单，但结果他们的生产率没有任何提高，而且对管理层的敌意越来越大，在40天内有17%的工人离职；第二组工人在14天里恢复到原来的生产水平，并在此后有一定程度的提高，对公司的忠诚度也很高，没有人离职；第三组工人在第二天就达到原来的生产水平，并在一个月里提高了17%，对公司的忠诚度也很高，没有人离职。

资料来源：黄漫宇.商务沟通［M］. 北京：机械工业出版社，2010.

【简析】三种策略最后的结果不同关键在于前两种虽然也有沟通，但策略一是一种单向沟通，工人的参与意识不强，有的甚至不理解改革意图而离开；策略二让工人们参与到其中，使其对改革的计划有较好的了解；策略三则采用会议形式，使每个工人都参与改革计划的讨论，由于小组成员在讨论会中高度参与，每个人都充分发表自己的意见，团队成员集思广益，保证了改革的实施和工作绩效的提高。因此，采用会议的形式进行沟通，可以达到事半功倍之效。

会议是管理沟通最常用的方法之一。一次成功的会议架起了会议主办方与参会者之间沟通的桥梁，也为所有参加会议的人员提供了相互交流的平台；同时，会议可以解决工作中出现的问题，高效地传达上级的指示精神，化解矛盾，所以一次成功的会议就是一次成功的沟通。英特尔前董事长安德鲁·格罗夫曾说过："会议是管理工作得以贯彻实施的中介手段。"

8.1 会议沟通概述

8.1.1 会议目标

明确会议目标直接关系到会议成效。一般会议的目标主要有：

1）分享信息

企业通过会议这种形式，可以使全体员工了解上级政策、指令，新的管理理念和方法，还可以通过会议这个平台，了解市场动态、产品信息等。下级也可借此将问题、建议等信息及时反馈给上级。

2）做出决策

企业的长远发展规划、新政策的实施、新产品的开发、新技术的运用等重大事项的决策，可以通过会议共同商讨后做出决策。由于是会议的共同决策，所以其权威性强，执行力度大。

3）解决问题

企业内部久而未决的问题、全体员工关注的问题、团队内部因工作产生的意见不统一，都可以通过会议，让大家建言献策、畅所欲言，达到化解矛盾、统一意见、解决问题的目的。

4）激励成员

企业内通过会议，无论是传达上级的指示精神，表扬先进人物和事迹，还是就某些具体事项形成决策，或是解决工作中的实际问题，都能使公司员工凝气聚神，形成上下团结一致、共同努力的局面，激发企业员工的工作热情和提高对企业的忠诚度。

5）创新思维

会议是企业内集思广益的一个好方法。所有参加会议的人员互相交流，就某些问题相互探讨，每个人的思维都会从他人那里得到启发，激发出新的思想火花，从而产生新的创意。

8.1.2 会议类型

微课7：会议类型

按不同的标准划分，会议类型各异。

按规模分，会议有大型会议、中型会议、小型会议；按举行的时间分，会议有定期会议和不定期会议；按内容和性质分，具体有下面几种：

1）股东大会和董事会

这是股份制企业召开的一种会议类型。参加的人员是全体股东或股东代表；会议内容一般涉及公司重大事项，如公司章程的修订、新项目的启动、律师的聘用、利润的分配等。

2）常规性员工会议

公司新政策的颁布、传达上级文件、表彰先进员工、公司年终总结及新的工作计划的传达等都可以通过这种类型的会议实现。常规性员工会议的参加者一般是公司全体员工或员工代表，举行的时间可以定期或不定期。

3）部门会议

这种会议类型最常用。一般由部门负责人召集本部门成员，通报部门情况，交流信息，解决与本部门有关的工作中的问题。当部门成员因工作产生矛盾时，也可以借助部门会议融洽彼此的关系。有时，出现突发事件，召开部门会议也能很好地解决问题。部门会议一般规模小，参加人员少，但成效较好。

4）座谈会（包括客户咨询会）

这是企业既可对内又可对外的一种会议沟通方式。座谈会参加人员可以来自各阶层、各方面，也可以是与本企业有关系的业务伙伴。会议组织者可以通过座谈的形式，了解一些看法，搜集意见。座谈会的时间虽短，但目的性较强。

5）展销会和业务洽谈会

展销会是一种开放式的会议，主要目的是宣传和销售产品，树立企业形象。业务洽谈会更主要的是以谈判的形式出现，要求较高，会场的布置、谈判人员的接待、谈判过程中策略的运用等都要掌握好。两个会议类型有前后之间的联系。

6）新闻发布会

这也是一种企业对外的开放性会议类型。当企业出现危机或有新产品面市等重大事项时，采用这种会议形式，可以消除负面影响，通报信息。近年来，新闻发布会常被政府、国家机关、企业等各类型机构采用。

7）一对一会议

一对一会议又称“虚拟会议”。这是一种特殊的会议类型。在企业里一般以聊天、聚餐、谈心、娱乐活动等形式出现。这种松散的会议模式，在企业管理中往往能起到发现问题、收集信息、凝聚力量的重要作用。

8.1.3　会议的组织原则

1）目的要明确

任何会议的举行都有明确的目的。传达上级的指示精神，解决工作中的问题，讨论年度工作计划，请相关人员为企业的产品、发展提出合理化建议，等等，都应目的明确。只有会议目的明确，才会有成效。

2）决策要果断

会议是否有必要召开，请谁参加会议，会议的规模大小，会议需要讨论的问题有哪些，诸多问题需要在会议召开之前由相关的组织者考虑清楚，做好决策。在会议举行的过程中，做出决策应该干脆果断，不要浪费时间和精力。

3）反应要灵活

会议举行的前后，有可能遇到突发事件或一些意外情况，会议的组织者应该学会灵活变通，积极采取应对措施，以保证会议的顺利进行。

4）职责要分明

任何会议的组织者、参与人、主持人等，一定要明确自己的职责，做好分内之事，保证会议正常、高效进行。

5）相互要配合

虽然会议的相关人员要明确自己的职责，但不代表只考虑自己的事情和利益，相互之间还应该积极配合。一个成功的会议，离不开各部门、各岗位人员的相互协调和配合。

6）节省而高效

《十八届中央政治局关于改进工作作风、密切联系群众的八项规定》第二条明确提出“要精简会议活动，切实改进会风”“提高会议实效，开短会、讲短话，力戒空话、套话”。政府机关和各类企事业单位，会议的举行应该本着必须召开而设，充分考虑时间、人力、财力成本，尽可能地节约。

8.2 会议的组织准备

案例8-1 某企业成功的会议组织

2021年3月2日，某企业年度营销启动大会顺利召开，近300位供应商合作伙伴、企业员工共同参与。

这次会议相当于“企业供应商年会”，之前是每年举办一次，近两年因新冠肺炎疫情关系停办。同时，疫情下的2020年，企业与供应商线下沟通的渠道、频次减少，导致供应商对企业的新变化、新举措了解得不全面、不深入，双方合作方面存在一些需要改善的问题。

本次会议从1月上的开始筹备，刘莉和部门一位同事以项目执行人的身份，参与全程策划和组织。

一、项目策划会，敲定会议基调

2021年1月上旬，在由公司领导和会议相关部门负责人参加的会议中，明确了会议的形式、内容、会场选择、参加人数以及总体费用预算等事项。本次会议以论坛的形式，围绕企业品牌宣传、合作互信两个方面，通过播放“企业宣传片”、企业自有品牌产品现场体验、主题分享和重要供应商代表战略合作签约”等环节，增进双方的了解、激发合作的信心、实现建立联系的目的。

二、落实关键事项，绘制项目甘特图

会场租赁费、照片直播和iPad电子签约是本次会议中最大的3笔开支，分别汇总了3个不同价位的报价信息，供领导选择。同时，用3个“评判指标”将会场选择结果，以“★”数量进行量化，并结合会场图片，方便领导在实地考察后快速确定。

综合以上信息，完成了议程的设计，并绘制筹备进度甘特图。依据甘特图，同事们进行了简单分工。

三、围绕议程，巧借SOP细化筹备操作流程

（一）从会议前中后，梳理文档清单

……

（二）根据议程内容，细化操作步骤

1.将议程拆分成几个阶段，借用学习活动设计“五线谱”思路，将具体操作细化，并根据细化内容，撰写主持稿。（具体内容略）

2.将“员工风采展示”撰写成SOP，提供给各领队，组织队员提前彩排。

……

3.各工作小组当天的任务按会议前中后进行梳理，召开专题会议，并根据要求在现场落实。

……

4.设计“工作备忘录”，促进各项工作有序推进，并以此为核验依据。

……

资料来源：佚名.组织企业大型会议的案例分享［EB/OL］.［2021-03-05］. http://pxssl.org/forum.php?mod=viewthread&tid=7247.

会议的组织工作千头万绪、纷繁复杂，一个会议的成功与否与准备工作做得是否充分直接相关。会议的每个环节如果考虑周全，不仅能使会议组织者充满自豪感，而且也可以提高与会者的满意度，所以会议的组织准备非常重要。高效而成功的会议组织准备主要有以下几方面工作：

1）成立会议筹委会或秘书处

大中型的会议要成立临时性专门的会议组织机构——筹委会和秘书处。机构内的成员、各自的任务、职责等都要明确，并且成员之间既要各司其职，又要统筹协调。这是会议按序、有效召开的前提和保证。小型会议一般由部门主管负责即可。

2）明确会议的目的

会议的目的多种多样，如传递信息、激励士气、解决问题等。只有明确了会议的目的，才会在会议规模、人员邀请、文件拟定、日程安排等细节方面做好相应的准备。因此，会议的目的是举办会议的基础。

3）确定与会人员

与会人员应根据会议的内容、重要程度、讨论的议题及规模等方面来确定。有的公司在举行销售人员庆典大会时，参会人员的数目是没有限制的。但是，决策性的会议，参会人数则不宜多，否则会造成“人多嘴杂”而意见难以统一的局面。根据目标，会议的理想人数见表8-1。

表8-1 会议目标和与会人数

目标	理想人数
集中解决问题	5人或5人以下
明确问题	10人或10人以下
信息回顾和演示	30人或30人以下
激励性会议	不限

4）拟定会议的相关文件

在会议准备阶段，需要拟定的与会议相关的文件有：会议通知或会议请柬、会议日程安排、会议记录、会议预算报告等。会议通知应交代清楚会议的时间、地点、名称、参会人员（数量、身份等）、主要议题、报到的时间和地点、需要的费用、联系人和电话等。一些复杂的会议如展销会等还需要拟写会议策划方案。

5）布置会场

会场布置是保证会议有序进行的物质条件。会议组织者应根据会议性质、规模、内容等需要精心布置会场。具体要注意的事项有：

①会场交通要畅通，方便与会人员的出行。

②会场的环境要干净整洁，无噪声干扰，闹中取静是最佳的选择。

③会场应大小适宜、通风良好、光线明亮，这样可以使与会人员精神振作，提高会议效率。

④会议所需设备要齐全，包括白板、白板笔、投影仪、话筒、电源等。

⑤会场的安保措施要保证。

⑥安排好会场的座位。会场的座位安排既是会议内容的需要，也是礼仪的需要，更是保证会议效果的需要。根据会议内容和要求的不同，会议座位的摆放可以考虑以下几种形式：

A.礼堂形。众多的椅子排成几排，面对主持人。一般适用于大型的会议，会议以介绍发言、传达上级文件或领导报告为主，如图8-1所示。

B.圆桌形。把座位排成圆形，表明参与人员之间的平等，最适用于多边会谈，如图8-2所示。

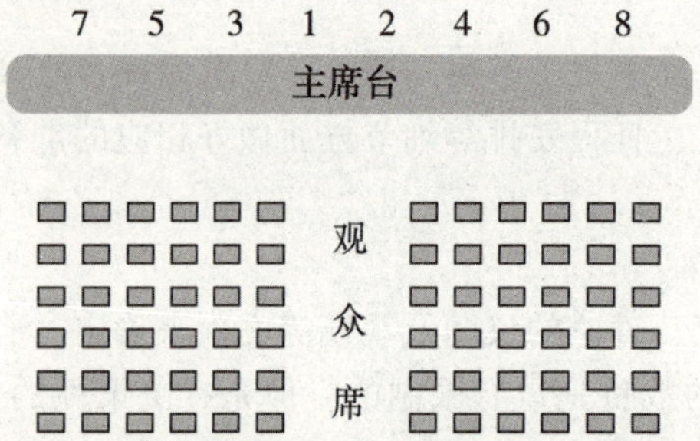

图8-1　礼堂形座位

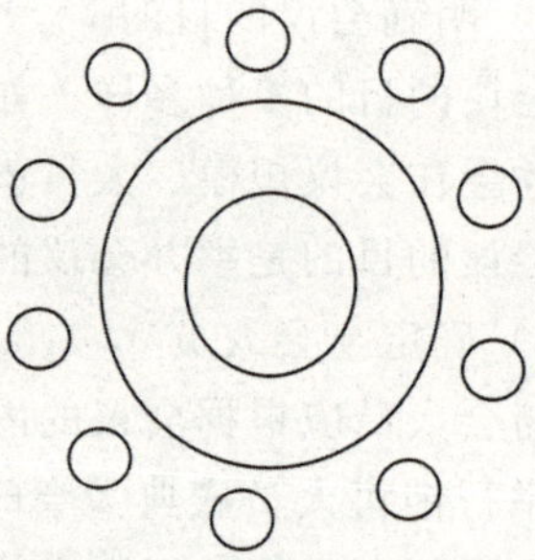

图8-2　圆桌形座位

C.长桌形（椭圆形、U形）。椭圆形和U形座位基本相似，只在局部地方有些不同，是最常用的会议座位安排方法。适用于规模较小、参加人数不多的会议，比如洽谈会、讨论会、座谈会等类型。这种座位沟通效果比较理想，如图8-3所示。

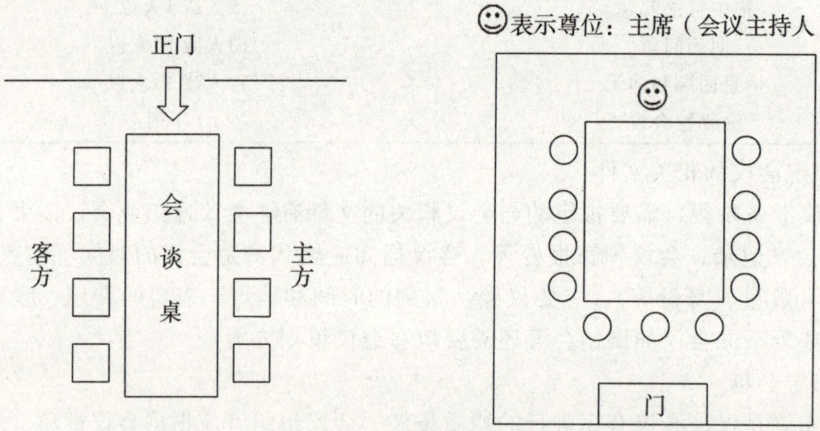

图8-3　长桌形座位

D.半圆形。半圆形座位是一些领导率代表团成员与主方会见时采用的座位安排方法。

会议的座位安排除了上述四种外，还有“V”形、课桌形、马蹄形等形式，每种座位形式都是根据会议内容需要而设定的，并且在安排座位时，还应该遵循“面门为上，居中为上，前排为上，以右为上”的原则。

8.3　会议日程安排

会议日程安排能保证会议按议定的日程有序进行，使与会人员对会议内容和进程有清晰的了解，为与会人员提供方便。会议日程是否安排得合理有序，直接关系到会议的成效。所以，会议日程安排是否紧凑、合理、科学，能够反映会议组织者的组织沟通能力。

会议日程安排应包括以下内容：

①会议的名称，如“××大学××学院与××公司校企合作座谈会”，有些代表大会要写清“届”“次”等。

②会议举行的时间和地点。会议时间的安排要根据具体情况选择合适的时间段，而且时间和地点要具体、细化。

③会议的议题。会议的议题是会议的主要内容，也是会议举行的目的所在。议题可以是传达文件、表彰先进、经验介绍、讨论问题、做出处理决定等。在安排所讨论的问题时，可以遵循以下原则：由重要到不重要；由不尖锐到尖锐；由容易到困难。

④会议的主持人和每个事项的负责人或介绍人。

⑤每个事项所需要的时间。

除了上述内容之外，在日程安排上，还要考虑到长时间会议的会间休息，持续多天的会议要安排与会人员的会外活动等。表8-2是某证券公司召开新一年投资策略报告会的日程安排。表8-3为某证券公司202×年投资策略报告会分会场安排。

表8-2　某证券公司投资策略报告会日程安排

时间：202×年12月×日

地点：××市香格里拉大酒店（××市××路288号）

日期	时间	内容	主讲人	主持人	地点
202×年12月×日	9：30—9：40	公司领导致辞——202×年宏观经济形势点评	总裁 李××博士	吴××	酒店2楼2号宴会厅
	9：40—10：10	202×年投资策略点评	总经理 刘××博士		
	10：10—10：50	危机后的我国战略贸易调整	××对外研究所 所长　张××		
	10：50—11：00	茶歇			
	11：00—11：40	202×年中国经济形势分析与展望	××研究中心 主任　张××		
	11：00—12：10	202×年投资策略	策略研究小组 余××		

续表

日期	时间	内容	主讲人	主持人	地点
202×年12月×日	12：20	午宴			酒店2楼3号宴会厅
	14：00—17：40	能源、材料行业专场	见各专场附表	江××	香格里拉3楼1厅
	14：00—17：40	金融、房地产行业专场		洪××	香格里拉3楼广东厅
	14：00—17：10	零售、医药与食品饮料、旅游酒店行业专场		××	香格里拉3楼2厅
	14：00—18：30	工业与运输专场（机械、电力设备、汽车、建筑、建材、交运）		××	香格里拉3楼四川厅
	14：00—17：00	TMT专场（计算机与军工、电子元器件、通信设备、创业板）		××	香格里拉3楼江苏厅

表8-3　某证券公司202×年投资策略报告会分会场安排表

日期	分会场	行业	时间	内容	负责人	地点
202×年12月×日	分会场一	能源与材料行业专场	14：00—14：10	煤炭行业202×年投资策略	林×× 研究员	酒店2楼会议室
			14：10—14：30	煤炭行业上市公司见面会——西山煤电	公司高管	
			14：30—14：40	有色金属行业202×年投资策略	肖×× 研究员	
			14：40—15：00	有色金属行业上市公司见面会——金钼股份	上市公司高管	
			15：00—15：20	有色金属行业上市公司见面会——海亮股份	上市公司高管	
			15：20—15：30	钢铁行业202×年投资策略	马×× 研究员	
			15：30—16：00	钢铁行业上市公司见面会——韶钢松山	上市公司高管	
			16：00—16：10	化工行业202×年投资策略	吕×× 研究员	
			16：10—16：40	化工行业上市公司见面会——浙江龙盛	上市公司高管	
			16：40—16：50	电力行业202×年投资策略	谢×× 研究员	
			16：50—17：20	电力行业上市公司见面会——穗恒运A	上市公司高管	
			17：20—17：40	电力行业上市公司见面会——广州控股	上市公司高管	
	分会场二	金融、房地产行业专场	14：00—14：10	保险行业202×年投资策略	曹×× 研究员	酒店3楼会议室
			14：10—14：40	保险行业上市公司见面会——中国平安	上市公司高管	
			14：40—14：50	证券行业202×年投资策略	王×× 研究员	
			14：50—15：00	银行业202×年投资策略	高××	
			15：00—15：30	银行业上市公司见面会 ——深发展A	上市公司高管	
			15：30—16：00	银行业上市公司见面会 ——交通银行	上市公司高管	
			16：00—16：10	房地产行业202×年投资策略	沈××	
			16：10—16：50	房地产行业上市公司见面会——北辰实业	上市公司高管	
			16：50—17：20	房地产行业上市公司见面会——中天城投	上市公司高管	
			17：20—17：40	房地产行业上市公司见面会——深振业A	上市公司高管	
		⋮	⋮	⋮	⋮	⋮

8.4　会议人员

8.4.1　会议主持人

案例8-2　会议主持人面临的问题

某公司的年终市场销售分析会议正在进行，公司总经理担任会议的主持人。在会议进行过程中，公司负责市场工作的副总经理提出，公司明年的市场营销重点应从“以巩固国内市场为主”转向“以开拓国际市场为主”。他希望他的设想能在这次会议上得到大家的支持并通过。但在会议进行过程中，负责市场营销的部门经理、副经理对这个设想提出了反对意见，他们认为国内的市场潜力还很大，而企业的资金实力不够，与其让其全面开花，还不如采用“各个击破”的策略，先在国内市场取得绝对优势地位。结果双方争论得不可开交。

问题：如果你是会议主持人，面临着这样的场面，你如何解决？如果最终需要你就这次分析会议做总结，你又如何对“市场营销的重点”问题做总结？

资料来源：作者根据相关资料整理.

【简析】会议主持人的职责不仅是保证会议按时开始，还应该控制好会议进行过程中可能出现的各种情况。当与会人员发生意见不统一时，会议主持人应该采用提醒、轮流发言、与会人员逐一表态等办法控制会议进程，保证会议的有序进行。如果会议对“市场营销重点”已经形成一致意见则直接表明态度，有条理地说明理由；如果未达成共识，可以对整个会议进行总结，将问题留待下次会议再讨论。

会议主持人是组织和召开会议的灵魂人物。会议能否实现预期的目标，会议进程能否有序稳定地推进，会场气氛是否理想，讨论的问题是否能拿出解决意见等都与会议主持人的沟通能力密切相关。一名成功的会议主持人，应做到以下8个方面：

1）成功地开始会议

主持人首先要保证会议准时开始，即使一些与会者还没到达，也不能因为等待迟到者而让会议延迟，让其他人因为等待而产生抱怨。在预定的时间内，主持人用3～5分钟向与会者表示欢迎，简单介绍会议的议程以及会议要遵守的基本规则。

2）控制好会议中的冲突

如果会议的议题比较复杂，与会成员可能出现意见分歧，或者对议题的解决方案有争议，就可能出现会议冲突。如果发生了冲突，最好的方式就是要鼓励不同意见的人完整地解释他们的见解，然后复述双方的意见并征求赞同或反对的声音。在全体成员达成一致意见以前再次斟酌决策或寻找其他可行的方法。

3）稳步地推进会议

在会议进行中，应当对会议要点和决议进行总结，在每项议题或发言结束后，用简单的语言总结，使会议按日程中的安排逐项进行。

4）鼓励平等参与

尽量保证所有参与者都发表自己的观点，不要让一个人长篇大论地发言。如果一个人不断地发言，主持人可以提醒说："谢谢某某的观点，让我们来听听××有什么看法。"这种技巧同样会鼓励比较安静的与会者发言。

5）控制会议进程

会议进行中可能会出现与会人员争吵、话题偏离主题、会场中人员来回走动、噪声过大、主讲人发言超过规定的时间等情况，一旦出现这种情况，主持人应该及时控制。"请大家保持会场的安静！""同志们，我们现在偏离主题了。请原谅我打断这一话题，我们要讨论的中心问题是……""这些事项和会议主题不相关，可以等会后再解决。"这样的话语都能及时控制偏离会议主题的情况。

6）学会运用正确的提问方式

会议中要想得到与会者对问题所持的观点，可以采用提问的方式，但提问时也要根据目的采取不同的方式，见表8-4。

表8-4　主持人提问的类型和方式

类型	方式	
棱镜型	把别人提出的问题反问别人	"你认为我们应该怎样做呢？"
环型	向所有人提问题，然后轮流回答	"请大家想想，我们怎样才能减少浪费呢？"
广播型	向所有人提出问题，然后等待回答	"请大家想想，我们该怎样减少浪费呢？每个人都思考一下，都要发言啊！"
定向型	向所有人提问题，然后指定一人回答	"我们该如何处理顾客的投诉？王部长，你谈谈你的意见。"

7）将决议付诸表决

决策性的会议或解决问题的会议，需要对所决策的事项及解决问题的方法统一意见，当意见有分歧时，主持人应该主动征询与会者意见，对决策的事项及问题决议运用恰当的表决方法进行表决。表决的方法多种多样，具体采用何种方法，主持人应该做到胸中有数。

8）圆满地结束会议

善始还要善终。作为主持人应在规定的时间内结束会议，并且在会议的最后，回顾会议的议程，对会议进行评价，总结会议的主要决定和行动方案；对于会议尚未解决的问题也要说明，在积极的气氛中结束会议。一般小型的会议，还可以在结束之前，请每位与会者用简单的话做总结。

8.4.2　会议的参加者

大型会议参加者一般多是倾听、记录，但日常工作中，更多的是人数不多的小型部门会议。小型会议为参加者提供了表达个人意见和建议的机会。一名成功的会议参加者，应掌握下面的技巧：

①会前有所准备，提前达到会场。参加会议时带上会议日程和所发放的其他材料，会前认真阅读所发材料，研究会议议题，同时准备好要提出的问题、想表达的意见和观点。提前到会既是对组织者的尊重，也是个人展示遵守纪律良好习惯的机会。

②带着积极的态度参加会议。使用积极的身体语言，发言要给人充满活力的感觉，尤其是发言的内容要有含金量。

③与会期间保持礼貌。不要抢着发言，不要打断别人的讲话，显示自己对别人尊重和良好的修养。希望发言时使用语言和非语言向主持人暗示，比如目光投向主持人、清嗓子、举手等都是有效的暗示。

④妥善表达观点。不要在会后做“补充报告”来批评他人或发表其他评论，会议上直言有助于建立别人对你的信任。在同事和领导面前美言你的同事，这样可以争取到他们的信赖和支持。

⑤开会时要集中精力，认真倾听，做好记录。不要在会议期间与他人交头接耳、玩弄手机、东张西望，这些行为不仅影响对会议精神的理解，也是个人素质不良的一种表现。同时，要保持对会议的关注，认真倾听，记录会议内容和发言者的精彩讲话。

参加会议看似简单，实际有很多细节需要参会人员牢记。与会者应该根据会议的规模、性质、议题等方面，在会议举行过程中按照会议要求运用沟通技巧，做到积极参会沟通。

8.4.3　会议秘书

会议秘书是会议整体有序进行的人力保障之一，是会议不可或缺的一个重要角色。会议秘书的职责非常重要，一名称职的会议秘书必须具备一定的素质和沟通能力。

1）会议秘书的素质

（1）道德思想修养高

这是会议秘书的首要素质。身为会议秘书，要忠于职守，忠于国家利益、人民利益，忠于本机关、本单位的政治利益和经济利益；在集体利益、个人利益与国家利益、人民利益发生矛盾时，要服从国家利益、人民利益；对工作一丝不苟，认真负责，恪守本分；拟写文稿、引用材料、汇报情况都要实事求是，不能弄虚作假；要严守党和国家机密，不泄露或出卖本单位的政治、经济、军事、科技情报，也不议论别人的隐私；同时恪守信用，工作耐心细致；举止大方，谈吐优雅，文明礼貌，与人谈话专心聆听，不傲慢，不阿谀奉承；廉洁奉公，不以权谋私，不接受贿赂。

（2）思维敏捷

会议秘书首先要拥有敏捷的思维，对会议领导人交代的工作反应要快，并且对会议过程中出现的问题能迅速想到解决的方法，对与会人员提出的问题，能迅速解答。

（3）记录速度快

会议秘书要有快速记录的能力。

（4）专业素质好

会议秘书在参加会议的过程中或做记录时，会遇到专业知识或专业术语，如果专业素质好，就不会因为陌生而记录不下来或写错而产生误会。这是会议秘书的必备硬素质。

（5）记忆力超强

会议秘书要能记住发言者所说事情的前因后果，遇到复杂又冗长的问题时，更需要超强的记忆力。

（6）倾听能力强

会议秘书在会议全程中要保持专注的倾听，这样不仅能记录会议过程，也能清楚地记录发言人的发言。

（7）协调能力强

会议秘书在会议全程中应该能协助会议领导和相关工作人员的工作；当出现意外情况时，会议秘书也能及时协调处理，帮助领导减轻压力。

（8）总结能力强

会议秘书在会议进行中，要善于及时总结所记内容，突出记录的完整性和重点，为会议简报的编发和后期会议纪要的拟写奠定基础。

2）会议秘书的职责

从整个会议过程看，秘书的职责主要有：

（1）拟写会议材料，并分发到与会人员手中

与会议有关的材料较多，会议秘书在会议准备阶段需要拟写或准备好这些材料，并保证会议开始时将材料分发到与会者手中，减少与会人员的盲目性。

（2）做好会议通知的下发和请柬的送达

会议日期、地点及相关的事项确定后，秘书应该详细查看，拟写好通知和请柬，及时通知与会者。

（3）记录会议内容

会议期间，会议秘书的一项重要工作就是清楚、全面地记录会议内容，并保证所记内容客观、原始和真实。

（4）及时汇报准备之外发生的事情

在会议进行中，如果发生了意料之外的事情，秘书应该及时协调处理，并及时向会议负责人汇报。

（5）及时整理会议记录，写好会议纪要并发放

会议结束后，秘书要及时整理会议记录，核对必要的事实和数据，并根据记录写好会议纪要分发给相关的部门和人员。

本章小结

1.会议沟通作为管理沟通的一种具体形式，可以起到传达信息、解决问题、做出决策、激励士气、创新思维的作用。

2.理解和掌握会议沟通的知识，拟定出合乎要求的会议日程安排，并能正确地主持

会议、参加会议，实现积极、高效的群体沟通。

3.会议秘书是会议中的重要角色。会议秘书必须具有反应快、知识广、协调好、记忆力强、听力强、记录快的优良素质。

4.会议秘书在会议中的职责是能写、会记、及时汇报、思维敏捷。

练习与实训

（一）选择题

□单项选择题

1.下面不属于会议主持人沟通能力的是（　　）。

A.成功地开始会议　　B.根据需要选择不同的提问方式

C.控制好会议的进程　　D.让与会代表相互争论直至意见统一

2.下面关于会议秘书职责理解正确的是（　　）。

扫码同步测8

A.会议秘书是整个会议不可或缺的重要角色

B.会议秘书要思维敏捷，知识面广

C.会议秘书要能清楚地记录会议内容并能及时整理

D.会议秘书要有超强的记忆力和理解力

3.下面关于会议组织原则理解不正确的是（　　）。

A.会议组织要有目的性　　B.会议决策要干脆果断

C.会议组织人员要相互配合　　D.会议的经费应该多预算

4.国际重要问题讨论会往往采用的桌形是（　　）。

A.椭圆形　　B.圆形　　C.半圆形　　D.长桌形

5.下面不包括在会议日程内容里的是（　　）。

A.会议的时间　　B.主持人　　C.发言人　　D.住宿安排

□多项选择题

1.下面属于虚拟会议的有（　　）。

A.工间餐　　B.交谈闲聊　　C.聚会　　D.旅游活动

E.座谈会

2.长桌形（椭圆形或U形）适用的会议类型有（　　）。

A.小例会　　B.培训会　　C.洽谈会　　D.新闻发布会

E.部门会议

3.作为会议的参与人员体现其积极参与行为的有（　　）。

A.准时参加会议　　B.会前认真阅读材料，做好发言准备

C.发言前用非语言或语言向主持人暗示　　D.不随意地打断别人的发言

E.开会时集中精力记录

4.会议参与人员准备发言时，向主持人用非语言暗示的行为有（　　）。

A.直接说自己要发言　　B.将目光投向主持人

C.清嗓子　　D.向支持人举手示意

E.与其他人小声交流引起主持人的注意

5.下面能体现会议主持人沟通能力的有（　　）。

A.成功地开始会议　　B.控制好会议进程

C.稳步地推进会议　　D.做好会议记录

E.确定参加会议的人员

（二）判断题

1.圆桌形的座位适用于任何会议类型。（　　）

2.会议座位安排应该遵循“面门为上，居中为上，前排为上，以右为上”的原则。（　　）

3.会议主持人应该尽量鼓励那些善于长时间发言的与会者以免出现冷场。（　　）

4.会议参加者要认真准备以尽量使自己的发言有“含金量”。（　　）

（三）简答题

1.会议沟通的目的是什么？

2.会议正式开始前要做好哪些准备工作？

3.作为会议主持人应做到哪8个方面？

4.会议的参与者应有的沟通技能是什么？

5.会议日程安排的主要内容有哪些？

（四）实务题

阅读下面材料，并回答后面的问题。

发货为何推迟了

2018年4月12日上午10：00，在上海诺凯有限公司所属工厂办公大楼三楼会议室，工厂的协调会正在进行之中。

当物流采购部经理陈丽红女士谈到一个大的出口订单将在下周一装集装箱时，工厂厂长钟海彪皱了一下眉头，“等一下，陈女士，这个订单国外不是催得很急吗？为什么要到下周才装箱？”“生产配制部要到本周四才能完成订单的生产，所以安排在下周。”“这是怎么回事啊？王经理，请你解释一下。”说着，钟厂长将目光投向了坐在对面的生产配制部经理王亚龙。王经理愣了一下，随即将求助的目光投向了坐在身旁的配制值班长吴亮。“是这样的，钟厂长，我来解释一下。”吴亮接过了话题。“车间已经在满负荷运转了。从上周开始，按照您的意见，车间已开始三班倒。但连着上了几个夜班，工人总要休息一下吧，况且其他几个国内订单也很急，车间实在抽不出人手。”“可这个订单两个月前就定下了。”陈女士说道。“但订单上只说在4月底发货，又没有确定具体的装箱时间。再说，如果不是一种进口原料订货迟了，晚了两周，这个订单早就完成了。”吴亮紧接着又补充了一句。这时，会议室内一片寂静，大家都不说话了，因为这件事，陈女士刚在两周前的工作例会上受到了钟厂长的严厉批评。

诺凯公司简介

诺凯公司位于瑞士的巴塞尔，成立于1746年，以染料生产起家，在19世纪末开始生产化工、医药、农业以及营养品方面的产品。经过200多年的发展，诺凯公司现已成为世界著名的医药、营养品和兽药生产商，2000年公司总销售额达到330亿瑞士法郎。

诺凯公司与中国的合作可以追溯至百余年前，早在19世纪80年代诺凯公司就开始在中国销售染料。不过，诺凯在中国的真正发展始于20世纪80年代，当时，诺凯公司的主要业务部门已经进入中国市场，并积极寻求在中国投资建厂。迄今为止，诺凯在中国建有8家企业，总投资额超过1.3亿美元，拥有员工约1 400人。诺凯公司的座右铭是：以人为本，诚信为基，追求卓越，不断创新。

上海诺凯有限公司

由瑞士跨国集团诺凯公司于1990年和上海清源实业总公司共同出资兴建的合资企业上海诺凯有限公司，是中国较大的一家保健品专业生产厂，总投资额为5 000万瑞士法郎。公司总部设在上海市区，所属工厂位于上海郊县奉贤，紧靠杭州湾，占地面积约39 000平方米，于1994年正式投产。公司引进了整套先进的设备与技术，生产和配制各种产品，同时对国外进口产品进行分装。上海诺凯有限公司是国内首批通过农业部《兽药生产质量管理规范》审核的兽药生产企业，这意味着公司的产品质量绝对可靠，完全符合世界级公司产品质量标准。公司产品不仅在国内销售，而且返销瑞士，并出口东南亚、非洲以及欧洲市场。

工厂和计划协调会

上海诺凯有限公司所属工厂共有6个部门：生产配制部、工程维修部、物流采购部、环保动力部、质控质检部和安全保卫部。生产配制部又分为合成车间和配制车间。合成车间的年度生产计划在年前由瑞士总部讨论决定，因为90%的合成产品将返销瑞士总部；配制车间的生产计划则由每个月的计划协调会决定。公司2018年的目标是国内销售额达到4 500万元，要比2017年增加30%，任务非常艰巨。年初，工厂也相应制定了当年的考核目标：国内订单的发货及时率达到95%以上，国外订单的发货及时率达到90%以上。

公司的计划协调会由以下人员组成：工厂厂长、财务部经理、销售部经理（若销售部经理出差，则由他的秘书代表）、生产配制部经理、物流采购部经理、计划员、国外订单收单员。起初，配制值班长也参加这个会议，后来为了提高会议效率、节约成本，就改由生产配制部经理全权代表参加。会议主要根据销售部提出的下个月销售预测以及国外订单的接收情况，讨论配制车间下一个月每周的生产计划和原料采购计划。

王亚龙是2018年1月新上任的生产配制部经理，他已在公司服务了8年。最初在生产配制部工作，3年前被提拔为安全保卫部经理。因为上一任经理跳槽去了另一家合资企业，公司管委会讨论后决定不再从外面招聘，而从本公司内部提拔生产配制部经理，所以王亚龙又重新回到了生产配制部。不过，他对合成车间比较熟悉，对配制车间比较陌生。因此配制车间的管理工作主要由配制值班长吴亮负责，包括配制产品的每周生产安排。吴亮已有三四年的安排生产经验，基本上没出过差错，对此，王亚龙很放心。近几个月来，生产的情况一直都很稳定，王亚龙也开始在上班的时候忙里偷闲地炒股。

在4月的生产计划公布的时候，吴亮就去找过经理王亚龙，他认为计划协调会讨论的4月份的每周计划安排得不合理："4月份的第一周要生产三种产品，其中，A产品需要7个人，B产品需要6个人，C产品也需要6个人，而且这19个人在这周必须满负荷工作才能完成生产任务，而配制车间现有员工一共才15人。在下一周，除了这三种产品外，还要加上D产品，而其后两周则相对很空闲。"吴亮又特别提到："如果进口原料及时到位，C产品早在一个月前就可以生产完毕，而且那时生产任务也不紧张。但计划协调会完全没有考虑到这一点，仍然按照原先的设想安排计划。"

想到这个计划协调会，吴亮就有满腹的牢骚。他觉得会议制订的配制产品生产计划太"详细"，实际生产很难同步完成；计划员是物流部的，不了解配制车间的情况。基本上是按照销售预测加上计划员的主观判断来安排每周的生产计划。生产计划的一部分是在完成已确认的订单，一部分是在完成销售预测，一部分是在完成安全库存。而实际情况却是销售预测的准确率在60%以下。吴亮也向生产配制部经理建议：计划协调会的重点应放在确定配制车间下个月的大致计划、已确认订单的发货日期和告知生产部可能短缺的产品上，然后由生产配制部根据车间的实际情况组织生产。

王亚龙对吴亮反映的情况表示理解和支持。他表示会进一步向工厂厂长反映，但目前没有办法，必须按照计划执行。

实际上，4月份的第一周。销售部就发出紧急订单：国内市场急需D产品，要求工厂立即发货。因此。吴亮就组织人员提前生产D产品，而把月底发货的C产品推迟了。结果就发生了本案例开头的那一幕。

在会议即将结束的时候，钟厂长发表了几点意见：

(1) 生产计划是经过计划协调会讨论决定的，生产配制部必须按照计划执行；若发现问题，应及时向上反映，不得随意更改计划。

(2) 计划员应经常下车间询问生产的实际情况，并根据销售情况及时更改生产计划；在计划协调会举行之前，应先与配制值班长讨论下个月每周的生产计划安排。

(3) 物流采购部应把已确认订单的发货日期及时告知生产配制部。

(4) 计划员要把前几年的销售预测与实际发货做比较，计算出预测的准确率并告知销售部，提醒他们注意提高预测的准确率。

(5) 从其他部门抽出一些人支援生产，必须保证这个出口订单在本周五前装箱。

请问：

(1) 由钟厂长主持召开的这次协调会主要解决了哪些问题?

(2) 作为会议主持人，你认为钟厂长对于会议主持以及会议进程的控制力如何?他在会议举行过程中起到了怎样的作用?

(3) 根据生产配制部王亚龙经理在会上的表现，你认为他是否需要在会前多做些准备?

（五）实训题

1.××省餐饮协会定于××××年×月×日在××市×××大酒店召开全省各市餐饮协会分会负责人会议，会期一天。会议主要内容为：总结上一年全省餐饮协会的工作；讨论全省餐饮行业在菜品上的创新；为先进的酒店授牌，并请先进酒店介绍经验；观摩名厨菜肴制作表演。请根据会议的内容和时间拟定一份会议日程安排。

2.学生分组，从下列资料中任取一项，模拟组织会议：

（1）某超市售出的产品质量变质，遭到消费者投诉并被曝光。分管的副总经理召集有关人员开会处理。

（2）某酒店为响应低碳环保倡议，有人建议取消一次性消费品服务，但有人认为这会给顾客带来不方便。所以，酒店要开会统一意见。

（3）某企业的产品（可以是实物产品，也可以是服务产品）销量连续三个月出现下降，企业召集有关部门主管开会商量对策。

（4）以酒店某一部门主管（负责人）的身份，召开本部门简单的晨会。

3.角色扮演。某市的××企业将过期霉变的食品回收后重新打上新的出厂日期又投向市场，此事经举报后被电视台曝光。一时间，全国多地媒体记者纷纷前来采访报道此事。该企业经研究决定召开记者招待会，向全国的消费者表示歉意并决定以此为鉴狠抓产品质量和企业管理。将学生分成20～30人一组，分别扮演企业发言人、主持人、媒体记者等各类角色，模拟记者招待会。

第9章

非语言沟通

学习目标

知识目标

◇ 了解非语言沟通的含义、作用

◇ 理解非语言沟通的特点和类型

◇ 熟悉不同非语言符号的含义

能力目标

◇ 掌握不同非语言符号所传达的信息

◇ 能在沟通中借助非语言符号准确表情达意

素养目标

◇ 通过对非语言信息含义的解读和研讨，培养学生自我约束、自我尊重的意识

◇ 结合对非语言沟通与礼仪的学习，培养学生讲文明、懂礼貌、诚信友善的优良品质

案例导读

你的心思他永远不懂

周五的下午3：30，在宏远公司经理办公室，经理助理李明正在起草公司上半年的营销业绩报告，这时公司销售部副主任王德全拿着公司销售统计材料走进来。

“经理在不?”王德全问。

“经理开会去了”，李明起身让座，“请坐。”

“这是经理要的材料，公司上半年的销售统计资料全在这里。”王德全边说边把手里的材料递给李明。

“谢谢，我正等着这份材料哩。”李明拿到材料后仔细地翻阅着。

“老李，最近忙吗?”王德全点燃一支烟，问道。

“忙，忙得团团转！现在正起草这份报告，今晚大概又要加夜班了。”李明指着桌上的文稿纸回答到。

“老李，我说你呀，应该学学太极拳。”王德全从口中吐出一个烟圈说道：“人过40岁，应该多注意保养身体。”

李明闻到一股烟味，鼻翼微微翕动着，心里想：老王大概要等这支烟抽完了才会离开，可我还得赶紧写这份报告呢。

"最近我从报纸上看到一篇短文，说无绳跳动能治颈椎病。像我们这些长期坐办公室的人，多数都患有颈椎病。你知道什么是'无绳跳动'吗？"王德全自顾自地往下说，"其实很简单……"

李明心里有些烦，可是碍于情面不便说，他瞥了一眼墙壁上的挂钟，已经4点了。李明把座椅往后挪了一下，站立起来伸了个懒腰说："累死我了。"过了一会儿，李明开始整理桌上的文稿纸。

"'无绳跳动'与'有绳跳动'十分相似……"王德全抽着烟，继续自己的话题……

请思考：上述案例中，王德全忽略了李明的哪些非语言暗示？

资料来源：佚名.管理沟通案例分析［EB/OL］.［2011-06-14］. https://wenku.baidu.com/view/73da94ecf8c75fbfc77db2cc.html.有删改.

【简析】在王、李交谈的过程中，李明有一系列的非语言动作：仔细地翻阅材料、眼睛瞥向墙上的挂钟、挪椅子、伸懒腰，等等，这传递出的信息就是无心交谈、不耐烦。所以在人际交往中，非语言的暗示也是我们应该注意的重点。

9.1　非语言沟通概述

9.1.1　非语言沟通的概念

非语言沟通和语言沟通是沟通中最重要的两种方式。在我们的日常交流活动中，非语言作为一种沟通方式，在信息传达、情感表露和思想交流方面，往往起着重要的作用。非语言中的面部表情、肢体动作、声音语调和其他方式能使有声语言的表达更丰富、更直观、更形象。据研究，在我们日常的交流活动中，高达93%的信息是由非语言来完成的，其中55%是通过面部表情、形体姿势和手势动作传递的，38%是通过声音来完成的。用简单的公式可以表示为：7%×语言+38%×声音+55%×（表情、动作、手势等）。与语言符号善于传达信息不同，非语言形式更擅长情感的交流。那么，什么是非语言沟通呢？

非语言沟通是通过语言符号之外的元素进行信息传递、交流情感的一种沟通方式，包括沟通主体的副语言沟通、身体语言沟通和环境语言沟通等。

当然，这些非语言符号的属性和内容应该是发送者和接收者能够共同理解的，有些甚至是全人类所共知的。

9.1.2 非语言沟通的作用

1）替代语言的作用

在语言未产生之前，人类为了抵御自然灾害和猛兽的侵袭，会通过表情、呼告、手势或肢体动作的交流，形成群体的力量，增强自己的抗灾害能力。当时非语言沟通可能是维系人们交流的唯一手段。经过人类社会的历史文化积淀和传承，非语言沟通已经自成体系，很多有声语言难以传达的信息，通过非语言却可以有效地传递，甚至可以产生有声语言所不能达到的实际效果，正所谓“此时无声胜有声”。比如：教师对回答问题的学生微笑和点头鼓励，领导对下属的俯身询问和握手、轻拍肩膀等，都比语言上的赞美、关注更能给沟通对象以信心和安慰。

2）辅助语言的作用

非语言总是在人们面对面交流或口头交流时不自觉地被使用。非语言作为语言的辅助工具和“伴随语言”，能使语言表达更准确、更有力、更具体和更生动，也更易被接受对象理解。

3）表达情感的作用

在沟通中，语言符号擅长传达的是信息，非语言符号则擅长情感的表达。沟通中的主体双方，利用非语言符号表达情感、显示内心感受有时比用语言更贴切，也更容易。比如，当我们对自己不理解的信息或是对对方的信息有异议时会自然地皱起眉头或摇头；在演讲的时候，演讲者表示有力、团结或斗争时，会紧握拳头。所以，在需要表达丰富的情感、提供可靠的信息时，都可以运用准确的非语言表达方式。

4）强化效果的作用

非语言不仅可以在特定的情况下代替有声语言，而且在很多场合还能强化有声语言的传递效果。比如，当会议要结束之前，发言者为了给全体参会人员以鼓励，会稍作停顿，然后以饱满的精神状态、铿锵有力的话语结束讲话。这些非语言沟通大大增强了说话的分量。

5）体现真相的作用

有关研究表明，人类语言传达的意思大多数属于理性层面，语言有时会把所要表达意思的大部分甚至是绝大部分隐藏起来；经过理性加工表达出来的语言往往不能真实地表露一个人的真正意向，甚至还会出现“口是心非”的现象。所以，要了解说话人的深层心理，即无意识领域，单凭语言是不够的。正如人们常说的“不仅要听你说什么，更重要的是看你怎么说”。非语言符号在特定的语境中往往是无意识地、不由自主地表现出来的。由此可见，非语言符号在交流中所表现出的真实性和可靠性要比语言强得多，特别是在表达情感、显示态度、表现气质等方面，非语言交流更能显示出它所独有的特性和作用。

案例9-1　麻将后面的政治新闻

我国新闻界的前辈徐铸成先生有次谈到了他早年采访中的一段经历。

1928年，阎锡山和冯玉祥曾经酝酿联合反蒋介石，可是当冯玉祥到达太原时，阎锡山却把他软禁起来，借此行动向蒋介石要钱要枪。后来冯玉祥的部下做了一番努力，才逐步扭转危局。

那天，徐铸成到冯玉祥驻太原的办事处采访，看到几个秘书正在打麻将，心中一动，估计冯玉祥已经脱身出走了。因为冯玉祥治军甚严，如果他在家的话，部下是不敢打麻将的。徐铸成赶紧跑到冯玉祥的总参议刘治州家采访，见面就问："冯玉祥离开太原了？"对方大吃一惊，神色紧张地反问："啊？你怎么知道的？"这个简短的对答，完全证实了徐铸成的判断。

徐铸成就这样通过一桌麻将和采访对象的神色语气，获得了冯玉祥脱身出走的重要信息。

资料来源：彭红利.沟通与冲突［EB/OL］.［2018-04-27］. https://www.docin.com/p-2103792981.html.有删改.

【简析】沟通高手都善于察言观色，他们能敏锐地捕捉到掩藏在各种非语言符号下面的真实信息，并凭借对非语言信息的解读制胜。

9.1.3　非语言沟通的特点

非语言包含着非常丰富的内容，一次眼神的交流、一个会心的微笑、一个不经意的动作、一眨眼的停顿，都可能蕴含着十分重要的信息，对于沟通双方的交流有着非常重要的作用。与语言沟通相比，非语言沟通有着以下突出特点：

1）无意识性

这是非语言沟通最大的特点。在沟通双方的交流活动中，伴随着语言交流活动，一些非语言信息是沟通者无意识表现出来的，所谓的"情不自禁"即指此。正如弗洛伊德所说："没有人可以隐藏秘密，假如他的嘴唇不说话，那么他会用指尖说话。"一个人的非语言行为更多的是一种对外界刺激的直接的、本能的反应，基本都是无意识的反应。

2）情境性

非语言沟通总是和一定的沟通情境紧密相连，沟通情境会左右非语言符号的含义。相同的非语言符号，由于所处的沟通情境不同，可能表达的含义也不同。比如，"拍案"可以理解为"拍案叫绝"，也可以理解为"拍案而起"；"脸色涨红"可能是内心紧张所致，也可能是生气愤怒所致。究竟表达的是何种情感，取决于当时的沟通情境。

3）差异性和统一性

各国文化背景不同，有些非语言符号由于与沟通者所处的文化环境相关而出现不同的理解。比如，在西方国家，窗户多和风景好的办公室都是位高权重的人的办公场所；而在日本却恰恰相反，"坐在窗户旁边"暗示你已经从主要工作中被排挤出来了，或者已经不再担当重任了。

但是，有些非语言符号是被世界上绝大多数人所识别和认同的，并被理解为基本一致的含义，呈现出统一性的特点。例如，握手和微笑就是跨国界的通行语。

4）可信性

由于语言受理性意识的控制，因此其对表达者的真实意图具有一定的遮掩作用，而非语言则不同。非语言是无意识的，是内心深处思想和情感的自然流露，极难压抑和掩盖。而且有研究表明，人体中离大脑中枢神经距离越远的器官所传达的非语言信息越真实。当语言符号与非语言符号所代表的意义出现差异时，非语言符号所传达的信息更可信。

5）多样性

由于受沟通主体、沟通环境、信息通道等因素的影响，同一非语言符号会有多种含义。因为每个人对对方非语言符号的解读，会结合自己的经历、文化、思维等，因此对同一非语言行为，两人会解读出不同的含义而呈现出多样性。

6）个性化

一个人的非语言与个人的性格、气质紧密相关，在沟通活动中也会呈现出个性化的特征。一个爽朗、乐观、外向的人，其笑声比较响亮、感染力很强，走路的步伐也是大踏步、快频率的；而一个性格内向、文静的人，其笑声的音调是有控制的，并且步伐的频率是慢节奏的。每个人都有自己独特的肢体语言，而个性特征形成了个体肢体语言的个性化。

9.2 非语言沟通的形式及信息含义

非语言沟通的表现形式多种多样，有表情、动作等态势语言，也有时间、空间距离等物理语言，还有与口头语言相伴的副语言；在一些特定的场合和一些特定的领域，还有一些标记性的语言，如交通标志的信号灯、斑马线，航海中的旗语、信号灯，以及体育比赛场上的手势语等。下面介绍商务活动中非语言沟通的主要表现类型。

9.2.1 副语言

副语言又称音调语言，是指以音调的高低、语气的强弱、停顿等来表示一定含义的辅助语言沟通形式。其主要包括：语气、语速、语调、音质和停顿。

1）语气

语气是在一定思想感情支配下具体语句的声音形式。由于语句的本质不同、运用的语言环境不同，每一个语句会呈现出独特的感情色彩和分量，并表现为千差万别的声音形式。在口语表达中，语气能传递出非常丰富的信息，有很重要的作用，有时甚至是决定性的作用。同样的话语，如果用不同的语气说出，其表达的意思可能是完全不同的。比如，我们在谈判中对谈判对手说“你给我留下了深刻的印象，我要好好向你学习。”

如果用不同的语气表达，就可能有不同的效果。有研究表明，沟通中39%的含义会受语气的影响。

2）语速

语速是指说话的速率（速度）。说话者语速过快会影响话语的清晰度，并使人产生紧张感，听者难以接收到准确的信息；语速过慢则易使听者分散注意力。说话者正常的语速应该控制在每分钟200个汉字左右。当然，语速还应该根据话题、现场气氛、听众的反应等情况来掌控；当需要听众重点理解时应该放慢语速，当听众接受没有障碍时可适当加快语速。

3）语调

语调是指说话时语音高低轻重配置而形成的腔调，能表达一定的语气和情感。语调是语言中抑扬顿挫的旋律模式，是语言的“灵魂”。如果说话者从头至尾的语调都是平直的而没有高低起伏的变化，就会给接收者以枯燥无味的印象，只有语调做到了抑扬顿挫，才会有一定的感染力，产生理想的沟通效果。

4）音质

我们这里所说的音质主要是指音色，音色是声音质量的一个方面。研究表明，动听的音色更容易吸引人，更易被别人接受，也更具权威性；相反，音色较差的人，其沟通时会让人产生距离感或失去耐心。有些人的音色，天然悦耳动听；而对于先天音色较差的人来说，要注意改变自己的音色，使自己的音色显得更具亲和力。

5）停顿

停顿是指语句或词语之间在声音上的间歇。对话或演讲中适当的停顿，对于突出演讲的主题、吸引听众的注意、酝酿要抒发的情感都有重要作用。

案例9-2　　赖白斯的故意停顿

英国政治家赖白斯曾在伦敦参事会演讲劳工情况，讲到一半，他突然停顿下来，取出了表，站在那儿一声不响地眼看观众，达1分12秒之久，其他参事员坐在椅子上觉得很奇怪，互相看来看去，不知发生了什么事？后来大家一致认为：赖白斯忘了演讲词！就在这时，赖白斯突然大声地讲道：“诸位适才所感觉到的局促不安的72秒的长时间就是每个普通工人垒起一块砖所用的时间。”

这里，赖白斯巧妙地利用了逻辑停顿，让其他参事员领略了普通工人劳动的辛苦，突出了演讲的主题。

资料来源：作者根据相关资料整理.

【简析】停顿作为非语言的一种特殊方式，在特定情境中也能起到“此时无声胜有声”的效果。

9.2.2 身体语言

在非语言符号中，身体的每个器官都能传情达意，一举手一投足都有丰富的含义。

所以，身体语言是沟通中最为丰富、最为重要的非语言沟通表现形式。

1）面部表情

人的面部表情最为丰富。体语学的创立者博德惠斯特尔研究发现，人的脸部就可以做出大约2.5万种表情。古往今来，绝大多数人都会将自己的喜怒哀乐表现在脸上。脸部肌肉放松说明心情轻松，脸色阴沉一定是遇到了烦恼。脸部的每一个器官都能传达人的内心情绪。

沟通窗9-1

1957年，美国心理学家爱斯曼做了一个实验，他在美国、巴西、智利、阿根廷、日本5个国家挑选了被试者。他拿出一些分别表现喜悦、厌恶、惊异、悲惨、愤怒和惧怕6种情绪的照片，让这5国的被试者辨认。结果，绝大多数被试者的“认同”趋于一致。实验证明，人的面部表情是内在的，有较一致的表达方式。因此，面部表情多被人们视作一种“世界语”。

（1）眼睛和目光

俗话说“眼睛是心灵的窗户”。中国词语中与眼睛有关的就有很多，如眉目传情、暗送秋波、眉开眼笑、目瞪口呆、横眉冷目等。从这些词语中，我们可以看出，眼睛能将交流者内心的想法和情感直接反映出来。

①目光的角度。目光的角度有注视、斜视以及眨眼。斜视的含义很丰富，它可能是表示感兴趣，也可能是表示不确定，甚至是表示敌意。如果人们在目光投向侧方的同时，眉毛微微上扬或者面带笑容，那就是很有兴趣的表现。如果斜视的目光伴随着压低的眉毛、紧皱的眉头或者下拉的嘴角，那就表示猜疑、敌意或者批判的态度。

②眨眼。在正常而放松的状态下，人们的眼睛每分钟会眨6~8次，每次眨眼时眼睛闭上的时间只有1/10秒。眨眼在不同的语境中有暗示或回避的意思。

③目光注视。注视在沟通中的意义很重要。推销学家在一次实验中，让两个互不相识的女大学生共同讨论问题，预先对其中一个说，她的交谈对象是个研究生，同时却告知另一个人说，她的交谈对象是个高考多次落榜的中学生。观察结果表明，自以为学历高的女学生，在听和说的过程都充满自信地不住地凝视对方，而自以为学历低的女学生在说话时就很少注视对方。在日常生活中，往往主动者更多地注视对方，而被动者较少迎视对方的目光。目光注视分为三种：

第一，公务注视。公务注视是指在业务洽谈、商务谈判、布置任务时的目光接触。注视区间的范围一般是以两眼为底线，以前额上部为顶点所连接成的三角区域。由于注视这一部位能造成严肃认真、居高临下、压住对方的效果，所以常为企图处于优势的商人、外交人员、指挥员所采用，以便帮助他们掌握谈话的主动权和控制权。公务场合中目光注视对方的时长，应为整个交谈时间的1/3至2/3，这样能够友好地表达自己对对方的尊重。

第二，社交注视。社交注视是指人们在普通的社交场合中的目光接触。注视区间的范围是以两眼为上限，以下颚为顶点所连接成的倒三角形区域（如图9-1所示）。由于注视这一区域容易形成平等感，因此，常被公关人员在茶话会、舞会、酒会、联欢会以及其他一些社交场合使用。注视谈话者的这一区域，会让对方感到轻松自然。因此，对方能比较自由地将自己的观点、见解发表出来。比较恰当的社交注视时长是交谈时间的30%~60%。

第三，亲密注视。亲密注视是指具有亲密关系的人在交谈时的目光接触。注视区间是对方的双眼、嘴部和胸部。恋人之间，至爱亲朋之间，注视这些区域能够激发感情、表达爱意。亲密注视的时长较为自由，长时间的凝视有时更能表达情感。

（2）眉毛

眉毛和眼睛一起形成重要的表情达意的形式。当遇到高兴的事，内心愉悦轻松，自然会眉飞色舞、眉开眼笑、扬眉吐气；当遇到烦心的事，就会双眉紧锁；当心情郁闷、压抑时，就会愁眉不展；当然，有时低头皱眉也代表思考问题。

（3）鼻子

中国与鼻子有关的词语一般都略带有贬义，如嗤之以鼻表示蔑视，鼻孔朝天表示傲慢，仰人鼻息表示卑贱。但鼻子也会泄露一个人的真实感情，比如：当不满的时候，会在鼻子里发出哼哼的声音；当愤怒的时候，鼻孔会张大、鼻翼翕动；当紧张的时候，鼻子会流汗、鼻尖会发红；当说谎的时候，会不自觉地摸鼻子。

（4）嘴巴

嘴的表情是通过上下唇的动作来实现的：生气或不屑时，嘴巴往下撇；开心微笑时嘴角上翘；惊讶时张大嘴巴；咬嘴唇表示内疚；对对方的谈话感兴趣则嘴角稍稍往后拉或向上拉；嘴巴不由自主地张着并呈倦怠状，说明对环境厌倦；把手指挡在嘴唇上方，通常代表想要掩饰自己的真正想法。

（5）微笑

微笑是每个人与生俱来的“法宝”，在日常工作生活中善加应用，能让我们获得更多机会与友谊。美国钢铁公司创始人卡耐基聘用不懂钢铁生产的查尔斯·施瓦布担任CEO。查尔斯·施瓦布自豪地说：“我的微笑价值100万美金。”

美的微笑是嘴角微微上扬，上下刚好各露出6~8颗牙齿。当然，虚伪的笑容只会让人觉得“皮笑肉不笑”，真正的微笑要是发自内心的、充满友善的。

沟通窗9-2

心理学家曾做过一个实验。让100名受试者根据陌生人的照片进行判断，说出对哪些人的印象最好，哪些人的品德和能力更强。结果90%的受试者指出面带微笑的人能力、品行最好，给人留下最好的印象。由此可见，微笑对塑造自身的良好形象有着重要的作用。

2）肢体语言

肢体语言主要包括身体的姿势和肢体动作。肢体语言包括手势语、手臂语、肢体动作等。肢体语言是人体语的核心，沟通者的肢体语言真实地反映了他们当时的内心活动和心理状态。

（1）身体姿势

身体姿势是无声语言的一种，能反映出一个人的精神面貌、身体状况和内心情绪。中国俗语就有“站如松，行如风，坐如钟，卧如弓”的说法。身体姿势中的站姿、走姿、坐姿都与沟通者的形象密切相关。具体见表9-1。

表9-1　站姿、走姿、坐姿语言

姿势类型＼内容	姿势状态	信息含义
站姿	男性：抬头挺胸，双脚大约与肩膀同宽站立，重心自然落于脚中间，肩膀放松	精神饱满，有阳刚之美
	女性：身体挺直，丁字步站立	柔和轻盈，优雅大方
	摆弄手中的笔、打火机、玩弄衣带、头发	拘谨、缺乏自信、有失端庄
走姿	昂首挺胸，肩膀平直，走姿端正	心情愉快轻松
	低头垂手，无精打采，步履沉重拖沓	心情沮丧失落
坐姿	不要满座，腰部直立，双手摆放自然；身体略为前倾	稳重大方，关注认同对方；倾听对方发言

（2）肢体动作

①头部动作。头部动作也是人们经常用来表达信息的身体语言，其信息非常丰富。点头一般表示理解、赞成、认可、鼓励等，与人见面时点头表示打招呼或问候，摇头则表示否定、拒绝。低头多表示谦恭、顺从、认错或害羞，仰头则表示自信、激越、悲愤或高傲。当然，所有的头部动作传达的意思都是与面部表情等联系在一起的。

②肩膀动作。肩膀动作最常见的是耸肩，在西方尤为常见，表示无奈或不理解。东方文化中认为耸肩是一种轻浮的表现。

③手臂动作。手臂交叉置于胸前，同时两腿交叠表示对别人的防御或拒人于千里之外；而微微抬头，手臂放在椅子或腿上，两腿相交，不是在注视对方，就是表示有兴趣来往。

④手势动作。手势是身体动作中最核心的部分。在日常生活中，有两种最基本的手势：手掌向上，表现的是真诚或顺从，不带任何威胁性；手掌向下，表示压抑、控制，带有强制性和支配性（如图9-1所示）。

无恶意　　权威性

图9-1　两种最基本的手势传达的信息

沟通中常见的手势及含义见表9-2。

表9-2　沟通中常见手势及含义

手势	含义
搓手	情绪紧张或不安
伸出食指，其余的手指紧握并指向对方	表示不满，并带有很强的威胁性
两手十指交叉，两个拇指相互搓动	闲极无聊、紧张或烦躁
两手手指架成耸立的塔形	发号施令
倒立的尖塔形	表示听取别人的意见
双手交叉背于身后	代表优越感和自信心，还有镇定作用
双手背在后面，但一只手握住另一只手的手腕或者手肘、手臂	表示沮丧不安，正处于努力控制中

⑤腿脚动作。由于不便观察，腿脚语言容易被人们忽视，但往往腿脚的动作更自由，更不加掩饰。通常，架腿而坐，表示拒绝对方并保护自己的势力范围；不断变换架脚的姿势是情绪不稳定或焦躁不耐烦的表现；将小腿架在另一条腿的上膝部，往往被认为是对抗或表现出竞争性；女性交叉上臂并架脚而坐，有时会给人以心情糟糕或生气的感觉。

坐着时无意识地抖腿表示轻松或无聊；跺脚表示兴奋或愤怒；用脚尖拍打地板，表示焦躁不安或为了摆脱某种紧张感。

站立时，两腿交叉，往往给人一种自我保护或封闭防御的感觉；笔直站立，上身微微前倾、头微低、目视对方，表示谦恭有礼，愿意听取对方意见。如果站在多人中间，脚尖指向的方向，表明站立者对指向的对象更友好。

（3）身体接触语言

身体接触指沟通双方通过身体某一部位的接触，传递某种信息，是人类一种重要的非语言沟通方式，富有强烈的感情色彩和文化特色。它使用的形式多样，较典型的应用是握手、拍肩膀、拥抱等。身体接触语言因受性别、文化背景、触摸形式及双方关系等因素的影响，其行为有不同的含义。

握手是目前商务交往中最常见的礼仪，握手时的手部力量、姿势和时间长短均能传递不同的信息。图9-2反映了两种不同的握手姿势。

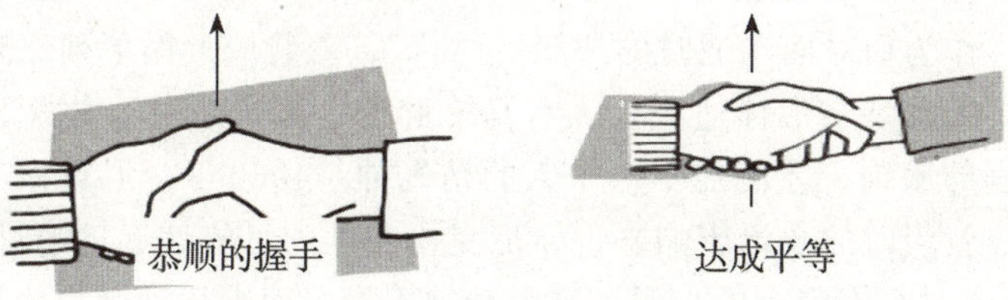

图9-2　两种不同的握手姿势

9.2.3 形象语言

1）服饰语言

郭沫若先生曾说：“衣裳是文化的表征，衣裳是思想的形象。”服饰是“无声的语言”，具有最大的可变性和最多的暗示性。通过服饰，可以判断一个人的性别、年龄、国籍、社会经济地位、职业特点、兴趣、性格等方面的信息。服饰的选择反映了一个人的文化素养和审美水平，直接影响别人对你的看法与接受程度。正如意大利著名影星索菲亚·罗兰所说：“你的衣服往往表明你是哪一类型的人，它代表你的个性，一个与你会面的人往往自觉地根据你的衣着来判断你的为人。”

美国有位营销专家做过一个实验，他本人以不同的打扮出现在同一地点。当他身穿西服以绅士模样出现时，向他问路或问时间的人大多彬彬有礼，而且从穿着来看，基本上都是绅士阶层的人，当他打扮成无业游民时，接近他的多半是流浪汉，或是来找火借烟的。在社会交往的过程中，衣着打扮无疑是别人对你第一印象的关键。

（1）服装的色彩

选择服饰的色彩应做到和谐、美观，给人以愉悦之感。一般在服饰色彩选择上有两种有效方法，即亲色调和法和对比色调和法。

亲色调和法是一种常用的配色方法。这种方法要求色调近似，使深浅浓淡不同的颜色组合在一起。例如，深绿与浅绿搭配，浅红与深红搭配。

对比色调和法的特点是在服饰色彩搭配上以其中一种颜色衬托另外一种或两种颜色，各种颜色不失各自的特色，相映生辉。

服饰穿着要根据不同的地区环境和不同的社交场合搭配色彩。认识了色彩的搭配规律，在人际交往中可以更好地选择适合自己的色彩，给人留下良好的印象。

（2）服饰的搭配

服饰的搭配可以展现一个人的品位和素养，也象征一个人的身份和地位。服饰的搭配包括衣服的样式、颜色和身上的饰品搭配。一个人的衣服样式可以反映出他是时尚还是传统；他的着装色彩可以反映出其性格的外倾或内倾以及是否沉稳；身上的饰品也很重要。比如，男士穿西装时，整体着装从上至下不能违背“三色”原则，这样整体效果会显得更典雅，更有整体感；同时还要注意和袜子的搭配，切忌穿白色袜子，通常白色或浅色的袜子用来搭配休闲服装。

微课8：着装的原则

（3）着装的原则

作为面对面沟通时的“第一语言”，着装应遵循下列原则：

①着装与形体适宜。人有高矮胖瘦，服饰也分合体宽松，只有与形体相宜的服饰，才能显示一个人的精气神。1960年，尼克松和肯尼迪竞选总统。就当时的政治影响来说，尼克松获胜的可能性远远超过肯尼迪。但是，尼克松在竞选演讲时穿着肥大的衣服，显得精神不振，而肯尼迪则打扮得衣冠楚楚，精神饱满。结果，演讲时的服饰印象削弱了听众对尼克松的信任，最终尼克松落选。

②着装与脸形相配。中国人根据脸形和汉字的相似之处，将脸形分为：田字形、国字形、由字形、用字形、目字形、甲字形、风字形和申字形8种；波契（Boych）通过对脸形的观察，将人类的脸形分为：椭圆形、圆形、方形、长方形、卵圆形、倒卵圆形、菱形、梯形、倒梯形、五角形10种。不同脸形的人，在着装上有不同的要求。图9-3是几种常见脸形的图例。

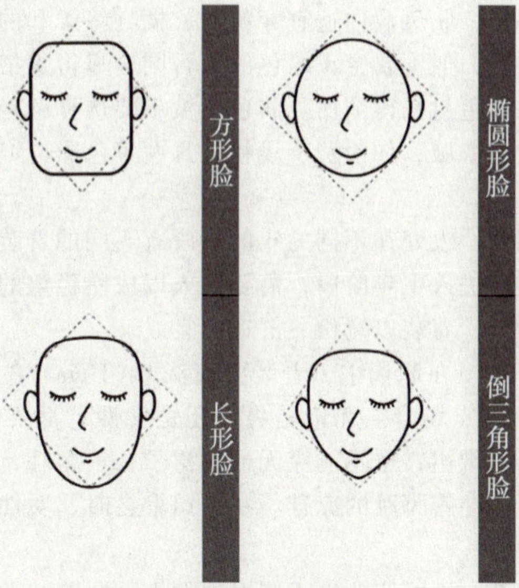

图9-3 几种基本脸形的图例

长形脸：不宜穿与脸形相同的领口衣服，更不宜穿V形领口和开得低的领子的衣服，不宜戴长的下垂的耳环。适宜穿圆领口的衣服，也可穿高领口、马球衫或带有帽子的上衣；可戴宽大的耳环。

方形脸：不宜穿方形领口的衣服；不宜戴宽大的耳环。适合穿V形或勺形领的衣服；可戴耳坠或者小耳环。

圆形脸：不宜穿圆领口的衣服，也不宜穿高领口的马球衫或带有帽子的衣服，不适合戴大而圆的耳环。最好穿V形领或者翻领衣服；可戴耳坠或者小耳环。

椭圆形脸：这是最完美理想的脸形，通常称为瓜子脸或蛋形脸，因为没有什么缺陷，不需要加以掩饰，所以任何领口的衣服都适合。

菱形脸：这种脸形尖锐狭长，其下颚、上额皆显狭小，可利用刘海将上额遮住，而且两鬓要梳得较蓬松，如此就可增加上额的宽度，脸形便形成倒三角形，衣领的选择也就没有限制了。

长方形脸：此种脸形，梳刘海可减小其长度感。水平线有利于这种脸形，如船形领、方领、水平领都适合。

四方形脸：这种脸形大多比较宽大，给人很强的角度感，如穿圆形衣领，反而强调宽大的感觉，穿U形领可修饰这种脸形。方形而不显大的脸，很富有个性，应该强调个性美。

三角形脸：好像梨形、下颚宽大、上额狭小、穿V形领口的衣服会使脸形看起来柔和一些。

倒三角形脸：类似心形，上额宽大、下颚狭小，属于理想的短形脸之一，所有领口的衣服都适合。

③着装与肤色协调。肤色黄白适宜穿粉红、橘红等柔和的暖色调衣服。面色红润适宜穿茶绿或墨绿色衣服，但不要穿正绿色的，否则会显得很俗气。面色偏黄适宜穿蓝色或浅蓝色上装，可将肤色衬托得洁白。肤色黑黄不要选择鲜艳的蓝色或紫色。肤色偏黑适宜穿浅色调明亮些的衣服，如浅黄、浅粉、月白等色彩，但不宜穿深色的，尤其不要穿黑色的服装。

④着装与年龄相当。人处在不同的年龄阶段有不同的着装要求。年轻时可追求时尚流行，充分显示个性；进入中年阶段，需要给人以成熟稳重的印象，着装应该以端庄大方为主；进入老年时期，着装以宽松、舒适为宜。

⑤着装与场合一致。在职场中，着装要遵从T（Time）P（Place）O（Occasion）原则，充分考虑时间、地点场合。无论是男性还是女性，都要做到“三不露”：不露肩，在商务场合，不能穿吊带裙，也不能穿无袖的裙子；不露膝，即裙子不能太短；不露脚趾，在工作场合，不能穿露脚趾的凉鞋。在公司聚会时，女性以礼服为宜，男性宜穿衬衫和西裤。

⑥着装与职业联系。不同职业、不同岗位的人，在着装上也要注意。演员穿着可以时尚鲜艳；教师穿着则要大方端庄；管理人员应着西装；生产工人宜着工装。

2）仪表形象

管理学中有“致命的7秒钟”的说法。这表明对一个人的第一印象通常在7秒钟之内就已决定。研究证明，看上去有魅力的人往往更容易被人接受，其说出的话也更易被人相信。而一个人的第一印象不仅通过着装、表情等非语言符号显示出来，还与一个人的仪容、仪表直接相关。

周恩来早年读书时对自己的仪表提出了：“面必净，发必理，衣必整，纽扣必洁；头宜正，肩宜平，胸宜宽，背宜直”的要求，并且终身践行，给世人留下了深刻的印象。

在仪表仪容上，要注意的是：头发要干净、利索，给人以健康和美观的印象；口腔要清洁卫生，没有异味；化妆要适度，女性上班宜化淡妆，以体现出女性的健康和自信；出席晚宴或舞会可适当化浓妆；在香水的使用上，注意与体味相融合，形成独有的味道，营造出优雅、时尚的个人形象，让人觉得整洁和职业。

在仪表方面，还要注意饰物的点缀或佩带。颈粗的人不宜戴短而粗的项链，长珠子项链反而比较适合。颈短的人也不宜戴紧围在脖子上的项链。而颈长的人不宜戴长串珠子的项链，适宜系紧围在脖子上的围巾。另外，女性不宜佩带过多的首饰，黄金项链过于粗大会显得俗气，珍珠项链适合于一切场合。

9.2.4 环境语言

环境是沟通发生的地方，是沟通的必备要素之一，所有的沟通必然都发生在特定的环境中。信息和情感的交流可以通过时间环境、空间环境等来实现。

1）环境语言的含义

环境语言是指人们利用自身因素之外的环境因素传递信息，实现沟通的过程。环境语言既包括沟通的物理环境，如沟通场所的设计、布局、光线等，也包括空间环境，如座位安排、办公场所的布置等，还包括时间环境，如沟通时间的安排、长短、是否守时等。

时间作为非语言表现形式，可以反映出沟通主体对于沟通事项及对象的微妙态度，而我们也可以据此来判定沟通者的性格、观念和做事的方式，准确地了解沟通者，做出符合自身利益的决策。

在管理沟通中，沟通时间的确定是迫不及待、越早越好呢，还是无所谓呢？是选择管理者的黄金工作时间段呢，还是无关紧要的时间段呢？是预留了非常充足的时间呢，还是只是两个重要安排中间的一小段“边角料”时间呢？是选择只能公事公办的上班时间呢，还是可以进行更深入交流的临近下班的时间呢？所有这些安排都流露出管理者对于沟通的重视程度及所希望达到的结果。

不同的民族、不同的文化、不同的身份、不同行业对待时间的态度是有所区别的。一般行政机构可能关注的是周一到周五的工作日，而商业经营者则更关注周末节假日；宾馆、酒店等从事第三产业的经营者会更关注节假日和黄金周。在多数国家，“时间就是金钱”，商务人员会严守时间约定。如果你提前出席一个讲座，可能说明你对这个讲座很感兴趣，你可能在利用早到表达你的热情。而在南美的一些国家中，人们参加宴会或谈判迟到是很普遍的现象。而且，地位越高的人让人等待的时间越长。在人际交往中，如果你在10点安排了一个约会，却在10点半露面，那么你可能传递的信息是：你对约会的态度是无所谓的，对对方很轻视，在向对方显示自己的地位和身份。

2）环境设置

环境的设置不仅影响人们的心情，而且影响沟通的效率及效果，还能够传达出非常重要的信息。在管理沟通中，环境设置主要包括场所的设计、座位的设置、朝向的设置。

（1）场所的设计

场所的设计包括房间的格局、房间颜色搭配、房间内的陈设等。在职场中，一般是职位越高，办公室越大。董事长或者身份地位比较高的人，其办公室总是有一张比较大而宽的桌子，当和他交谈时，交谈者的距离是桌子的宽度甚至更远，从而显示其优越感和权威性。拥挤杂乱的办公场所传递出的是让人不信任的感觉，一般的办公室在色彩选择上都是中性偏冷的色调，以显示稳定。不过，儿童活动场所的色彩则是鲜艳明快的，彰显的是天真活泼。

（2）座位的设置

古往今来，人们在社交场合对座位、座次的安排也是颇为讲究的，长幼尊卑从座位的安排上一目了然：在室内，最尊的座位是坐西面东，其次是坐北面南，再次是坐南面北，最卑是坐东面西。在现代沟通理念中，左边的位置比右边的位置显得更有控制力，是政治家们在会面时的“兵家必争”之地。

（3）朝向的设置

交流双方的位置朝向也透露了一定的信息，常见的朝向有如下4种：

①面对面：这种朝向是商务沟通中常见的朝向，表示希望得到全面、充分的沟通，同时也显示出沟通双方或亲密或严肃或敌对的关系。人们在协商问题、讨论合作或者争吵时常采用这种朝向。

②背对背：这种朝向要么是完全没有沟通的意愿，要么是非常亲密的人背靠背坐着聊天，“一起慢慢变老”。

③肩并肩：非常亲密，同时也是非常不正式的交流，常见于非正式沟通场合。

④V形：双方在面对可能引发冲突的问题时，多采用这种朝向，可以淡化敌对的情绪，并给双方调整自己情绪的空间。上级对下级进行绩效指导时，经常采用这种朝向。

3）距离语言

“空间能说话。”不同的空间距离能够表达不同的情感和意义，甚至能够反映出不同的信仰、文化背景。空间距离是非常重要的非语言沟通方式。

美国推销学家罗伯特·索默经观察和实验研究提出了“气泡学说”，即人具有一个把自己圈住的心理上的个体空间，如同一个无形的“气泡”一样，为自己割据了一定的“领土”。一旦这个“气泡”被人触犯，就会感到不舒服或不安全，甚至恼怒起来。人们需要一个保护自己的个体空间，这并非拒绝与人交往，而是希望在个体空间能给自己心理上带来安全感的情况下与人自然地交往，否则就会做出本能的或紧张或阻挡的反应。

（1）空间距离的内涵

①空间距离表达了“领地”意识。在日常沟通中，人们不可能随身带着一堵墙来保护自己，但又不能忍受别人进入自己的安全距离内，于是，就通过与他人保持一定的空间距离，来树立无形的围墙，以保护自己的虚拟领地不受侵犯。

②空间距离反映了亲疏程度。空间距离的近远与感情的亲疏成正比。

③空间距离代表身份和地位。在一个组织中，空间距离显示了个人的地位高低和权力大小。当一个人的地位越高，其拥有的空间就越大，他和其他人的空间距离就越远。

④空间距离反映个性和文化。性格开朗、外向的人对空间距离的敏感性较低，而性格保守和内向的人需要的空间距离较大。

（2）空间距离的分类

美国学者爱德华·霍尔教授经过研究发现，人们在交际中有4种空间距离——亲密距离、私人距离、社交距离、公众距离。

①亲密距离。这种距离为0~0.5米，是恋人之间、夫妻之间、父母子女之间以及至爱亲朋之间的交往距离。在这个空间里，恋人、亲人之间可以彼此肌肤相触，感受到对方的体温和气息，谈私论情，双方互相感到幸福和快乐。

在西方文化中，在女人之间和有亲密关系的男人与女人之间保持这种距离是可接受的，但在男人之间或没有亲密关系的男人与女人之间，处于这种状态则可能是令人尴尬的。在阿拉伯文化中，男人们在大街上边走边相互搂着肩膀则是非常正常的。

亲密距离的空间一般人是不允许进入的，即使在公众场合因拥挤而被迫进入这个空间，也应尽量避免身体的任何部位触及对方，更不能将目光紧紧盯在对方的身上。

②个人距离。这种距离为0.5~1.25米。这是有“分寸感”的交往空间，身体的接触较少。在这个距离中，0.5~0.75米是近位距离，0.75~1.25米是远位距离。在近位距离内，只要稍一伸手即可触及对方，双方可以亲切握手。近位距离在酒会交际中比较常见，谈话双方会有一种亲切感。在远位距离内，双方都把手伸直，才有可能相互触及。由于这一距离有较大的开放性，亲密朋友、熟人可随意进入这一区域。在交谈中，和对方的关系有一定进展时，也能给对方接近自己的机会。

③社交距离。距离空间为1.25~4米。这已经超出了亲密或熟人的人际关系，而是体现一种社交性或礼节性的较正式关系，可分为近位距离和远位距离两种。

近位距离为1.25~2米，一般出现在工作环境和社交聚会、洽谈协商的场合。例如，领导和下属谈话、布置任务、听取下属汇报等一般保持这个距离。在一般的社交聚会中，陌生人之间、客户之间商谈事务时也采取这一距离。

远位距离为2~4米，表现为一种更加正式的交往关系。商业活动、国事活动等一般采用这种距离，以体现交往的正式性和庄重性。在一些领导人、企业老板的办公室里，其办公桌的宽度在2米以上，设计这一宽度就在于，领导者与下属谈话时应保持距离和威严。

在社交距离空间内，没有直接的身体接触，说话要适当地提高声音，需要更充分的目光接触。如果谈话者得不到对方的目光支持，他（或她）会有强烈的被忽视、被拒绝的感受。这时，相互间的目光接触已是交谈中不可或缺的感情交流形式。

④公众距离。这是几乎能容纳一切人的“门户开放”空间。在这个空间内，人与人之间的直接接触大大减少。公众距离的近状态为4~8米，通常是小型活动的发言者与听众之间的距离，比如，在课堂上，教师与学生之间的距离；公众距离的远状态在8米之外。这是大型报告会、听证会、文艺演出的报告人、演讲者、演员与听众、观众之间应当保持的距离。重要人物在演讲时需要与听众保持这一距离，以便在增强权威感的同时，增加安全感。

以上4种空间距离，只是人际交往的大致模式，并不是凝固刻板的。人际接触的具体空间距离是根据具体情况的需要而不断变化的。因此，具体的空间距离总是具有一定的伸缩性和可变性的。

空间距离对于沟通双方是很重要的。如果管理者在和下属沟通时，希望促进自己与下属之间进行有效沟通，那么缩小两人之间的空间距离可能是比较有效的沟通方法。在增强员工交流方面，采用敞开式的办公室增加员工之间的交流，也是提高工作效率的一个好办法。

9.3 非语言沟通的礼仪

在商务活动中，非语言沟通方式能体现出沟通者的礼仪风范如何，本节就常见的礼仪规范中涉及的非语言沟通行为进行简单介绍。

9.3.1 服饰礼仪

资料10：黑色衣服更显"野蛮"

沟通者的服饰要求是：面料好、色彩少、款式雅；不脏、不皱、不破、不乱。

男士在商务活动中，应着西装。着装要注意：以蓝色、黑色、深灰色为宜；拆除衣袖上的商标；熨烫平整，衣袖不卷不挽；慎穿毛衫（在寒冷的冬季，可穿一件V形领单色毛衫，不妨碍打领带）；巧配长袖衬衫、内衣、领带；少装东西（上衣内侧口袋可装钢笔、钱夹、名片夹等）；不可直接穿长袖衬衫系领带而不穿西装上衣参加正式活动。

女士在商务活动中的着装礼仪是：职业套裙或套装。要求：上衣衣扣一一系好，不能部分或全部解开；衬衫最上一粒可以不系；衬衫在公共场合不宜直接外穿；不可在外人面前脱掉上衣，以衬衫示人；配饰以少为宜，不宜超过3件（"女人味"的象征：耳环、手镯、脚链）；不可光脚，着单色袜，袜口不可暴露于外。

9.3.2 仪态礼仪

商务场合中的仪态礼仪主要体现在表情、站姿、走姿、蹲姿、坐姿以及手势等非语言形式上。

1）表情

微笑要发自内心，适度得体，并且注意区分场合。在严肃场合，他人做错事、说错话或心情悲痛时，微笑则是失态的表现。掩嘴而笑和咧嘴大笑在商务沟通中都不适宜。

2）站姿

男士要身体重心在两脚，头正、颈直、挺胸、收腹、平视，双脚微开，最多与肩同宽；忌两脚交叉；忌手插在腰间或裤袋中；忌浑身扭动、东张西望。女士应该全身直立、双腿并拢、双脚微分、双手搭在腹前、抬头挺胸收腹、平视前方；忌两脚分开、双腿"分裂"、臀部撅起、双手下垂放在身体两侧。男女站姿如图9-4所示。

图9-4 男女站姿图例

3）走姿

正确的走姿应是：头正、目视前方、表情自然；肩平、臂摆幅度小（30~40度）、手自然弯曲；挺胸收腹、重心前倾；走线直、脚跟先着地；步幅适度，以一脚长度为宜；步速平稳，勿忽快忽慢；忌八字步、低头、驼背、晃肩、大甩手、扭腰摆臀、左顾右盼、脚步擦地、怒目凝眉等。

4）坐姿

就座时的动作应不紧不慢、不慌不忙、大大方方；切忌大大咧咧或者“扑通”一下跌进座椅。

男士坐姿：人体重心垂直向上，腰部挺起，上身垂直，大小腿成直角，两膝并拢或微微分开，两脚平放地面，两脚间距与肩同宽，手自然放在双膝或椅子扶手上（叠腿非首选）。

女士坐姿：双腿垂直式或双腿叠放式，如图9-5所示。

图9-5 女士坐姿图例

5）蹲姿

下蹲的姿势不常用，但行为不当容易出错。下蹲时要注意的是：拾物时，应自然、得体、大方，不遮遮掩掩；两腿合力支撑身体，避免滑倒；应使头、胸、膝关节在一个角度上，使蹲姿优美；女士无论采用哪种蹲姿，都要将腿靠紧，臀部向下。最合乎礼仪的蹲姿是上体正直，单腿下蹲。男女蹲姿图例如图9-6所示。

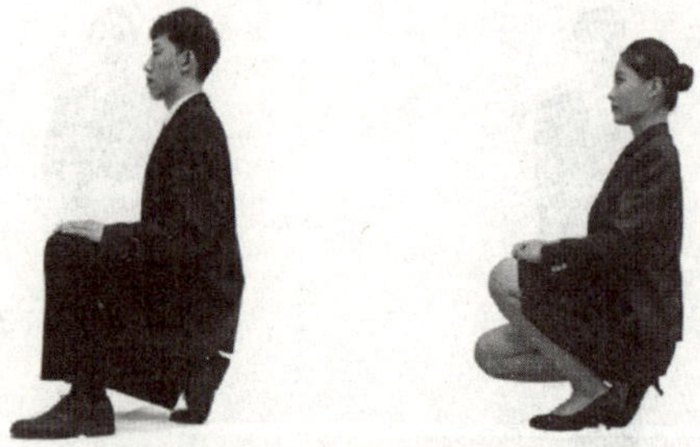

图 9-6　女士蹲姿图例

9.3.3　接待礼仪

接待礼仪主要有介绍、握手、交换名片等行为。

1）介绍礼仪

在商务活动中，介绍的内容一定要长短适中，只要言简意赅地介绍姓名、单位即可。介绍时，眼睛要注视对方，和对方有目光交流，让对方体会到真诚；手掌五指并拢，掌心朝上，拇指微微张开，指向被介绍人。介绍的态度要不卑不亢。介绍的顺序则是先把自己介绍给众人。介绍他人时要遵从：把职位低者、晚辈、男士、未婚者分别介绍给职位高者、长辈、女士和已婚者；先向客方介绍我方人员；先介绍人少的一方，人多一方只介绍主要人物。

2）握手礼仪

握手是商务活动中不可少的一种行为，其顺序要求是：男女之间，女士先；长幼之间，长者先；上下级之间，上级先，下级屈前迎握；迎接客人，主人先；送走客人，客人先。

握手位置：女士握位为食指位；男士握位为整个手掌；一般关系，一握即放。

握手的禁忌有：忌左手拿着东西或插在兜里；忌不按顺序，争先恐后；男士忌戴手套（社交场合女士可戴薄手套）、戴墨镜；忌用左手或用双手与异性握手，忌交叉握手；忌拉来推去、上下抖动、用力过度、客套过度。

3）交换名片礼仪

交换名片是商务接待中一个常见的环节。交换名片的礼仪要求具体见表 9-3。

表 9-3　名片交换礼仪

适宜	禁忌
➢ 主动递上自己的名片 ➢ 委婉索要名片（“以后怎么向您请教啊”） ➢ 委婉拒绝别人的索要（“对不起，我的名片发完了”或“对不起，我忘记带了”） ➢ 站立、微笑、双手接过名片，并认真默读一遍 ➢ 站立、双手或右手，正脸朝上递名片 ➢ 多人时，按顺时针方向由近及远或由尊至卑顺序发放	➢ 在上司前面先递名片 ➢ 收到名片随手放入裤子口袋 ➢ 递出有污渍和皱褶的名片 ➢ 无意识地玩弄对方的名片，在对方的名片上书写不相关的内容 ➢ 用单手接过名片

9.3.4 馈赠礼仪

馈赠作为非语言的一种重要交际方式，是以物的形式出现的，以物表情，礼载于物，从而起到寄情言意的作用。得体的馈赠，像桥梁和纽带一样，直接明显地传递着情感和信息，深沉地寄托着人们的情意，无言地表达着人与人之间的真诚关爱，恰似无声的使者，给交际活动锦上添花，给人们之间的感情和友谊注入新的活力。

1）馈赠的目的

任何馈赠都是有目的的，或为交结友谊，或为祝颂庆贺，或为酬宾谢客，或为其他。在现代人际交往中，馈赠的主要目的有：以交际为目的的馈赠；以巩固和维系人际关系为目的的馈赠；以酬谢为目的的馈赠；以公关为目的的馈赠。

2）馈赠的基本原则

馈赠作为社交活动的重要手段之一，为古今中外人士普遍肯定。把握馈赠的基本原则是沟通活动得以顺利进行的重要前提条件。馈赠的基本原则是：

（1）轻重原则——轻重得当，以轻礼寓重情

礼物是言情、寄意、表礼的，是人们情感的寄托物。人情无价而物有价，有价的物只能寓情于其身，而无法等同于情。就礼物的价值含量而言，礼物既有其物质的价值含量，也有其精神的价值含量。中国“千里送鹅毛”“折柳相送”等典故说明，礼物所寄寓的浓浓情意远远超过了其本身的物质含量。

（2）时机原则——选时择机，时不我待

就馈赠的时机而言，及时适宜是最重要的。“雨中送伞”“雪中送炭”，都体现了送礼的时效性，因为只有在最需要时得到的才是最珍贵的、最难忘的。因此，要注意把握好馈赠的时机，包括时间的选择和机会的择定。

（3）效用性原则

同一切物品一样，当礼以物的形式出现时，礼物本身也就具有了价值和实用价值。就礼物本身的实用价值而言，人们的经济状况不同、文化程度不同、追求不同，对于礼物的实用性要求也就不同。应视受礼者的物质生活水平，有针对性地选择礼物。在欧·亨利的小说《麦琪的礼物》中，德拉夫妇双双用自己的最爱换得给对方最好的礼物，在贫困的生活中升华了他们之间的爱，使他们得到了最大的精神满足。

（4）投好避忌原则

由于民族、生活习惯、生活经历、宗教信仰以及性格、爱好不同，不同的人对同一礼物的态度是不同的，或喜爱或忌讳或厌恶等。因此，我们要把握住投其所好、避其禁忌的原则。例如，广东人对“4”忌讳，中国人在节庆时忌讳白色或黑色。

3）馈赠的礼仪

馈赠时应注意哪些礼仪呢？

（1）注意礼品的包装

精美的包装不仅使礼物的外观更具艺术性和高雅的情调，显现出赠礼人的文化和艺

术品位，而且还可以使礼物产生和保持一种神秘感，既有利于交往，又能引起受礼人的兴趣、探究心理及好奇心理，从而令双方愉快。

（2）注意赠礼的场合

赠礼场合的选择，是十分重要的。给关系密切的人送礼也不宜在公开场合进行，只有礼轻情重的特殊礼物，才适宜在大庭广众下赠送。赠礼时应当着受礼人的面，以便于观察受礼人对礼物的感受，并适时解答和说明礼物的功能、特性等，还可有意识地向受礼人传递你选择礼物时独具匠心的考虑，从而激发受礼人对你一片真挚之情的感激和发自内心的喜悦。

（3）注意赠礼时的态度、动作和言语表达

只有平和友善的态度和落落大方的动作并伴有礼节性的语言表达，才是令赠受礼双方所能共同接受的。

（4）注意赠礼的具体时间

一般来说，应在相见或道别时赠礼。

4）受礼礼仪

受礼礼仪主要有以下三点：

①受礼者应在赞美和夸奖声中收下礼品，并表示感谢。可以赞美礼品的精致、优雅或实用，夸奖赠礼者的周到和细致，并伴有感谢之词（按中国的传统习惯，应以谦恭的态度表达感谢）。

②双手接过礼物。视具体情况拆看或只看外包装，也可请赠礼人介绍礼物功能、特性、使用方法等，以示对礼品的喜爱。

③只要不是贿赂性礼品，一般最好不要拒收，那会很驳赠礼人的面子，但是可以找机会回赠对方礼物。

当然，可以作为礼品的物件很多，如鲜花、图书、蛋糕、土特产等。在礼品的选择上要根据对方的文化习俗、馈赠的事由等具体情况而定。

课外拓展阅读

手帕带来的风波

国内某家专门接待外国游客的旅行社，有一次准备在接待来华的意大利游客时送给每人一件小礼品。于是，该旅行社在杭州的某厂订购制作了一批名牌纯丝手帕，每块手帕上绣着花草图案，十分漂亮。手帕装在精美的礼盒内，盒子上印有旅行社的标志图案，看上去十分美观大方。中国丝织品闻名于世，料想会受到客人的喜欢。

旅游接待人员带着盒装的纯丝手帕，到机场迎接来自意大利的游客。欢迎词热情、得体。上车后，当接待人员代表旅行社赠送给每位游客两盒包装精美的手帕时，没想到车上一片哗然，议论纷纷，游客显出很不高兴的样子。特别是一位夫人，大声叫喊，表现得极为气愤，还有些伤感。旅游接待人员慌了，好心好意送客人礼物，不但得不到感谢，还出现这般景象，他感到非常不解。中国人总以为送礼人不怪，这些外国人为什么怪起来了？

原来在意大利和西方一些国家有这样的习俗：亲朋好友相聚一段时间告别时才送手帕，取意为“擦掉惜别的眼泪”。意大利游客兴冲冲地刚踏上盼望已久的中国大地，准备开始愉快旅行，你就让人家“擦掉惜别的眼泪”，人家当然不高兴了。而那位大喊大叫又气愤的夫人，是因为她所得到的手帕上还绣着菊花图案。菊花在中国是高雅的象征，但在意大利是祭奠亡灵的，无怪乎要愤怒。因此在接待和馈赠别人礼物时，一定要充分了解并尊重对方的文化习俗，这样才会既不失礼节，又能实现良好的沟通。

资料来源：作者根据相关资料整理.

本章小结

1.非语言沟通是指通过文字、纸张和讲话以外的方式来传递信息。非语言沟通的作用是多样的，它能使有声语言的表达更形象、更生动、更直观，也能更真实地反映沟通者的内心活动。

2.作为一种重要的沟通方式，非语言沟通能起到强化语言、替代语言、辅助语言表达的作用。与语言沟通相比，非语言沟通更擅长情感的传递。

3.非语言沟通具有无意识性、情境性、多样性、统一性和个性化的特点。

4.非语言沟通的具体形式包括副语言、身体语言、形象语言、环境语言和空间语言等内容；认识和区别每一种具体的非语言沟通形式所具有的含义，有助于我们实现有效沟通。

5.非语言沟通方式与商务礼仪关系密切。商务活动中，在着装、仪态、接待、馈赠等非语言沟通行为上，遵从商务礼仪的原则和规范要求，是我们树立良好形象，实现顺利沟通的重要保证。

练习与实训

扫码同步测9

（一）选择题

□单项选择题

1.下列各项中不属于副语言沟通内容的是（　　）。

A.语调　　B.语速　　C.停顿　　D.表情

2.目光的注视中不包括（　　）。

A.亲密注视　　B.公务注视　　C.公众注视　　D.社交注视

3.斜视的含义很丰富，下面所列含义中与斜视无关的是（　　）。

A.感兴趣　　B.表示敌意　　C.表示不确定　　D.表示兴奋

4.任何领口都适合的脸形是（　　）。

A.圆脸　　B.长脸　　C.椭圆脸　　D.四方脸

5.下列各项中属于公众距离的是（　　）。

A.1~2米　　B.2~3米　　C.3~4米　　D.4~8米

6.名片交换的顺序应该是（　　）。

A.从近到远　　B.从远到近　　C.逆时针方向　　D.任意顺序

7.作为管理者，如果要提高管理效率，与下级的空间距离应该是（　　）。

A.远位距离　　B.近位距离　　C.不需要在乎距离　　D.亲密距离

8.下列各项中关于非语言沟通的无意识性特点理解正确的是（　　）。

A.非语言行为是本能的反映　　B.非语言行为没有经过仔细思考

C.非语言行为是没有想到的　　D.非语言行为不需要仔细思考

9.在100%的信息中，约（　　）是通过非语言行为传递的。

A.35%　　B.50%　　C.70%　　D.65%

10.着装的TPO原则是指（　　）。

A.时间、地点和机会　　B.时间、地点和场合

C.地点、场合和对象　　D.场合、机会和对象

□多项选择题

1.中国较典型的身体接触有（　　）。

A.握手　　B.拥抱　　C.拍肩膀　　D.碰面

2.着装的“三不露”是指（　　）。

A.不露肩　　B.不露膝　　C.不露齿　　D.不露脚趾

3.在环境语言中，场所的设计包括（　　）。

A.房间的格局　　B.房间色彩的搭配　　C.房间内的陈设　　D.房间的朝向

4.可以作为馈赠礼品的有（　　）。

A.鲜花　　B.书籍　　C.购物卡　　D.特产

5.在下列非语言行为中，（　　）是世界各国都认同的。

A.握手　　B.拥抱　　C.耸肩　　D.微笑

（二）判断题

1.中国与鼻子有关的词语一般都略带有褒义。（　　）

2.根据研究，每个人的面部表情可以达到1万种。（　　）

3.一个人的走姿、站姿和坐姿能体现出一个人的心理状态和礼仪修养。（　　）

4.圆形脸的人最好穿V形领或者翻领的衣服，戴耳坠或者大耳环。（　　）

5.收到名片为防止丢失应该立即装起名片。（　　）

6.四种空间距离都有远位距离和近位距离之分。（　　）

7.在非语言行为中，腿脚语言最容易被忽视，但反映的信息也最真实。（　　）

（三）简答题

1.什么是非语言沟通？非语言沟通有什么作用？

2.非语言沟通有什么特点？

3.非语言沟通的具体形式有哪些?

4.馈赠作为一种非语言沟通形式，应该遵循什么原则?

5.接待礼仪要注意哪些方面?各有什么具体要求?

6.馈赠礼品和收受礼品各应该注意哪些方面?

7.作为无声语言的服饰，在沟通中应坚持什么原则?

(四) 实务题

1.试分析下面的案例，想想王秘书失误在何处。

秘书的馈赠失误

秘书王静按李总经理的要求，来到广州北京路步行街为一个巴基斯坦代表团选购礼物。客人中有团长及夫人，还有3位信仰伊斯兰教的男客人。王静跑了好多家商店，终于买好了：一个景泰蓝花瓶，给团长；一件真丝旗袍，给团长夫人；3个制作精美的毛主席像章给3位男客人。她让服务员一一用绿色的包装盒装好，并用红色丝带捆扎后，赶回公司。办公室主任一看王静买回来的礼品，立即让她有的退回，有的重新包装。

王秘书感到十分委屈，她不知道自己究竟犯了什么错。

2.当你和一个美国人交流时，你认为在非语言沟通方面应该注意哪些问题?

3.完成下面的小测试，然后分析自己在时间观念上是一个怎样的人，并说明理由。

测测你自己：

(1) 你认为时间是十分珍贵的吗?

(2) 你愿意尽快完成一件事情还是按时完成即可?

(3) 你曾经完成的事情大多是尽快完成的还是按时完成的?

(4) 你喜欢一鼓作气地完成工作还是慢慢地做事情?

(5) 你希望别人在时间观念上总是同你一样吗?

(6) 当其他人的时间观念与你不一致时，你感到很恼火吗?

(7) 你是否忽视了对方对你的时间观念很恼火?

(五) 实训题

1.学生每3~5人组成一个小组，请1名学生根据小组其他成员的脸形和肤色，挑选适合他(或她)的服装。

2.学生模拟表演走姿、坐姿、蹲姿，相互点评。

3.学生以小组为单位模拟表演接待，然后分析接待中的礼仪行为是否规范。

4.你的长期合作伙伴举办公司成立10周年庆典活动，你接到了参加活动的邀请。首先为自己设计出席活动的形象；其次，为对方公司准备一份礼品并说明理由。

5.选取10~15名学生，让他们在教室中分散站立，然后请同学根据他们站立的位置和距离进行分析。

第10章

跨文化沟通

学习目标

知识目标

◇ 了解跨文化沟通的意义

◇ 熟悉不同国家典型文化的特点

能力目标

◇ 掌握跨文化沟通的基本技能

◇ 善于分析跨文化沟通中的文化差异现象

素养目标

◇ 通过对主要国家文化特征的学习，培养学生尊重不同国家文化习俗的意识，坚定四个自信

◇ 结合书中案例的学习，加强对国家大政方针的理解，增强民族自豪感和使命感

案例导读

“森林大王”卢伟光

卢伟光做的是木地板生意，与巴西的原始森林早已结下了不解之缘。2004年11月份，时任国家主席胡锦涛访问巴西，随团访问的企业家就包括在巴西投资森林的企业家卢伟光。他说：“就此次出访而言，企业家队伍中直接获益最大的应该是我。”因为，他趁此机会又在巴西境内亚马孙河畔添置了8.5万公顷的原始森林，而此前他在巴西购买了1.5万公顷的原始森林。卢伟光也因此被人们称为“森林大王”。

2005年3月下旬，“国际森林环境论坛”在中国香港举行。刚刚参加完香港会议回到上海的卢伟光接受了《今日早报》记者的专访。其中有这样一段对话。

记者：“据说您现在大量的木材是从巴西进口的，是这样吗？”

卢伟光：“对，因为从1994年到1998年巴西木材都是通过中国台湾地区的贸易商的转口贸易卖给我们的。那个时候我们不懂国际贸易，也没去过很多国家，所以在台湾贸易商与我交易的过程中，我经常去工厂车间看我交易的产品，检验所采购产品质量的好坏。有一包地板里面有一个胶带纸，上面印着巴西供应商的电话号码

和传真号码，通过这一点，我尝试着跟他们联络。”

记者：“您是跟巴西的供应商一下就联系上，并开始跟他们合作，还是经历了一段磨合期?”

卢伟光：“经历了一段磨合期。因为，巴西人的想法和我们中国人的文化传统相差十分巨大，而且他们对中国的了解很少，也不知道中国人经济条件怎么样，现在能不能吃饱饭。你说买他们很多地板、很多木材，他们会觉得这么贵的东西，你能买得起吗？我经过和他们多次的交流，向他们介绍中国的情况，如中国的经济状况很好，老百姓的生活水平提高很快，而且生活水平提高最大的体现就是买房子，买房子就要装修。听了我的介绍，他们还是半信半疑。”

记者：“为了跟巴西人做生意，您具体做了哪些努力?”

卢伟光：“2000年在北京的新工厂开业的时候，我就邀请巴西的供应商来参加我们的开业典礼。把他们请到中国来后，我还带他们去上海浦东参观，去北京的长城、故宫、天安门参观，让他们对我们的国家、我们的企业有一个更为感性的了解。另外，我们也应该尽量融入他们的文化中。比如，我现在到巴西，一到了休闲时间或者节假日，我总会脱去西装，换上衬衫和供应商们一起晒晒太阳，然后和自己的巴西员工们踢几场球。因为，在巴西你需要按照他们的思维方式思考，也按照他们的生活方式生活。”

从卢伟光成就“森林大王”的历程不难看出，经贸往来中多元文化的交融起着多么重要的作用。事实上，随着跨国公司和合资企业的繁荣，经济生活中的跨文化沟通已成为必要。

资料来源：佚名.管理沟通之森林大王案例分析［EB/OL］.［2021-06-11］. https://www.renrendoc.com/paper/133259571.html.有删改.

【简析】这一案例表明：对跨国公司而言，有效的跨文化沟通是跨国公司管理的关键，因为在跨国公司中，管理者和员工面对的是不同文化背景、语言、价值观、心态和行为的合作者，管理是在异文化之间的沟通和交流的基础上进行的。与一般意义上的管理沟通相比，跨文化沟通难度更大、技巧性更强，因为它涉及语言、习俗、历史等文化差异和文化理解的问题。沟通不当轻则造成沟通无效、闹笑话，重则造成误解或关系恶化。因此，无论是管理者还是员工，都必须了解跨国公司中文化的多样性和冲突产生的背景，加强自身学习，掌握跨文化沟通技能，以增强跨文化沟通的有效性。

10.1 跨文化沟通的概念

10.1.1 文化的概念

“文化”一词有广义和狭义之分。广义的文化是指人类在社会生活中所创造的一切，包括物质生产和精神生产的全部内容及其成果；狭义的文化专指文学艺术；在广义和狭义之间的中间层次的文化是指与政治、经济有别的全部精神生产成果。例如，有人把文化定义为人类复杂精神生活的整体，包括知识、信仰、艺术、道德、宗教、风俗以及作为社会成员的其他各种能力与习惯。

中外关于“文化”的含义理解有所不同。在中国，“文化”一词可以追溯到《周易》中所说的“观乎天文，以察时变；观乎人文，以化成天下”。“文化”作为一个整词出现在西汉时代，刘向在《说苑·指武》中写道：“凡武之兴，为不服也，文化不改，然后加诛。”在中国文化中，“文化”与“天文”相对应，指社会秩序；它与“武力”相对应，指文治教化；它与无教化相对应，则表征一种状态。以文化物，以文化人，以人化社会。所以，“文化”一词在中国古代的基本含义是“文治教化”。

在西方，“文化”一词源于拉丁语“Cultura”，原意是“加工”“耕作”“居住”等生产工艺或生产方式，包含主动改变客观形态、摆脱自然状态等内容。“文化”的英语是“Culture”，它不仅包含土地耕作、作物培育的含义，还引申到社会精神生活，指人类自身的心灵、智慧、知识、风尚、德行等的培养教育，进而引申到泛指一切知识乃至全部社会生活内容。

从词源上的分析来看，中国古代侧重从人文教化的层面谈文化，主要注重“过程”，西方则侧重从物质技艺层面谈文化，偏重“结果”。

虽然在对文化理解的原始意向上中国古代和西方存在差异，但是，它们都把文化视为现实社会的人化特征，将文化视为人类所特有的观念形态和行为方式。

无论在中国还是在西方，文化都是一个由社会历史积累而成、不断变化的复杂有机系统，是人类按照个人与集体的生活要求，能动地支配、改造客观环境，追求与创造理想生活，实现人类自身价值的过程。在这一过程中产生的文化财富包括科学、艺术、道德、法律、经济、宗教等内容。

10.1.2 跨文化沟通的概念

所谓跨文化沟通，是指跨文化组织中拥有不同文化背景的人们之间的信息、知识和情感的互相传递、交流和理解过程。

10.2 跨文化沟通的主要影响因素

1）感知

感知与文化有很密切的关系。一方面，人们对外部刺激的反应，对外部环境的倾向性、接受的优先次序，是由文化决定的；另一方面，当感知形成后（指感知过程的结果——知觉），它又会对文化的发展以及跨文化的沟通产生影响。

在跨文化沟通过程中，研究感知或知觉对沟通的影响具有十分重要的意义。人们在沟通过程中存在的种种障碍和差异，主要是由感知方式的差异所造成的。要进行有效的沟通，我们必须了解异文化环境中人们感知世界的不同方式。

2）成见

当我们突然进入一种存在我们不熟悉的符号和行为的情境的时候，我们就会经历一种很强的令人烦恼不安的情境——文化冲击。我们会因此而感到焦虑不安，甚至茫然不知所措。在这种情况下，成见常常就油然而生了。成见不是不可避免的，但它常比悬而未决或模棱两可的状态容易接受得多。因为我们大多数人都很怠惰，不愿意发展了解不同境遇中其他人具备的能力。成见作为我们头脑中的图像，常常是僵化的、难以改变的，以其作为防卫的机制常常是极为不利的，对于跨文化沟通的成功进行也是全然无益的。

3）种族中心主义

种族中心主义是人们作为某一特定文化中的成员所表现出来的优越感。他们认为自己的文化是最标准的、规范的，优于其他民族的文化，并且以自己的文化价值和标准去解释和判断其他文化环境中的群体。在优越心理的驱使下，他们拒绝接纳与自身文化差异较大的其他民族的文化，而是希望对方如自己期望的那样做出反应。这种对其他民族文化拒绝的态度势必影响不同民族、不同文化背景群体之间的沟通。

4）缺乏共感

缺乏共感的主要原因是人们经常站在自己的立场而不是他人的立场上理解、认识和评价事物。缺乏共感也是由许多原因造成的：首先，在正常情况下，站在他人立场上设身处地地想象他人的境地是十分困难的。尤其是加入文化因素之后，这个过程就更加复杂了。其次，显示优越感的沟通态度，也阻碍了共感的产生。如果一个人总是强调自己管理方法的科学性，固执己见，那么我们就很难与之产生共感。再次，缺乏先前对于某个群体、阶级或个人的了解也会阻碍共感的发展。如果从来没有在国外的企业工作过或从事过管理，也就少有机会了解他国的文化，我们就很容易误解他人的行为。这方面知识的缺乏，可能致使我们从某些不完全与行为背后的真正动机相联系的行为中得出结论。最后，我们头脑中所具有的跟人种和文化相关的成见也成为达成共感的潜在抑制因素。

5）价值观

价值观是指个人对客观事物及对自己行为结果的意义、作用、效果和重要性的总体评价，是推动并指引一个人采取决定和行动的原则、标准，是个性心理结构的核心因素之一。它使人的行为带有稳定的倾向性。价值观是决定一个人行为和态度的基础，并影响人们的需求活动。不同的国家之间，人们的价值观是有明显区别的，这使沟通中会存在价值观的认同障碍，也影响沟通的效果。例如，美国文化追求个人自由、英雄主义等，而中国文化讲究团结互助、顾全大局等。因此在2020年年初暴发的新冠肺炎疫情中，中国的疫情很快得到了很好的控制，而美国的感染人数屡创新高，就是因为每个人追求所谓的个人自由所致。

10.3 跨文化沟通的障碍及其消除

10.3.1 跨文化沟通的障碍

一方面，全球化趋势创造了新的沟通方式和机会；另一方面，国家、民族、文化差异又使组织在全球化进程中遇到了来自内部和外部的沟通障碍。

1）组织内部的沟通障碍

在内部管理上，不同的价值观、不同的生活目标和行为规范导致组织管理环节增多，具体表现为员工结构改变及组织层次和部门增多，为有效沟通增添了障碍。

（1）员工结构的改变增加了沟通的难度

劳动力结构在民族、国籍方面趋于多样化，有些跨国集团和合资公司中有来自数个国家的员工，他们在语言、行为方式、生活方式、价值观念甚至非语言表达方式等方面存在差异，这些差异是多元文化冲突的主要根源，在员工之间、员工与管理者之间筑起了一道沟通的屏障。

（2）组织层次和部门的冗杂，导致信息丢失

一些大型跨国公司，规模庞大、组织层次数目繁多，信息在传递过程中被过滤的可能性增大。由于每个层级都对信息进行过滤，因此所传递的信息的失真度也随之增大。

2）组织外部的沟通障碍

在外部经营上，由于语言、习惯、价值观等文化差异使得经营环境更趋复杂，从而加大了市场运行的难度。组织的外部沟通障碍主要包括信息多元化、社会文化多元化、组织外部沟通对象多元化。

案例10-1　　不服水土的管理方式

一位美国人在秘鲁子公司担任生产经理，他坚信美国式的民主管理方法能够提高秘鲁工人的生产积极性。他从总公司请来专家对子公司各车间的负责人进行培训，教他们如何征求工人意见，将意见中合理的部分加以采用。可是这种民主管理方法推行不久，秘鲁工人就纷纷要求辞职。

这位生产经理百思不得其解，为什么美国先进的管理方式跑到秘鲁就“水土不服”了呢？

资料来源：佚名.跨文化沟通障碍案例［EB/OL］.［2017-10-12］. https://wenku.so.com/d/e3749224af9fa7fc28587085883842a9.有删改.

【简析】在秘鲁以及整个拉美文化中，人们敬重权威，下属不仅服从上司，而且还把上司看作自己的主人，并希望上司对自己的生活负责。工人们认为，征求个人意见是上司自己不知道该做什么，所以才反过来问他们。既然上司无能，公司就没有希望，不如提前离职寻找新的工作。

（1）信息多元化

由于信息的来源是全球范围的，所以对信息的正确解码难度大大增加。有时同一信息在不同国家的含义可能不一致，有时信息来源使信息的准确性和真实性不足。

（2）社会文化多元化

社会文化多元化主要指社会活动的各个方面都打上了跨文化的烙印，人们的需求、对产品和服务的偏好等，都不同程度地受到全球化进程的影响。组织必须充分考虑国家经济水平、社会传统、信仰、价值观等特性，以确定自己的市场战略、管理风格等。

（3）组织外部沟通对象多元化

经济全球化的进程不断深入，企业的相互依赖程度也日趋增加，因此各组织之间存在着千丝万缕的联系，这也为多元文化之间的碰撞、跨文化沟通障碍的形成提供了条件。在全球性发展中，能与多元组织进行良好的沟通是我国企业生存和发展的重要条件。

10.3.2　跨文化沟通障碍的消除

1）了解文化差异

在跨文化沟通中，交流双方不仅需要明确各自文化的特点，而且需要通过各种途径了解对方国家，包括政治、经济、文化、历史、社会性质、语言特点、生活方式、风俗习惯、地理位置等诸多方面的情况，然后加以比较，以明确在不同的文化中什么是可以做的，什么是禁忌的。只有这样，才能避免误解和冲突。

2）认同文化差异

跨文化沟通中产生失误和冲突的根源主要是交流双方没有取得文化认同。文化认同是人类对于文化的倾向共识与认可，是人类对自然认知的升华，是支配人类行为的思想准则和价值取向。文化认同的益处在于：一方面，它可以促进以多元文化为特征的跨国公司中不同文化之间的顺利沟通，促进组织内部的和谐与团结，提升组织的凝聚力和竞争力；另一方面，它可以确保多元文化的共存，从而提高员工的文化满足感。人们都会有这样的倾向，即觉得自己的文化是最好的、最文明的和最优秀的，其他文化都不如自己的文化好，这就是所谓的“文化优越感”。而培养接受、尊重和认同文化差异的意识，正是拓展我们跨文化沟通视野的良好开端。文化认同原则可以被认为是指导跨文化沟通的基本原则。

案例10-2　为什么在中国台湾不能奏效？

辉煌油漆公司是新加坡一家海船油漆制造商，这是一家由3个受过西方教育的年轻人创建的快速增长的公司。销售部谭经理创下了海外销售的最高纪录，其中大部分油漆销到澳大利亚和新西兰。为了实现这个目标，谭经理首先给一些潜在客户发送7条信息，同时发出了约见信，然后在办公室会见每一家公司的代表。之后，谭经理选出资质最优的公司，与它们进行谈判，并达成分销协议。整个过程大致花去4个月的时间，销售量超出了预期的数额。

有了在澳大利亚和新西兰的成功经历，公司决定开拓太平洋周边的其他市场。经过调研，公司认为中国台湾是其中一个重要的目标市场，当地需求量高、市场竞争小。公司决定在当地建立分销点，并采用与开辟澳大利亚和新西兰市场相同的方式推销产品。公司收集了许多在台湾做油漆生意的进口商、代理商、代表处和批发商的名字与合同信息，并将一些传单和产品信息散发给这些单位，包括和它们约定讨论可能的代理事项。但是，6个星期过去了，竟然没有一家公司回复。起初，公司认为是语言上的问题，可能台湾人不适应英文信件，于是公司使用中文发送了第二批邮件。但是，又过了两个月，仍然没有多少分销商回应。

资料来源：佚名.文化[EB/OL].[2011-04-12]. https://wenku.baidu.com/view/4a595cfc910ef12d2af9e7db.html.有删改.

【简析】这是因为在一些西方国家，交流沟通比较随意。但是在以儒家传统文化为主导的东亚地区，采用本例的销售方式是行不通的。这会让买家觉得很没有“面子”，他们可能喜欢面对面地谈生意，建立一种特殊的关系，而不是通过“邮件”这样的方式就决定购买商品。

3）融合文化差异

文化融合所强调的是对多元文化的扬弃。其结果是形成一种综合了多种文化精华的新文化，这与认同中保留多种文化，使之共同存在是不同的。可以这么说，融合文化差异是了解文化差异和认同文化差异的最终目的所在。

因此，从解决跨文化沟通障碍的效果看，文化融合是所有对策中最为有效的一种。

10.4 主要国家（地区）文化简介

由于世界各民族都有特定的历史文化背景，他们的传统习惯、思维方式、价值观念、宗教信仰有很大区别，因此其沟通方式和交流手段也存在着明显的差异。了解主要国家文化的基本特征，有助于我们进行有效的跨文化沟通。

10.4.1 美国文化的特征及如何与美国人沟通

1）美国文化的特征

（1）强调独立、有个性而不排斥他人

美国是个移民国家，每个民族都发扬本民族的长处，同时尊重并学习其他民族的优秀品质。坚信自我、尊重他人的文化取舍态度成为美国社会共同的准则。这一价值体系深入民心，以各种形式充分发展，由此形成了美利坚民族的特殊性格：对自己深信不疑，对自己的命运深信不疑，把依靠自己作为哲学信条。

（2）冒险、开拓精神

美国有格言称“不冒险就不会有大的成功，胆小鬼永远不会有大作为”。北美险恶的自然条件，造就了美国人顽强拼博、艰苦奋斗、开拓进取、敢于冒险的精神，这种冒险精神成了美国人民的传统，一直渗透到美国人生活的各个方面。由于具有开拓精神，美国人的性格中包含勇于向传统和权威挑战、勇于向已有的一切挑战的一面。

（3）自由精神

美国是一个崇尚自由的国家。在美利坚民族的形成过程中，从欧洲大陆来的移民把资产阶级自由思想带到了北美洲。新大陆的自由空气以及大自然的艰苦环境塑造了美利坚民族的民族性：热爱自由、珍惜自由、崇尚自由。在美国，对人的自由，除法律可以明文规定加以限制，并由执法机关及其人员执行限制外，任何机关或个人不得非法剥夺或限制他人的自由。

（4）物质主义

美国文化是物质性的。当美国人谈论一个人的价值时，主要指物质价值。在美国社会，人们向上进取的精神是炽热的。许多人都在拼命地工作，不惜付出自己的一切辛苦与智慧来谋求事业上的发展。通过个人奋斗取得成功，从低微者变成大富翁几乎成了美国式的信条。在此价值观念支配下的美国社会，企业家普遍受到尊敬；人人都想办企业发家致富，人人都想创业。美利坚民族至今仍以赚钱多少作为评价一个人社会地位高低的重要依据，仍然以赚钱聚财为荣。美国人相信这样的格言：“一个人富裕到什么程度，就表明他的才能达到了什么程度。”因为在机会均等的条件下，人的才能决定富裕的程度。

沟通窗10-1

美国个人主义文化的表现如下：

◎ 个人隐私；

◎ 个人自立（美国孩子小小年纪就开始打工，送报送牛奶，长大一点儿会去餐馆、图书馆等处工作，不是因为家境贫困，而是要求自立）；

◎ 个人表现（美国学生在课堂上喜欢提问，习惯在公共场合发表意见）；

◎ 个人思考（不轻易接受别人的意见，对官方的文件持怀疑态度）；

◎ 个人自由（有时会把个人的自由选择绝对化，如同性恋公开化、合法化）；

◎ 个人选择；

◎ 个人平等（强调机会均等，即所谓“起跑线上的平等”）；

◎ 个人竞争；

◎ 个人生命（对美国军人的生命十分重视，但越南战争、阿富汗战争、伊拉克战争等一再证明，美国政府对其他国家人民的生命缺乏起码的人道主义关怀）。

2）如何与美国人进行沟通

第一，应当了解美国人的性格特点、思维习惯和价值观，只有这样才能保持良好的沟通，保证团队的工作效率。要注意中国人和美国人不同的价值取向和思维方式，美国人都很自我和实际，信奉实用主义、功利主义和个人主义，他们认为得到的东西才是真理。离他们利益很遥远的事情，他们便不会感兴趣。同美国人交往，赴约准时至关重要，早到要在门外等，晚到要说明原因并致歉。

第二，在美国人面前过分谦虚，往往只能招致对方怀疑自己水平、能力、实力不够。所以，在美国人面前传递谦虚这一传统美德信息并非好事。

案例10-3　一场有误会的交谈

飞利浦照明公司某区人力资源部的一名美国籍副总裁与一位被认为具有发展潜力的中国员工交谈。他很想听听这位员工对自己今后5年的职业发展规划以及期望得到的位置。中国员工没有正面回答问题，而是开始谈论起公司未来的发展方向、公司的晋升体系，以及目前他本人在组织中的位置等。副总裁有些疑惑不解，没等他说完已经不耐烦了。同样的事情之前已经发生了好几次。

谈话结束后，副总裁忍不住向人力资源部总监抱怨道："我不过是想知道这位员工对自己未来五年发展的打算，想要在飞利浦做到什么样的职位，可为什么不能得到明确的回答呢？""这位外国总裁怎么这样咄咄逼人？"谈话中感受到压力的员工也向人力资源部总监诉苦。

资料来源：作者根据百度文库相关资料整理.

【简析】中国文化讲究谦逊、委婉含蓄，如果自己的目标很大，直接说出来有可能给人留下狂妄自大的印象；而美国文化一向是直接明了，积极竞争，所以双方在交谈中出现了障碍。

第三，与中国不同，在美国小费盛行。美国多数服务行业的工作人员靠小费谋生，向侍者支付一定数量的小费，既是对其劳动的尊重，也是有教养的体现。

第四，美国人比较热情、直率、容易结交。首次见面可称"先生""夫人""女士""小姐"之类，认识之后一般就可直呼其名，不管其地位、职称、年龄的高低，有的美国人还会主动要求用昵称。如果我们套用国内的"王总""李主任""老张"之类的叫法，美国人可能会认为你不愿意同他建立友谊。年龄、收入、婚姻在美国都是个人隐私，故回避为上策。

第五，同美国人交往不必追求建立很密切的私人关系，还是公事公办为妙，否则美国人会认为你的产品技术等有问题，是在试图通过拉拢关系做成生意。在穿着方面，虽然美国人给人以随和、不正式的印象，但在洽谈、赴宴会等场合，穿衣的规矩极多，应以合乎时宜为好。

10.4.2　英国文化的特征及如何与英国人沟通

1）英国文化的特征

（1）语言与交流

隐私对英国人来说十分重要。个人问题，如婚姻、有无孩子、恋爱关系、个人经济状况、健康等涉及私人的话题在相互不熟识的情况下应当尽量避免。

英国人很有幽默感，有时他们在调侃的时候，可能看起来很严肃。他们善于自嘲，但绝不会对别人的遭遇幸灾乐祸。当谈正事时，英国人喜欢直接切入主题，表达意见也不愿拐弯抹角。

与英国人说话的时候要注意自己的身体语言，不要用手指着他人，因为在英国这样的行为被认为是不友好的动作，同时在说话的时候不要靠对方太近。

(2) 风俗礼仪与生活习惯

英国人普遍有一种强烈的社会责任感，对公共事业、慈善事业等都很关注。他们很注重礼貌修养，谈话总习惯轻声细语，很少大声喧哗。在他们眼里，高声喊叫（特别是在楼外喊人）是一种不文明的行为（球赛中除外）。英国人彬彬有礼，无论事情是多么微不足道，他们都习惯于在提出请求时说“Please”，接受了帮助或者服务后说“Thank you”。先人后己的礼让行为在英国很普遍，有“女士优先”的良好社会风气，对妇女老人都是很尊重的。

英国人很自觉地遵守公共秩序，需要等待时会自觉排队。在自动提款机旁，人们会有意识地与正在使用机器的人保持合理的距离。在拥挤的地方，人们习惯尽量保持距离，避免碰撞。在自动扶梯上，人们会自觉靠右站好，以便急于通行的人从左侧通过。

英国人平时在穿着方面比较随便，以休闲装为主，但是在正式场合（商务会面或晚宴）会着正装，一般男士穿正式西装，女士穿职业装或礼服。

拜访朋友前要提前通知对方，不速之客会让人生厌。应避免在晚上10点后打电话给别人。做客应准时赴约，并应准备一些小礼物送给主人，早到会被认为是不礼貌的。餐后应留下来进行社交谈话，如果一吃完就告辞是非常不礼貌的。

英国从2007年7月颁布法令，禁止在公共场所吸烟。如果确实要吸烟，要到户外，而且不能乱扔烟头。如果想在室内吸烟，应该先征得房东和其他方的许可，擅自在室内吸烟会受到警告，严重者会被重罚。英国人喜欢互赠贺卡，逢年过节、亲友生日、结婚或生病等都喜欢送贺卡表示恭喜或者慰问，以表心意。酒吧是英国人与朋友相聚的社交中心，你可能会被邀请出去喝一杯，作为与英国人社交的开始。除非有24小时营业执照，大部分英国酒吧按法律规定晚间11点即关门。

在就餐方面，安静地吃东西并且吃完自己餐盘里所有食物在英国被认为是礼貌的行为。把刀叉平行放在餐盘上，表明已经吃完了。如果没吃完，就把刀和叉分开成八字形放在餐盘上。

英国人喜欢在吃饭的时候聊天。但要注意，吃东西的时候张大嘴或者说话，都是不礼貌的行为。英国人不吃动物的头、足和内脏器官。英国人常用马铃薯替代米饭作为主要的碳水化合物。如果不习惯用餐时吃马铃薯，不要不好意思要米饭。在自助快餐店中，顾客在餐后应当收拾废弃物。英国人喜欢明码标价，不喜欢讨价还价。英国人有付小费的习惯，但不是很严格。

2）如何与英国人沟通

英国人酷爱动物，虐待动物犯法，所以在英国碰到对方豢养猫、狗之类的宠物，“平等友好”地对待是良策，切勿表现出讨厌之情，更不可动手去打。但英国人唯独忌讳大象，所以商品包装忌出现“象”字及其图案。英国人认为“7”是个能带来好运的吉祥数字，而“13”则是个不吉利的数字，所以商务活动避免13人参加，也不要安排在13日。

和英国人握手时不能越过两人正在握的手去和第三人握手，因为这样交叉握手被认为会带来不幸。点火时也不可连续点三支烟，应该在点完两支后重新点火，再为第三人点烟，否则也被认为会给其中某人带来不幸。

英国人最怕自己被别人称老。在中国文化中，可以说“老张”“老何”，倒过来称“张老”“何老”更表尊敬之意，但是在对外交往中可能会遇上麻烦与尴尬。

英国人得到馈赠礼品必定当面打开，无论礼轻礼重，都会热情赞美，同时表达谢意。如果在客人走后再细看是何物则是不妥当的。

英国人常把“聪明”（Clever）一词用作贬义。当英国人用它评论一个人时，当事人就需要自省有何不妥之处；同样，也不要随便用它来夸奖英国人。

英国民族个性中有保守的一面，所以不易接受新事物。譬如，英商一旦习惯了我方某种品牌的商品，如果我方对其包装稍作改变，对方就可能坚决不接受。

跟英国人交往，很多人会觉得他们矜持傲慢、寡言少语，其实这只是一枚硬币的一面，国人完全可以消除这层顾虑而主动与其交往。内向而含蓄的英国人寡言少语是出于对别人的尊重，是怕影响了别人。

作为企业经营管理人员，同英国人在商务往来中还应注意：不戴条纹领带；免谈政治，尤其不要涉及英皇室、北爱和平、日不落帝国的消亡等，天气才是最安全的话题。

10.4.3 法国文化的特征及如何与法国人沟通

1）法国文化的特征

法国人热情开朗，使用亲吻礼，初次见面后很快就能亲热交谈。与法国人约会，事先要约定时间，准时赴约是有礼貌的表现，但不能提前到达。法国的烹调技术在世界都闻名，法国人常对他们的烹调技术感到自豪。一般情况下，法国人不请人到自己家中做客；一旦被邀请赴法国人家做客，客人应对每一道菜表示赞赏。外国人到法国人家做客，不要讲蹩脚的法语，应讲英语。

法国人爱喝葡萄酒、啤酒、苹果酒、牛奶、红茶、咖啡、清汤，喜欢酥食点心和水果，不喜吃辣的食品。

与法国人交往时忌送黄色的花，因为他们认为黄花代表不忠诚。法国人忌黑绿色和黑桃图案，这些均被认为不吉祥。

2）如何与法国人沟通

法国人很注意生活情调，他们把在优美环境中的会面小酌、喝咖啡看成交友的好时光，也是一种令人舒心的享受，此时忌谈生意。

法国人的自我感觉很好，但一味奉承法国人反而会被看不起；无论是对人，还是对事，若能有根有据地指出其缺点、不足，反而能获得法国人的尊敬。

法国人要求别人赴约一定要准时，而自己却常常迟到。如果有求于法国人，自己应及时赴约；对方若迟到，则不必感到意外，因为这种坏习惯已为普通法国人广泛接受。另外应注意，在法国参加活动时，越有身份的人，出现越晚，以此表明其身份。

与法国人交往，应注意衣着。应根据不同的场合、活动选择合适的衣服。如果很多天始终穿同样一套衣服参加很多活动，则会被小觑。

法国人喜欢追求完美，所以爱抱怨、发牢骚。对于这种好上加好的要求，我们可表示理解，如果真的不能做得更好，那就随他去——抱怨之后，他就会忘了一切。

美国人表示OK的手势在法国则表示一文不值，千万别乱用。如果法国企业代表在谈判时有足够的经济实力逼迫对方让步，他们是不会手软的。如果协议有利于他们，他们会要求对方严格遵守协议；如果协议对他们不利，他们就会一意孤行地撕毁协议。因此，与法国企业合作时必须仔细检查合同。简言之，如果他们错了，他们会显得若无其事；而如果他们认为对方错了，他们就会起诉对方。

10.4.4 德国文化的特征及如何与德国人沟通

1）德国文化的特征

（1）社交礼仪

德国人在人际交往中对礼节非常重视。与德国人握手时，有必要特别注意下述两点：一是握手时务必坦然地注视对方；二是握手的时间宜稍长些，晃动的次数宜稍多些，握手时所用的力量宜稍大些。重视称呼是德国人在人际交往中的一个鲜明特点。与德国人交谈时，切勿疏忽对“您”与“你”这两种人称代词的使用。在德国，称“您”表示尊重，称“你”则表示地位平等、关系密切。

（2）服饰礼仪

德国人在穿着打扮上显得庄重、朴素、整洁。男士大多爱穿西装、夹克，并喜欢戴呢帽。女士们则大多爱穿翻领长衫和色彩淡雅的长裙。在商务活动中，男士不宜剃光头。德国少女的发式多为短发或披肩发，烫发的女性多已结婚。

（3）餐饮礼仪

德国人的主食以肉类为主。德国人胃口一般较大，喜食油腻之物，最喜欢喝啤酒。

（4）习俗禁忌

在花卉中，德国人对矢车菊最为推崇，并且将其选为国花。在德国，不要随意以玫瑰或蔷薇送人，前者表示求爱，后者则用于悼念死者。德国比较喜欢黑色、灰色。

2）如何与德国人沟通

德国人不喜欢含糊其辞、躲躲闪闪。德国人非常看重时间，“准时”在德国交际中意味着提前几分钟到达约会地点，迟到会被认为不可靠。

在一般情况下，切勿直呼德国人的名字，应称其全称，或仅称其姓。应特别注意握手的宜忌。

10.4.5 日本文化的特征及如何与日本人沟通

1）日本文化的特征

（1）性格特征

一般来讲，日本人进取心强、态度认真、个性内向、不轻信他人，加之强烈的等级观念，其性格较为乖僻，不到一定程度很难讲真心话。

（2）日本的民族精神

日本是个单一民族、单一文化、国土狭小的岛国，这种民族、文化和地理特点，形成日本人特有的民族自尊意识，以及奋发图强、团结协作、振兴经济、对外开拓的民族精神。

（3）强烈的对外学习精神

历史上，长期孤立和对工业国的经济依赖，使日本产生了强烈的危机感。为摆脱危机，奋发图强，日本特别重视博采众长的学习精神。当今，日本经济迅猛发展，跻身于工业强国行列，正是如饥如渴地学习、借鉴国外的先进科技、知识和经验并不断创新所取得的成果。他们秉承“综合即创造”的信条，既吸收外来文化，又保持民族特性。

（4）忠诚精神

日本人讲究“忠”“孝”等伦理标准，“忠”是日本人道德的最高准则，由封建时代对领主的效忠，演变到现代对国家、对企业的忠诚。忠诚的标志，就是献身工作，忠于职守。

（5）“家族”意识

“家”是日本文化的基石，是民族凝聚力的基础。社会和企业只不过是“家”的放大体，这种“家族”意识，使职工“以企业为家”，愿意为心目中的“家”竭尽全力。

（6）和谐一致的精神

日本人十分珍视“和谐一致”的自我约束、相互理解、宽厚待人，以及“和为贵”的精神风貌，并以此充分发挥集体力量，战胜困难，开拓前进。

2）如何与日本人沟通

如果一见到日本人就紧握其手行见面礼，会使日本人在心理上产生反感，日本人更希望行鞠躬之礼。但弯腰深浅有讲究，男女亦有别。鞠躬时男士双手下垂紧贴两腿，女士则一手压着另一手，下垂置于身前。

一般认为，以下3个要素有助于获得日本人的尊敬：地位、年龄和英语。如果在本国公司已有较高的职位，则办事会较顺利。日本是个尊老的社会，年长者会受到尊敬，年纪过轻会让日本人产生“办事不牢”的感觉。一口流利的英语常会使日本人对你刮目相看。

日本人颇以自己的烹饪技术为豪。同日本人吃饭，如果能从色香味的角度表达欣赏之意，日本人会对你产生大大的好感。

日本人最爱面子。如果做了有损其面子的事，或者说了不该说的话，甚至因不满而斥责日本人，那就无异于彻底断交。

性别角色在日本社会很重要。如果出差去日本当着日本人夫人的面谈生意，则会使其尴尬；日本人来中国，如果中国女经理出面迎接会谈，则会使日本人不知如何是好。明智的做法是派级别相当的男性代表出席一切活动。

资料11：日本人用筷子吃饭“八忌”

跟日商交往，重在建立一种长期的信赖关系，真诚友好的关系远胜过单笔交易。日本人远不像欧美人那样对待合同严肃认真，他们可能经常会对已签定的协议要求重新商谈，所以合同签好并不意味着大功告成。起草合同也应竭力用通俗易懂的语言，因为法律术语只能招致日本人的讨厌及猜疑。谈判时带上律师，更是应绝对避免的事。

10.4.6 北欧文化的特征及如何与北欧人沟通

北欧泛指位于日德兰半岛、斯堪的纳维亚半岛上的芬兰、挪威、瑞典、丹麦、冰岛五国。它们都信奉基督教，历史上曾屡受别国侵扰，曾互相结盟或宣布中立以求和平，这种历史背景铸造了它们下述的文化特征。

1）北欧文化的特征

（1）性格特征

北欧人在交流中态度谦恭，不易激动，极具自主性，这是一种自尊心强的表现。同时，他们往往具有创新性的积极意愿，不愿把问题搞僵，喜欢追求和谐的气氛。

（2）交流风格

北欧人交流时很坦诚，不隐藏自己的观点；在自以为正确时，具有相当的顽固性；善于提出各种建设性方案，以防僵局持久、矛盾激化。

（3）文化理念

北欧人对历史文化的保护意识很强，在发展和建设中，凡涉及历史文脉的建筑和有关遗迹，不但要有规划部门的批准，而且必须有文化部门审查把关。北欧文化离不开海盗文化，而挪威的“小山妖”、瑞典的“小木马”、丹麦的“安徒生童话”、芬兰的红白教堂等人文历史文化，在优美的自然风光映衬下，成为耀眼的明珠。

2）如何与北欧人沟通

与北欧人沟通，更多的时候要懂得配合。以坦诚的态度对待来自北欧的合作者效果较好。北欧人工作计划性强，做事按部就班、平稳从容，善于发现和把握达成交易的最佳时机并及时做出成交的决定。北欧商人态度谦逊，非常讲究文明礼貌。

北欧人将蒸气浴视为日常生活中必不可少的一部分，到北欧洽谈生意的外国客商也应不失时机地发出邀请或接受邀请，以增加双方接触的机会，增进友谊。

北欧人习惯以握手为礼，一天见面几次也如此。商务会谈时，要注意用餐姿势，不要将手臂放在桌上，也不能为图方便而以嘴接触餐盘，喝汤、喝饮料尽量不要发出声音，不要在席间大声喧哗。进门、上下电梯、餐厅选位等应让女士优先。在车上不可吃冰激凌、带果皮食物，以及抽烟等，也不可脱鞋。

北欧人文静，常沉默不说话，听对方说完后，才提出自己的问题，表达比较坦率，善于抓住能达成交易的机会，看重有历史的老牌公司；讲究守时，与人谈话保持一定距离；拜访或出席家宴，有必要准备花或糖果等礼物送给女主人，普遍视红色为流行色。

10.4.7　阿拉伯文化的特征及如何与阿拉伯人沟通

1）阿拉伯的文化特征

阿拉伯文化具有浓重的宗教色彩，在对外交流中个性十分鲜明，做生意则具有阿拉伯的典型风格。

（1）性格特征

以同宗同族划分朋友，讲朋友义气，既随和又倔强；生性洒脱，肢体语言丰富，喜欢以肢体语言表达思想；对女性从商反应敏感而不悦。

（2）宗教特色

宗教在阿拉伯国家占据重要的地位，对他们的思想和行为产生了重要的影响。伊斯兰教起着主导作用。

（3）礼节风俗

一般人在外多以握手问候为礼。如果双方（指男子）信仰一致或比较友好，则左右贴面三次。交换物品时，用右手或用双手，忌单用左手。按穆斯林的习俗，以牛、羊为上品，忌食猪肉，忌食有贝壳的海鲜和无鳞鱼，食肉不带血。

2）如何与阿拉伯人沟通

阿拉伯民族人口众多，占有的市场很广大，其沟通思维与民族文化背景有密切的关系。

与阿拉伯人沟通时，首先要考虑建立“亲密”联系。建立“亲密”联系的方式有：与讲阿拉伯语的同教、同宗、同族的人一道出场；应邀去主人家做客时可以带些小礼品，如糖果、工艺品等。不能单独给女主人送礼，也别送什么东西给已婚女子。与阿拉伯人初次见面就送礼，可能被认为是行贿，切勿把用旧的东西送给他们，更不能送含有酒精的饮料。只有建立了“亲密”联系，才有信任可言。用电话、电子邮件或者传真和阿拉伯客户以及商业伙伴保持联系是非常重要的。

阿拉伯人和同性站立的时候，喜欢保持很近的距离，否则意味着对合作者比较冷淡。但是，男士和女士之间要恭敬地保持较远的个人距离。在商务活动或者社交场合，阿拉伯男士希望对方用眼睛看着他们，但异性之间不适用。坐的时候，不要露出鞋底，因为鞋底被认为是不洁的。

阿拉伯人认为，人和关系远比日历和时间重要。所以，他们或许会让你等待，而他们却去接见没有预约的访问者或者处理家事。他们也可能会由于各种各样的紧急原因而迟到。正在开会时，你或许会发现，会议经常会被电话、要批示的文件和偶尔突然来访的老朋友或者亲戚打断。一个阿拉伯人的社会地位主要由社会阶层、家庭背景和年龄来决定。他们不习惯看到女士参加商务活动。

安排商业活动计划时要避开斋月。参加商务会议时，男士可穿件夹克，打条纹领带。高质量的搭配物，如手表、钢笔和公文包可以提高身份象征。女士可以穿宽松的、合适的、端庄的衣服，不过，衣服领子要高，袖子要超过肘部或者更长，裙子的长度要超过脚踝。在手边准备一块头巾，以备需要时用来罩头。

表10-1列示了不同国家和地区的人在倾听文化和“对话”性方面的强弱顺序。

表10-1　不同国家和地区的人在倾听文化和“对话”性方面的强弱顺序

倾听文化由强到弱进行排列如下		“对话”性由强到弱进行排列如下	
强	日本	强	拉美国家
↓	中国	↓	意大利、西班牙、葡萄牙、法国
	新加坡		阿拉伯国家、非洲部分国家
	芬兰		印度、巴基斯坦
	韩国		智利
	土耳其		匈牙利、罗马尼亚
	越南、柬埔寨、老挝		斯拉夫国家
	印度尼西亚、马来西亚		美国个别地区
	太平洋列岛		英国、澳大利亚
	瑞典		斯堪的纳维亚国家
弱	英国		北美大部分地区、新西兰、南非
			德国、瑞士
		弱	

10.5 跨文化沟通的原则

沟通具有社会性，因此与其他社会活动一样，也有必须遵守的规则。只有当沟通双方承认并遵守这些规则时，沟通才有可能顺利进行。在跨文化商务沟通过程中，我们应该遵循如下基本原则：

1）相互尊重原则

文化是一个复杂的综合体，在很大程度上是历史和环境的产物，各国文化存在很大差异。因此，在跨文化商务沟通过程中，我们必须彼此之间相互尊重对方的文化，特别是宗教信仰和文化习俗。

2）谨慎性原则

任何一个人在短时期内或通过间接的渠道，都很难准确了解和把握母文化之外的其他文化的主旨和细节。一句随意的话语或某种常规做法，都可能引发对方的误解、反感甚至敌意。因此，在跨文化商务沟通过程中，对每一句话、每一个动作、每一项安排都要谨慎。

案例10-4　喝茶事件

一个美国公司在英国伯明翰购买了一家纺织工厂，希望把它作为进入欧洲市场的桥头堡。但在购买后不久，美国的管理者意识到生产上有一个主要问题——工人在喝茶休息上占用的时间过长。

在这家工厂，一个工人在喝茶休息上要花费半个小时的时间。工人都会沏自己所喜欢的茶，然后用1品脱的器皿慢慢品尝……管理者建议工会用美味的咖啡缩短“品尝的时间”，把它改为10分钟，但工会的尝试失败了。其后的一个星期一的早晨，工人们骚动了。因为公司进行了“改进”，装了一台饮茶机，只放了纸杯在出水口底下，而且只能接标准量的茶水，1品脱的茶具被5盎司的纸杯所代替。但是，这家工厂并没有提高生产效率，即使在饮茶机被取消之后，工人们仍然联合抵制，直到它被迫关闭。

资料来源：佚名.跨文化沟通概述、原则和策略［EB/OL］.［2020-05-15］. https://www.taodocs.com/p-389962333.html.有删改.

【简析】美国公司对英国工厂这次“喝茶事件”的改革失败的主要原因是跨文化沟通障碍。美国公司没有重视不同文化对员工生产积极性的影响，企图用自己的文化价值观去规范英国工人的行为，这显然是行不通的。

3）求同存异原则

有的时候，沟通双方的文化在某一问题上会存在严重对立，此时为了不影响沟通的进行，双方应遵循求同存异原则，避免触及此类问题。

4）相互学习、适应原则

在跨文化商务沟通过程中，如果双方能充分认识到彼此在文化和习俗上的巨大差异，并且一方能够在不影响本方基本信仰和习俗的基础上主动向对方学习，适应对方的文化和习俗，则更容易取得对方的信任与合作。

沟通窗10-2

如何做到有效对外交流呢？

◎ 平等待人，以诚相见。要对话，不要独白，要尊重对方。既然是交流，就要耐心听，仔细问，让对方充分说明自己的看法（知无不言，言无不尽）。交换意见比单方面灌输更有效。我们提倡求同存异，“和而不同”，态度积极诚恳，但绝不强加于人。

◎ 用事实说话。事实胜于雄辩。事实是生动感人的，也是最有说服力的。任何谎言在事实面前终究是苍白无力的。

◎ 掌握分寸，留有余地。事物是辩证的，有进步就有落后，有成绩就有缺点，西方人一般习惯实事求是，不喜欢过于夸张，把话说得太满，否则容易陷入被动。

◎ 报喜也报忧。报忧不是为了揭露，而是为了解疑释惑。

◎ 寻找最好的切入点。从共识（相同或相似的兴趣和利益）出发，根据对象的特点和所涉及的问题，设计谈话的角度（正面、侧面还是反面，有时还要由小见大、一滴水见太阳）和谈话的内容，做到有的放矢。

◎ 要有幽默感、人情味、故事性。谈话最好能用含有人情味的故事作为开场白，之后加点幽默，有时还可以说个笑话或开个玩笑。这类表达方式是西方人所喜闻乐见的。

◎ 有来有往，及时取得反馈。不仅要向对方介绍本国，有时还要主动询问对方国家的情况，而不是表现出对别人不感兴趣。交流是双向的，有来有往，这样对方才会感到亲切，因而彼此更容易沟通。一次谈话或发言的结果如何，不能全凭自己主观的感觉，要尽可能取得反馈，才能客观地做出判断。通过反复实践，逐步积累跨文化交流的本领。

10.6 跨文化沟通的技巧

了解文化差异、认同文化差异和融合文化差异是进行有效跨文化沟通的根本所在。然而，要真正达到有效跨文化沟通的有效性，则取决于跨文化沟通的技巧。

资料12：东西方价值观的差异

1）理解对方的价值观，形成跨文化沟通的认同感

价值观的差异是普遍存在的现象，在跨文化中价值观差异很大，而且不以我们个人的意志为转移。有时沟通不畅是由各自的价值观不同，且相互之间又固执坚持自己的价值标准而否定对方的价值标准所导致的。所以，我们在与别人交流时，需要认真识别对方的价值观，理解并且尊重对方的价值观，要因价值观不同而采取不同的沟通策略，做到“和而不同”，防止仅仅因为价值观不同而产生沟通障碍。

2）掌握语言沟通技巧和非语言沟通技巧

在语言沟通中，要注意口语交流和书面沟通在不同层面的不同作用。语言是文化的一种直接表现形式，不同文化、不同沟通层面对沟通形式的要求不同。在跨文化沟通中，语言交流的相同或相悖，往往是由不同文化的共同性和特异性所决定的。在和他人进行语言沟通时，要经常停顿，留出理解的时间，不要急于打破沉默。在语言表达完之后，不要认定对方理解了，先假定对方不理解，再检查其理解程度。有研究显示，在跨文化沟通中，由于语言的障碍导致沟通效果不佳的情况经常发生。

学会细心聆听。一个好的聆听者，不但要留意对方的谈话内容，更应该尝试了解内容背后的含义。在聆听之余，另一个重要的沟通技巧是留意对方的身体语言。具体阐述参见第3章和第9章。

3）尊重宗教信仰及风俗习惯，消除文化歧视

由于宗教信仰不同，且宗教信仰的影响范围极大，为了达到沟通的效果，必须尊重

对方的宗教信仰，平等地对待有宗教信仰和无宗教信仰的人，不能有任何歧视或不敬。尊重别人就是尊重自己，宗教信仰自由在很多国家都被法律所明文规定。目前，佛教、道教、伊斯兰教、天主教、基督教等在全球拥有广泛的信徒，而伊斯兰教、基督教、天主教在西方国家尤为盛行，在跨文化沟通中，要了解对方可能的宗教信仰背景，提前做好应对策略。

同时，各地的风俗习惯也应得到尊重。即使有些风俗习惯不符合现代意识，但由于是历史形成的，其所在地区的大多数民众都愿意接受和践行，客人就要入乡随俗。

4）辅以娱乐活动，形成跨文化沟通的亲和力

中西方文化的差异是客观存在的，这种差异的淡化必须建立在相互理解、尊重传统的基础之上。如果不经过经常性的文化交流和思想沟通，这种差异带来的文化冲突是难以消除的。通过沟通者相互的文化交流，如组织或参加各种宣传活动、信息发布交流活动、文体活动、节日聚会等，有助于加强沟通者之间的沟通。

总之，随着世界经济的一体化以及现代企业的建立，公司之间的并购现象越来越普遍，各种文化背景的公司需要和谐地生活在一个“地球村”，这就要更好地研究跨文化沟通，利用沟通技巧做好文化的融合。

课外拓展阅读　有效跨文化沟通的五种方式

联想集团的首席执行官比尔·阿梅里奥说：“沟通是我每天都在做的事情。我经常在中国、新加坡、美国等地出差，与当地的经理人讨论公司的发展。”

今天，像阿梅里奥这样的跨文化沟通者在许多公司已变得非常普遍。印度维普罗的总裁韦·保罗说：“现在，许多创业公司一开始就是微型跨国公司，20名员工在硅谷，10名员工在印度。如果公司的产品不止一种，那么有些产品可能在马来西亚或中国制造，而客户支持在印度或菲律宾，工程方面则可能在俄罗斯及美国，这将成为未来的潮流。”在这股潮流中，沟通技巧日益成为跨国团队合作的基石。如何促进习惯、文化不同的高层管理团队高效互动呢？以下是联想、通用电气等优秀公司的经验。

高层管理者要做榜样。阿梅里奥现在已经会说“你好”和“谢谢”。他还参加了一个“沉浸式”中文学习项目，以便了解更多的中国文化。西门子中国区总裁郝睿强乐于做中国经理的导师。他和经理们单独见面，帮助经理们规划自己的职业发展；给经理们讲解他们平时不太接触的东西，比如制度是如何建立的、决策是怎样产生的等等，让他们熟悉西门子的企业文化。

了解双方的思维和习惯。阿梅里奥的感受是，美国和欧洲的经理人，擅长表达自己的想法，而且希望让所有的人都了解自己的想法。中国的经理人往往善于倾听，而且他们经过深思熟虑后才会表达自己的观点。美国及欧洲的同事要明白，如果中国同事没有说话只是在点头，这并不一定意味着他们表示同意。

参加业务会议，保持有效沟通。通用电气中国公司的首席培训官白思杰，经常要为

各业务集团的经理人设计培训课程，他把集团内的培训经理看作自己最大的客户，通过会议与他们保持有效的沟通。“我们会保持经常交流，我会参加他们的会议，会见各个业务集团的负责人，试着了解他们的人才需求。”另外，他还从培训经理那里，拿到各个级别领导力培训项目的候选人名单。“因为培训中心并不了解业务集团的具体情况，哪些人适合参加什么培训。而他们有人才库的储备，会提出合适的人选。”

设定标准，避免沟通误解。白思杰说：“几年以前，我们有45个不同版本的Coaching（教练）课程。在布达佩斯的培训师和上海的培训师使用完全不同的术语和技巧。现在我们努力制定了一个标准的GE版本，做到在程序、术语和训练方法上都是同样的。”白思杰的目标是，让不同国家的经理人受到相同的训练，这样他们就不会产生不必要的沟通误解。

创造沟通的机会。有效的沟通，往往是在轻松活泼的环境中实现的。为此，联想公司举办中秋乒乓球大赛，还邀请到了奥运会的乒乓球冠军，让他和公司的经理们进行比赛。此外，阿梅里奥领衔的外方团队，在双打比赛中与董事长杨元庆带领的中方团队展开了较量，通过乒乓球比赛这样的非正式沟通活动，中外管理人员展现了自己的所长和团队精神，加深了彼此的了解和信任。

资料来源：作者根据相关资料整理.

本章小结

1.文化还是一个尚无统一界定的概念，中外对文化都有许多注解。跨文化沟通能力是企业应对全球化浪潮的必备技能之一，国际上许多国家和企业都重视跨文化沟通能力的培养和提高。

2.影响跨文化沟通的主要因素：感知、成见、种族中心主义、缺乏共感。

3.世界各民族都有特定的历史文化背景，传统习惯、思维方式、价值观念、宗教信仰有很大区别，沟通方式和交流手段存在着明显差异。了解主要国家文化的基本特征，有助于我们进行有效的跨文化沟通。

4.跨文化商务沟通的基本原则：相互尊重、谨慎性、求同存异、相互学习和适应。

5.消除跨文化沟通的障碍要了解文化差异、认同文化差异、融合文化差异。

练习与实训

扫码同步测10

（一）选择题

□单项选择题

1.英国人忌讳的动物是（　　）。

A.猫　　B.狗　　C.狮子　　D.大象

2.（　　）是德国的国花。

A.玫瑰　　B.郁金香　　C.康乃馨　　D.矢车菊

3.在沟通活动中，要求别人准时而自己有可能迟到国家是（　　）。

A.德国　　B.美国　　C.法国　　D.瑞典

4.与北欧人沟通可以利用（　　）增加双方接触的机会，增进友谊。

A.共进晚餐　　B.观看童话剧　　C.蒸气浴　　D.参观公司

5.在与英国人沟通中，下列不能提及的话题是（　　）。

A.天气　　B.足球　　C.时尚　　D.国家

6.商务洽谈中，不喜欢法律工作者参与的是（　　）。

A.美国人　　B.日本人　　C.法国人　　D.阿拉伯人

7.在商务洽谈中，注重"亲密"关系建立的是（　　）。

A.德国人　　B.英国人　　C.阿拉伯人　　D.北欧人

□多项选择题

1.下面是美国文化特征表现的有（　　）。

A.强调独立、个性而又不排斥他人　　B.冒险、开拓、富有创新精神

C.自由、平等精神　　D.物质主义

2.跨文化沟通的主要影响因素有（　　）。

A.价值观　　B.感知　　C.成见　　D.种族主义

3.在日本文化中，获得对方尊重的要素有（　　）。

A.在公司里地位较高　　B.年龄较长

C.流利的英语口语　　D.较高的收入

4.下面在阿拉伯文化中属于禁忌的有（　　）。

A.酒　　B.人物肖像画　　C.牛羊肉　　D.无鳞鱼

5.跨文化沟通中应遵循的原则有（　　）。

A.求同存异　　B.相互尊重　　C.谨慎性原则　　D.相互学习、适应

6.在商务洽谈中，注重遵守时间的国家有（　　）。

A.美国　　B.阿拉伯国家　　C.法国　　D.丹麦

（二）判断题

1.中国古代"文化"的基本含义是"耕种""加工"。（　　）

2.与英国人交流时，看到年长者我们可以称他们为"老先生"或"老奶奶"。（　　）

3.与美国人沟通，我们首先要建立双方的亲密关系才可以进行生意上的合作。（　　）

4.在英国文化中"Clever"一词是褒义词，是赞美对方很聪明。（　　）

5.在与法国人沟通时，若指出其缺点和不足，反而会引起对方的尊重。（　　）

6.美国人和法国人的OK手势语表示的意思相同。（　　）

7.在日本文化中，倾听一方点头并说"哈伊"表示赞同对方的观点。（　　）

8.在英国文化中，"7"被视为吉祥的数字。（　　）

（三）简答题

1.什么是跨文化沟通？

2.缺乏跨文化沟通能力有哪些具体表现？

3.跨文化沟通的障碍有哪些？

4.影响跨文化沟通的因素有哪些？

5.东西方文化有哪些差异？如何与不同文化背景的人沟通？

6.跨文化沟通的策略有哪些？

7.如何提升跨文化沟通的技能？

（四）实务题

1.广州标致是由广州汽车制造厂、法国标致汽车公司、中国国际信托投资公司、国际金融公司和法国巴黎国民银行合资经营的汽车生产企业。广州标致成立于1985年，总投资额8.5亿法郎，注册资本为3.25亿法郎。广州标致员工共2 000余人，由广州汽车制造厂和法国标致汽车公司共同管理。截至1997年8月，广州标致累积亏损10.5亿元人民币，实际年产量最高时才达2.1万辆，未能达到国家产业政策所规定的年产15万辆的标准。同时，中法双方在一些重大问题上存在分歧，合作无法继续。1997年9月，中法签订协议，广州汽车工业集团与法国标致汽车公司宣布中止合作。

请思考：

（1）广州标致跨文化管理失败给我们什么启示？如何改进？

（2）收集整理世界各主要国家重要节日资料，分国家编辑成班级《节日报》在班级展示，参与人员选择每个国家最有代表性的节日，讲一个节日故事。

2.请列举一个你认为成功的跨文化沟通的例子。

（五）实训题

某茶叶进出口企业，在参加广交会期间，分别与来自美国、英国、日本和阿拉伯的客商先后接触，请班级学生以小组为单位，设计与不同客商沟通的内容并进行模拟表演。

综合实训

下面5份材料是工作情境中的具体沟通活动，具有连续性、整体性。请仔细阅读材料，根据材料中的要求完成相应的任务，并对每一项沟通活动内容进行评估。（评估表见附表1至附表5）

1. 甲公司是一家经营外贸工艺产品的公司，乙公司是一家生产出口瓷器的公司。现两公司欲就订购出口茶具事宜进行商谈。

（1）乙公司于202×年5月10日致函甲公司，邀请甲公司派员前来商谈。乙公司接到信函后回复甲公司，准备于5月20日派公司分管业务的副总经理、技术经理和营销经理3人前往乙公司所在地区。请写出双方往来的沟通信函。

（2）5月20日，乙公司负责生产的副总经理、市场部经理和办公室主任前往机场迎接，与客人寒暄，向客人表示欢迎；然后将客人送达事先预订的五星级大酒店住宿。请编写整个迎接活动中双方沟通的脚本并模拟表演。

（3）第二天上午，乙公司派人到酒店将客商接到公司，带领他们参观了公司的厂区和生产车间，并向客人介绍了相关部门的经理，最后将客人迎至会议室入座。请编写整个参观过程中双方沟通交流的内容并模拟表演。

（4）在会议室，乙方的市场部经理结合PPT详细介绍了本公司的产品。先上网搜集有关资料，再请一位学生扮演市场部经理向客人陈述。

（5）最后甲乙双方在会议室就产品订购数量、价格、运输、付款等问题进行了商谈，并签订了合作意向书。请模拟谈判过程和双方签署合作协议的活动。

2. 柏盈汽车销售有限公司是集整车销售、售后服务、配件供应、信息反馈于一体的S品牌汽车4S店，公司位于S省H市B区C街18号，设有产品展示区、贵宾接待区、业务洽谈区、客户休息区、贵宾休息室、售后服务接待区和维修车间等功能区域，引进了S汽车最新检测、维修全套专用设备，为客户提供专业的售前、售中、售后服务。公司的常规工作中有以下几项，需要相关部门和人员进行沟通。

（1）公司需要招聘营销员、财务主管、会计、维修技术员等岗位的人员若干名，人力资源部在公司的网站上发出了招聘信息，不久收到了数百份求职简历和求职信。经过仔细筛选，确定30人进入面试。请分别写出招聘信息和求职信函、求职简历。

（2）公司首先采用了无领导小组讨论进行面试，筛选出20人进入第二轮常规面试。请模拟无领导小组讨论，讨论题目自定，然后分角色模拟常规面试。

（3）第二轮面试结束后，人力资源主管与技术总监在其中1人是否录用的问题上意见不一致，最后双方为此进行沟通并达成一致意见。请模拟双方的沟通活动。

（4）公司对新录用的10人进行为期一周的培训，人力资源主管在新员工培训开始前发表了讲话。请扮演人力资源主管进行演讲。

（5）新员工A销售员接待了1个前来咨询的客户，询问了客户的需求和喜好，耐心解答了客户提出的问题，客户初步达成了购买意向。请编写双方的沟通活动内容并模拟双方进行沟通。

（6）在市场部例会上，营销经理对A员工的工作表现及时予以表扬。请模拟营销经理在部门例会上发言。

3.H农资公司是G省最大、全国领先的农资商贸流通企业。公司由G省供销商业总公司及自然人发起设立，注册资本1.12亿元，拥有控股企业14家，参股企业7家。公司主营化肥、农药等农业生产资料的连锁经营业务，同国内100多家大中型化肥生产企业有战略合作伙伴关系，与30多个国家有贸易往来，实现年销售化肥180万吨，年销售收入40亿元。设有营销部、事业部、综合业务部、办公室等部门。H公司在开展业务活动中有如下工作环节：

（1）孙萌是H农资公司的办公室主任，根据会议讨论，公司决定参加在广州举办的116届广交会化工产品类展销会，她需要打电话给广交会组委会商量具体事宜。请模拟双方的电话沟通活动。

（2）郭天来是H农资公司的营销经理，公司决定委派他率团去广州参加广交会，并在会前去深圳与某大型企业进行商务谈判，为此，郭经理给某大型企业发出了即将前往的邮件。请写出该邮件的内容。

（3）在出发前三天，孙萌通知郭天来经理做好提前一天出发的准备，因为该公司在深圳的一位重要客户李先生生病住院了，公司决定委派郭天来经理代表公司前去探望。到深圳后，郭天来带人到医院看望了李先生。请模拟孙萌与郭天来的沟通活动，然后模拟郭天来探望李先生的沟通活动。

（4）郭天来经理在广交会召开前，还将负责接待来广州参加广交会的美国客人（该公司重要客户，美国某大公司总经理大卫一行5人）。他与公司公关部经理杨芬商量，委托她负责安排美国公司客人为期3天的参观游览。杨芬根据美国客人的特点和习惯，拟订了3天的参观游览活动计划并将计划提交给了郭天来。请代杨芬编写出这3天的参观游览活动计划，并模拟提交计划时双方短暂的沟通活动。

（5）李锬是H农资公司的总经理。广交会期间，营销经理郭天来通过商务活动结识了一家法国公司的代表，在与法国公司的代表交流后，法国公司邀请李锬总经理和郭天来经理年底前组团去法国进行为期10天的考察访问，并与法国公司洽谈有关业务。请模拟郭天来与法国客商进行交谈的活动。

（6）郭天来经理广交会结束后向总经理李锬汇报了此次的广交会之行。请模拟双方的交谈活动。

4. 环球家具历经30余年发展，成为集研发、设计、制造、销售于一体的专业办公家具制造企业，公司占地180亩，建筑面积90 000多平方米，配有办公楼、研发楼、厂房等，并配有高档职工公寓、大型网球场和篮球场等场所。公司拥有1 000多名员工，设有销售部、企管部、公关部、办公室等多个部门。上年度公司开展了一系列管理和销售活动，请结合商务沟通有关知识要求，分组模拟下列各活动。

（1）张海是环球公司新聘任的总经理，公司给他专门安排了一间办公室。公司办公室对张海的新办公室进行了布置。请对张海的新办公室布置提出建议并说明理由，画出办公室的平面布置图。

（2）环球公司研制成功了一项新产品，并申请了专利，为了将此新产品顺利推出，公司决定举办一场新闻发布会。李璐是公司的公关部经理，受张海总经理委托组织并落实本次新闻发布会的相关事宜。最后成功举办了新闻发布会，反响很好。李璐在落实新闻发布会时应注意哪些方面？请模拟新闻发布会的举办。

（3）环球公司应邀参加全国家具产品展览会。张海总经理给公司销售部经理高伟布置工作，交代他组织参加本次展览会相关事宜。高伟接受了总经理的任务，与团队成员讨论参加本次展览会的具体事项。请模拟张海与高伟的沟通活动，并模拟小组讨论会活动。

（4）盛唐公司是一家外贸进出口公司，环球公司想通过盛唐公司将家具销往俄罗斯。双方想就此次合作开展商务谈判。田小兰是环球公司的销售部副经理，受高伟经理委托组织此次商务谈判工作。请编写谈判脚本，并模拟双方的谈判活动。

（5）年底，环球公司为了总结一年来的工作，决定举行年末工作总结大会。梅亚芳是公司企管部经理，受张海总经理委托，组织并落实本次工作总结大会的相关事宜。请代梅亚芳编写出总结大会的会议日程安排、会议议程，并对会场进行布置。

（6）春节将至，为答谢新老客户，公司决定举办新年酒会。张萱是环球公司文秘人员，张海总经理让其给与会客户发送一份感谢信，同时发送邀请函（或请柬）。请模拟张萱分别给相关客户发出感谢信和邀请函。

（7）鑫泰木业公司是一家知名木料加工公司，为庆祝公司成立十周年，准备举行十周年庆典活动。张海总经理应邀参加庆典活动并作嘉宾发言。请写出该发言稿并模拟张海总经理发言。

5. 海悦大酒店是N市一家五星级大酒店，位于N市致远路120号。酒店交通便利，环境幽雅清静，空气清新，酒店设施齐全，集住宿、餐饮、娱乐、健身于一体。经常接待四方宾客并与本市多家单位有合作关系。在日常管理和经营中，出现了下面一些情况，请用商务沟通知识进行分析和解决。

（1）本市某企业决定在酒店举办供应商答谢会，会期2天，企业会务组成员与酒店接待部成员进行了会议接待事项的沟通，双方拟定了会议接待方案及会议日程安排。请模拟双方的面谈活动，并拟写出接待方案和会议日程安排。

（2）在会议举行的过程中，前台接到住宿的客人电话投诉，房间的下水管道堵塞，前台接待人员接到客户投诉后按照公司规定进行了记录，然后向客房部经理进行了汇报，客房部经理将情况反映到工程部后，不久维修师傅修好了下水道，客房部经理进行了验收。前台及时向客人反馈修好的信息。请根据整个工作环节，模拟不同角色之间的沟通活动。

（3）一位会议代表在上午的会议结束后，因为忘记带用餐券，在餐厅门口与服务人员协商时，服务员说“想白吃饭，没那么便宜”。该会议代表非常生气，投诉到餐饮部经理处，餐饮部经理对该服务员进行了批评教育，并向会议代表道歉。请模拟餐饮部经理先后的沟通活动，并说明应如何沟通才能避免这样的问题出现。

（4）在会议举行期间，一位事先预订房间的客户来到酒店，发现自己预订的房间已被会议代表占用，客户和会议代表都不想让步，如果你是酒店的大堂经理和会务组的负责人，怎样才能妥善地解决这一问题？

（5）2天的会议日期结束。在会议代表结账离开酒店时，因为酒店又接待了新的会议客户，造成报道代表和结账代表同时出现，前台人员拥挤，代表们纷纷抱怨。如果你是酒店的大堂经理，面对这种情况应该如何处置？

附表1　　书面沟通评测表

组别：	被测评人：		测评人：
评测内容	分值（分）	评分（分）	意见
主题集中、鲜明	25		
层次分明，条理清晰	25		
语言通顺、得体	25		
格式正确	15		
文字正确	10		

注：考评满分为100分，60～70分为及格；71～80分为中等；81～90分为良好；91分及以上为优秀。

附表2 陈述演讲评测表

陈述人（演讲人）：	评测人：			
题目：				
陈 述 要 点	评　价			
充分的目光接触	W	A	G	E
恰当的手势	W	A	G	E
恰当的面部表情	W	A	G	E
声音表现力	W	A	G	E
语势变化	W	A	G	E
恰当的语速	W	A	G	E
足够的音量	W	A	G	E
发音清晰准确	W	A	G	E
内容要点				
恰当的开头	W	A	G	E
恰当的组织结构	W	A	G	E
恰当的论据	W	A	G	E
与PPT结合	W	A	G	E
恰当的语言	W	A	G	E
恰当的结尾	W	A	G	E

W=较差；A=较好；G=良好；E=优秀

附表3 角色扮演评测表

组别：	被测评人：		测评人：
评测内容	分值（分）	得分（分）	问题及改进
沟通过程完整、流畅、丰富	20		
语言清楚	15		
表情自然	10		
行为举止大方	10		
服饰得体	10		
倾听行为	20		
整体形象吻合度	15		

注：考评满分为100分，60～70分为及格；71～80分为中等；81～90分为良好；91分及以上为优秀。

附表4 商务沟通实训日志

实训班级		实训小组		成员名单	
实训时间			实训章节		
实训内容和目的					
实训要求					
实训过程					
实训总结（学生填写）					
教师评语					
成绩					

注：可复制使用。

附表5　　　　沟通能力综合评价表

组别：	姓名：	综合成绩：		
评价内容	实际表现	小组自评	小组互评	教师评分
口头沟通能力（15分）				
书面表达能力（15分）				
知识运用能力（15分）				
解决问题能力（15分）				
信息筛选和理解能力（15分）				
倾听能力（15分）				
职业素养（10分）				
合计Σ100				
老师评语	签字： 日期：			
学生自评	签字： 日期：			

主要参考文献

[1] 冯涛.口才三绝［M］. 北京：金盾出版社，2019.

[2] 高山.人际交往心理学［M］. 北京：燕山出版社，2018.

[3] 马薇薇，黄执中，周玄毅，等. 好好说话［M］. 北京：中信出版社，2017.

[4] 杨国安.组织能力的杨三角——企业持续成功的秘诀［M］. 北京：机械工业出版社，2015.

[5] 邹晓春. 沟通能力培训全案［M］. 北京：人民邮电出版社，2014.

[6] 哈莉. 上班路上的沟通进修课［M］. 伍文韬，陈姝，译. 北京：新世界出版社，2014.

[7] 吴晓萍，江卫华. 商务礼仪［M］. 天津：南开大学出版社，2011.

[8] 黄漫宇. 商务沟通［M］. 2版. 北京：机械工业出版社，2010.

[9] 盛安之. 销售的妙计［M］. 武汉：华中科技大学出版社，2010.

[10] 伽菲M A.商务沟通过程与结果［M］. 兰天，译. 大连：东北财经大学出版社，2009.

[11] 洛克K O，卡奇马莱克S J.商务沟通［M］. 葛志宏，蔡建宁，孙卉，译. 2版. 北京：人民邮电出版社，2008.

[12] 惠亚爱. 沟通技巧［M］. 北京：人民邮电出版社，2008.

[13] 水成冰. 战国策口才要诀［M］. 北京：中央编译出版社，2007.

[14] 余世维. 有效沟通［M］. 北京：机械工业出版社，2007.

[15] 李国宇. 倾听的力量［M］. 北京：中国纺织出版社，2007.

[16] 肖建中. 职业规划与就业指导［M］. 北京：北京大学出版社，2006.

[17] 王文潭. 商务沟通［M］. 北京：首都经济贸易大学出版社，2005.

[18] 金正昆. 社交礼仪［M］. 北京：北京大学出版社，2005.

[19] 魏炳麒. 市场调查与预测［M］. 大连：东北财经大学出版社，2005.

[20] 赵云龙. 电话营销学［M］. 北京：北京大学出版社，2005.

[21] 吉斯曼，伍德. 营销客户沟通［M］. 李毅，黄昊宇，译. 北京：经济管理出版社，2005.

[22] 奥罗克．商务沟通案例［M］．李敏，姜玉砚，译．北京：北京大学出版社，2005.

[23] 李仁山．大学生就业指导范例［M］．北京：首都经济贸易大学出版社，2004.

[24] 陈峥嵘．跟周恩来学谈判技巧［M］．北京：当代中国出版社，2003.

[25] 马克斯R B.人员推销［M］．江林，等译．6版．北京：中国人民大学出版社，2002.

[26] 百度百科，http：//baike.baidu.com/.

[27] 百度文库，http：//wenku.baidu.com/.

[28] 职业经理人资格认证网，http：//www.21cncpm.com/.

[29] 中国礼仪网，http：//www.welcome.org.cn/.

[30] 中国新闻采编网，http：//www.chinanpn.com/.